传媒集刊

中国网络传播研究

数字新闻学与平台劳动

Chinese Journal of Computer-Mediated Communication

第 19 辑

夏倩芳 ◎ 主编

中国传媒大学出版社
·北京·

目　录

CONTENTS

论 文

专题：数字新闻学

主持人语

数字技术的迅猛发展和全球社会结构的剧烈变迁，为新闻学研究的版图带来了前所未有的不确定性。一方面，传统的新闻学观念与价值体系正在数字化进程中被不断瓦解和重塑，这给新闻学的研究带来了“对象发生本质变化的危机”。另一方面，人们越来越难以在新闻学的学术传统和当下的技术与社会语境之间建立有效的对话机制，新闻学研究成为杂糅了破坏、创新与怀旧的实践，体现出强烈的自我矛盾性和内在分裂性。新闻学的未来该走向何方？这个学科的合法性依据和存在价值如何在新的历史条件下得以彰显？不同文化传统和社会制度下的新闻学研究者又如何建立一种有着明确学科边界的共同身份？这是新闻学学科在数字时代实现长足发展亟待解决的问题。

本期专题通过五篇文章，对新闻学在数字时代的观念发展与体系革新问题展开讨论，期望同时立足于国际学界的前沿和中国本土的研究经验，探索建构数字新闻学学术体系的可能方向与核心议题。

常江（深圳大学传播学院教授）

从数字新闻研究到数字新闻学:一个创新范式的崛起*

◎常　江　田　浩**

摘要:本文对数字新闻的概念及其给当代新闻学研究带来的挑战进行深入分析,尝试在新闻形态研究、批判新闻理论与中国语境下的数字新闻治理三个维度上,深入论证将“数字新闻研究”的现有实践发展为“数字新闻学”新范式的可能性与必然性。本文认为,作为新闻学新范式的数字新闻学具有如下四个方面的属性:数字新闻学是新闻学研究在体系而非经验层面的革新;数字新闻学是一个总体性的专业知识体系而非新闻学的一个子范畴;数字新闻学与传统新闻学之间保持着“破坏性发展”的关系;数字新闻学具有明确的批判性维度。本文进而提出,数字新闻学范式的发展呼唤学术界以“新闻生态系统”观念为核心,对新闻学重新进行体系化和概念化,并建立超越本土的国际协同创新机制。

关键词:数字新闻学,新闻生态,创新范式,研究版图

一、引言

互联网与数字媒体的迅猛发展不但为新闻业培育了新的生产理念和实践模式,也给新闻学的研究和教育带来了空前的不确定性,从而令数字技术生态下的新闻学理论、方法和实践体系的系统研究有了紧迫的需求。这一需求集中体现在:一方面,支撑传统新闻理论体系的核心概念框架在新闻业的数字化转型中开始日渐难以有效引导新闻实践,“真实”“客观”“专业”“责任”等经典新闻学元话语的内涵或合法性开始受

* 基金项目:国家社科基金重大项目“数字新闻学理论、方法、实践研究”(编号:20&ZD318);广东省哲学社会科学规划项目“数字媒体时代的新闻学理论创新路径研究”(编号:GD20CXW01)。

** 常江,深圳大学传播学院特聘教授、博士生导师。田浩,清华大学新闻与传播学院博士研究生。

到从业者、研究者和用户的质疑(Steensen,2009),这导致新闻学的研究出现了“对象发生本质变化的危机”(Broersma & Peters,2013);另一方面,层出不穷的新型数字技术催生了信息类自媒体的崛起和机构媒体的相对衰落,也在一定程度上削弱了传统新闻学体系中新闻和新闻业在社会变迁过程中的重要性,不断对新闻进行“产品化”“碎片化”和“情感化”的改造,消弭新闻和其他类型的媒介内容形式之间的差异,从而给新闻学带来了学科地位边缘化的危机(Blumler & Cushion,2014)。

从中国当下的新闻舆论生态来看,新闻理论研究和学科体系建设不适应新闻行业发展的后果业已显现,这一后果最明显的症候就是:“效能”的话语在新闻业的日常生产和行业文化中日益强势,而“价值”话语则日趋边缘化。对技术的生产潜能不加辨识的拥抱解构了新闻在公众认知中的公共性和严肃性,给我国新闻业带来了前所未有的危机。由是,一些研究者已经意识到传统新闻学体系——包括核心概念、理论话语和伦理规范等——已在很大程度上失去对技术驱动的新的新闻现象和新闻业态的解释力,并呼吁学界进行集体反思,在各种类型的“新新闻”中发掘新的新闻理论资源,对新闻场域内技术和人文话语的关系展开全面的思考,共同促进新闻学研究在思想和行动上的革新。

基于上述问题意识,本研究试图从数字新闻的概念历史出发,梳理“数字性”为新闻业所带来的理论与方法的更新潜力,并以此为基础探索数字新闻学的研究版图,并在此过程中厘清将日益普遍化的数字新闻研究发展为体系化的数字新闻学的必要性与必然性。

二、新闻业的“数字危机”:理论与方法

任何新生事物的出现,都会引发持续不断的“命名之争”;命名问题不仅关乎现有的理论资源究竟能否准确界定新的研究对象的问题,而且也蕴含着何种知识体系能够在这一理论化过程中拥有更大的解释权的问题(Zelizer,2005)。对数字新闻学的问题的探讨,不可避免地需要从“数字新闻”的基础概念范畴的形成过程开始,剖析这一概念为当代新闻学带来的颠覆性影响。

(一)“数字新闻”概念范畴的形成

新闻研究往往着眼于探索作为总体研究对象的新闻形态与新闻业态,而对诸如数据新闻、算法新闻、多媒体新闻等具体的新闻样式的探索在业务层面进行。对于具有

整体性色彩的数字新闻而言同样如此。总体来看,国内外学术界对于前沿技术驱动的新新闻样态的命名经历了从“线上新闻”到“融合新闻”再到“数字新闻”的历程。

在20世纪90年代末和21世纪初,方兴未艾的全球互联网开始对新闻的分发和接受模式进行大规模“改造”,学界也开始以“线上新闻”(online journalism)为这种新的新闻模式命名。最早使用这一名称的学者主要是从传播和接受的角度来理解这一概念的,其研究实践也多是对这种新新闻现有特征的描述和可能的发展方向的判断。针对线上新闻的研究一方面承认了它“永远地改变了受众与新闻故事进行互动的方式”(Hall,2001),另一方面则指出互联网对新闻业最本质的影响在于“关于机构新闻的生产以及各个生产主体之间的关系从此拥有了一种新的形式”(Matheson,2004)。这实际上已经在一定程度上揭示出“线上新闻”这一命名的局限性:它在总体上是过分描述性的,而且侧重于新闻接受(消费)的渠道或情境,与生产端的逻辑关联并不明确。因此,尽管“线上新闻”这一名称一直在学界被沿用,但它的范畴在多数时候局限于“新闻实务”领域。

“融合新闻”(convergent journalism)这一概念被学界大规模使用,大约是从2006年前后开始的。在这一年,Stephen Quinn出版了题为《融合新闻:多媒体报道的基本原则》(*Convergent Journalism:The Fundamentals of Multimedia Reporting*)的著作,第一次将媒介融合领域的研究成果用于新闻学体系的建构,并将前沿技术驱动的新新闻视为一种“多媒体/跨媒体的报道方式”。之后,Kaltenbrunner和Meier对融合新闻进行了较为全面的体系化,认为它是现有全部新闻传播渠道的结合;它塑造了新的新闻室的机构形态;它令新闻的叙事朝多媒体、跨媒体的方向发展(Kaltenbrunner,2013)。不难发现,以媒介融合为话语资源进行对新闻的理论化工作会不可避免地带来“媒介中心主义”的问题:媒介融合的过程和不同媒介之间的关系被同时视为当代新闻业转型的外在形式和内部动力,且这一过程也体现为一种机械性的反映论;而新闻机构自身的文化、新闻从业者群体的经验和情感,以及影响新闻业发展变迁的政治经济因素则未被给予足够的重视。因此,“融合新闻”在很大程度上代表着一种非历史的、简化论的视角。

至于目前得到学界认可的“数字新闻”,尽管在2003年前后即已可见探索性的讨论,但细读这些早期文献的内容,会发现研究者其实在很大程度上是将“数字新闻”和“线上新闻”混用的,此时的“数字”更多代表着一种缺少审慎考量的表达习惯。直到2010年前后,由于大量相关经验研究成果的积累,“数字新闻”这一概念才获得了全面的“合法性”,成为公认的新闻学学术发展的核心概念。2016年,两部具有权威性的数字新闻研究手册的出版,在这一命名的合法性问题上扮演了重要的角色,它们分别是

Routledge 出版社的 *The Routledge Companion to Digital Journalism Studies* 和 SAGE 出版社的 *The SAGE Handbook of Digital Journalism*。2019 年,学术期刊《数字新闻学》(*Digital Journalism*)也组织出版了题为《界定数字新闻》的特刊。这些讨论基本上已经体现出将数字新闻学明确视为新闻学范式重大革新的共识。

综合现有的多方面观点,我们可以发现,对以数字新闻为核心的概念体系进行界定与梳理,是我们理解数字新闻在当前新闻理论研究中的角色的必要环节,唯有对这一问题进行清晰的呈现,我们才能洞察数字新闻为我们带来的理论与方法论发展意图。因此,本研究尝试基于理论积累和逻辑演绎对数字新闻做出如下界定:第一,数字新闻是各种数字化的信息技术和技术介入生产的新闻;第二,数字新闻的生产主体呈现出丰富多元的样态;第三,数字新闻的分发和接受主要通过互联网和交互式数字终端完成;第四,数字新闻在形式上呈现出跨媒体性(intermediality)和超文本性(hypertextuality)的特征;第五,数字新闻的文化基于一种弥散式的信息交换和人际关系网络。

在对数字新闻这一研究概念进行界定的基础上,我们进一步尝试阐释现有的数字新闻研究所具备的一些核心特征:第一,数字新闻的本质特征由"数字性"和"新闻性"共同构成,数字新闻与传统新闻之间的关联与差异体现在上述两种属性在当代新闻业发展中形成的关系,因此数字新闻学的分析视角应当首先是一种媒介生态分析视角(Hassan,2020)。第二,数字新闻研究或数字新闻学作为一种新范式的合法性体现在它为新闻学学科发展带来的新的潜能,这一潜能被 Robinson 等人归纳为"数字新闻的六个承诺":语境敏感性、总体关联性、比较倾向、规范意识、内置传播权力以及方法多元主义(Robinson,Lewis & Carlson,2019)。第三,数字新闻研究或数字新闻学必须要具有反思和批判的维度,其理论研究工作要保持对技术乐观主义话语的严肃审视,因此数字新闻学的一个必要前提是新闻赋予技术以目标、形态、视角、意义和重要性,而非反过来。

(二)数字新闻研究理论与方法论指向

只有框定了数字新闻研究中的"数字性"与"新闻性"之间的基础性关系,我们才能明确数字新闻研究究竟试图在何种层面上为当前新闻研究与新闻实践设定行动指南。作为一种崭新的新闻研究路径,数字新闻不可避免地对新闻业的内在价值进行了重新审视与批判性吸纳。数字新闻虽然植根于新闻业与新闻研究的发展脉络,但仍旧对新闻理论与新闻研究方法提出了挑战。

在新闻学理论方面,大约从 2010 年开始,国际新闻学界围绕新闻学在数字时代面临的“生存危机”的种种表现及其背后的文化逻辑展开了持续的讨论。这些讨论中,有一些围绕着新型新闻生产模式和新闻业的新社会角色对理论研究提出的新要求展开,尝试对新闻学的学术体系做出研究方式上的调整,以适应新的技术和行业环境;有些则从新闻学学术发展的宏大脉络出发,认定数字技术给新闻研究的理论体系带来的影响超越简单的符号或工具层面,需要学界对新闻学进行“重新概念化”(Anderson,2010),甚至尝试将数字新闻理解为新闻理论自规范、经验主义、社会学和全球比较等主导范式之后出现的新范式(Steensen & Ahva,2015)。尽管上述两种数字新闻研究的理论化路径在性质上存在类似“改良”和“革命”的差异,但这无碍一个事实,那就是:数字化浪潮及其急速放大的技术驱动力在新闻生产和新闻业形态中的显著性,客观上令业已近半个世纪没有实质发展的新闻理论研究焕发了新的青春(常江,2019)。在新闻学领域,或许从未如此密集地“诞生”新概念:新闻生态系统(news ecosystem)、网络化新闻(networked journalism)、环绕新闻(ambient journalism)、新闻创新、液态新闻、用户新闻……

在数字新闻的研究方法方面,学界的讨论仍比较少见。可能正如有学者所指出的,既然数字技术导致的是新闻学的本体论的变化,那么这种变化必然要求研究者进行认识论的革新以实现对新的新闻本体的准确理解(Karlsson & Sjøvaag,2016)。现有关于数字新闻研究方法的讨论,仍主要集中于如何采用更高级、更复杂的手段(主要是计算机辅助手段)去采集新形态的新闻文体的相关数据,始终未曾脱离实证主义新闻学研究的内容分析传统。这种回避方法论问题,仅从提升效能的角度进行的具体研究方法的“更新”,显然不能与我们对数字新闻学的内涵与期望相匹配。鉴于此,我们认为,数字新闻研究方法论创新的实质应当是改变将新闻生产、新闻内容和新闻接受相割裂的传统新闻研究思路,围绕“作为经验”甚至“作为生活方式”的新闻活动,探索一种总体性、阐释性的新闻研究方法论。在这一维度上,诸如文化研究等研究路径可以成为数字新闻学的研究方法论(常江,2020)。

在明确了数字新闻是“数字性”和“新闻性”交互作用、彼此建构的产物的前提下,学术界为了回应上述数字新闻所带来的理论与方法层面的问题,展开了对数字技术与新闻业之间关系的探讨。这一问题着重从三个方面展开,我们尝试从当前的学术研究现状出发,梳理新新闻形态研究、数字新闻批判研究与中国语境下数字新闻规范和治理研究的主流视角,以勾勒出数字新闻学的主要问题视域。

三、数字浪潮中的新新闻形态研究

从发展的过程来看，对于数字新闻的理论化工作呈现出自下而上的、带有理论扎根色彩的特征。数字新闻学作为一种新闻学新范式的经验依据，就存在于过去 20 年间新闻学界对不同类型的技术驱动新闻形态的理论探析之中。本研究首先以数据新闻（data journalism）、浸入式新闻（immersive journalism）和算法新闻（algorithmic journalism）为三种代表性新闻形态进行新新闻形态研究梳理。

数据新闻是最早引起研究者理论关注的技术驱动新闻形态之一。广义的数据新闻指的是将统计数据运用于新闻报道以对其内容、叙事和传播效果加以强化的生产方式，而狭义的数据新闻则通常指以大数据作为新闻内容和形式的主要提供者，以丰富的可视化手段为外在形式的新兴数字新闻。在过去十年间，数据新闻是数字新闻研究的焦点议题之一，来自不同国家的研究者从不同的角度，以扎实的实证研究考察了大数据和计算机辅助技术对新闻的生产、叙事、流通、接受及新闻教学的影响。此外，还有相当数量的研究是对新闻的"数据化"趋向的反思甚至质疑，这些研究或对数据新闻的交互性、透明性、多样性等形式的文化本质进行考察，揭示"数据驱动"背后的商业和政府力量，或通过类型分析、接受分析等方式判断数据新闻生产机制的可持续性及未来走向。国内学者则较多地将研究的视角置于对数据新闻生产的标准和规范的考察上。此外，亦有不少研究关注信息可视化作为一种理念和方法在数据新闻中的角色和功能，尤其着重探讨其"美学逻辑"与传统新闻理念之间的冲突。总体而言，数据新闻的研究数量多，角度多元，具有全球性，业已成为数字新闻研究领域的一个重要的传统；但也要看到，绝大部分针对数据新闻的研究集中于"作为专业技能的数字性"视角，体现出个案化、实证性的特点。

浸入式新闻通常指主要由虚拟现实或增强现实技术驱动的新闻形态，借助全景图像和可穿戴显示设备，新闻用户可以完全沉浸在新闻的场景中，并将自己的全部感官与新闻场景相连接，同时在物理和心理层面实现对新闻叙事的沉浸（Baía & Coelho，2018）。一般认为，虚拟现实技术应用于新闻生产的全球趋势源于 Nonny De la Peña 在 2010 年开始进行的探索性研究和实践。从 2015 年起，一些全球知名新闻机构开始尝试进行常态化的浸入式新闻生产，这种以视听和互动数字信息"包裹"新闻用户的新闻形态随即受到数字新闻研究者持续的关注。现有研究主要包括三个角度：探讨虚拟现实技术如何对传统新闻叙事进行了破坏并"发明"了新的新闻语言，反思"浸入"的过程中可能带来的新闻伦理和用户心理问题，以及分析虚拟现实技术给新闻生产理念和方式带来的改变以及这种改变可能产生的社会文化效应。与数据新闻研究相比,浸入式新闻出现和开始主流化的时间均较晚,因此目前的大量研究仍处于概念辨析、个案挖掘阶段。大致从2019年开始,基于数字新闻研究的总体性视角对浸入式新闻的理论化工作才渐渐成熟,越来越多的研究开始围绕虚拟现实技术本身的文化偏向展开对浸入式新闻的“概念路径”的探讨(Mabrook & Singer,2019)。

算法新闻,也被称为“自动化新闻”或机器人新闻,意指生产和分发过程由智能性的计算机程序参与或主导,并主要基于对大数据进行检索和选择来完成内容组织和传输的新闻形态(Dörr,2015)。算法新闻的崛起令研究者开始密切关注人工智能在新闻业的应用问题,现有的经验研究主要包括如下几个层面:第一,对算法加诸新闻生产的不同维度的影响进行分析和评判,包括新闻信息的准确性、可信度和透明性问题;第二,对算法新闻潜在的价值观偏向和伦理问题做出批判性考察,并尝试在人工智能的技术语境下建立新的价值引导体系;第三,对支配算法技术发展方向和介入新闻生产的具体方式的权力结构进行批判性考察,尤其关注技术和数据库背后的高科技公司的资本利益;第四,对算法新闻生产过程中的生产主体(新闻编辑、新闻用户)的群体心态和身份认同做出解读,并据此剖析人工智能技术在数字新闻业的专业文化和意识形态中扮演的角色。值得一提的是,国内学界在进行算法新闻的研究时形成了独特的风格和热点,比如相当多的研究围绕“信息茧房”概念展开了深入的讨论,探讨基于算法的新闻推荐机制对新闻用户的信息认知、价值观和数字素养究竟产生了什么样的影响。总体而言,新闻学界对算法新闻的考察呈现理论和路径的多元性特点,其中一些理论观点和研究路径之间甚至存在尖锐的冲突。导致这一冲突的主要原因在于基于智能算法的机器人新闻和个性新闻推送在新闻业的行业实践和新闻学的学术话语中前所未有地制造了“人机矛盾”的问题。

基于对上述三种数字技术驱动的“新新闻”形态的学术研究的综述,我们大致可以对数字新闻学的研究方向之一做出如下归纳:第一,针对具体数字新闻形态的经验研究是对数字新闻进行理论化和体系化的基础工作,数字新闻研究领域现有的诸多成熟的理论观点,都是一些代表性研究者在现有的大量经验研究成果的基础上凝练生成的,这表明数字新闻学的体系建设工作首先体现为一种“自下而上”“从经验到理论”的归纳逻辑路径。第二,不同数字新闻形态的生产、流通和接受行为具有认识论上的共性,这种共性体现了这些新新闻形态在全球范围的不同社会语境下的传播机制中蕴含着相似的社会心理和集体价值因素,包括其实践对传统新闻观念的挑战、在传播主体中塑造的共通心理和情感状态,以及给人本主义和人的主体性带来的思考方向,等等,这就意味着从不同类型的数字新闻实践中提炼共同概念及阐释框架是具有可行性的。第三,中西方关于数字新闻形态的理论探索的共同性大于差异性,中国学界在诸多前沿议题领域的研究(如对信息茧房的辨析、对算法新闻价值观问题的考察等)领先于欧美同行,这一方面源于数字化的新闻生产技术和生产实践具有全球通用的标准,另一方面也由于中国在新闻实践的数字化和智能化领域并不落后于欧美国家,这也就为一种具有全球普遍适用性的数字新闻学体系的建设工作打下了牢固的现实基础。

四、数字新闻批判研究

数字新闻的发展也吸引了批判理论的研究兴趣,这在很大程度上源于互联网的民主化承诺和数字技术在全球政治、经济和文化领域塑造的新结构,包括打破传统机构媒体的信息垄断权,助力另类媒体(alternative media)和自媒体(we media)的崛起,以及对传统政治决策体制构成挑战,等等。批判理论是现有数字新闻研究实践的重要维度,明确了数字新闻学必须采用"文化主义与政治经济学相结合"的综合性路径,做出了突出的理论贡献(Hardy,2017)。现有针对数字新闻的批判研究成果主要包括三个方面:数字民主批判、数字劳动研究、数字乌托邦主义批判。

首先是数字民主批判。从世纪之交开始,即有很多批判理论家和研究者致力于对数字技术在新闻业制造的"民主"假象的揭示,以及对这种虚假民主的资本主义本质的挖掘。如McChesney(2013)指出,数字新闻业表面上通过制造无远弗届的"连接"实现了一种形式上的信息民主,但实际上控制互联网公司的资本主义制度通过种种策略强化了数字空间中的阶层和人群的区隔,实现了比以前更为有效的市场细分,使真正意义上的公意和反抗都难以形成,实际上走向了民主的对立面。英国媒介理论家Nick Couldry也将数字新闻视为全球范围内"数据殖民"过程的一个有机部分,这一过程使"人类生活本身正在以新的方式逐步资本化,其细节、程度和精确度远远超出了我们对日常生活资本化的早期预测"(常江、田浩,2020)。这一思路主张对数字新闻的分析要立足于对全球资本主义文化在数字技术环境下的新政治经济基础的考察,同时对各种形式的技术话语背后的公司力量保持关注。

其次,数字劳动是活跃且富有成效的当代批判理论,这一理论主张将马克思主义的劳动理论和剩余价值学说应用于分析互联网信息生产空间,通过考察数字通信工具与网络社交平台用户的内容和信息生产行为的商品化过程,解释数字媒体环境下"工作"和"消费"的本质(Fuchs,2015)。近年来,数字劳动理论成为学界关于数字新闻业中"人"(包括新闻从业者、新闻用户和其他相关行动者)的生存状况和身份认同研究的重要框架。如 Hayes 和 Silke 关注数字技术环境催生的“自由记者”(freelance journalists)群体,通过深度访谈和对整个行业现状的政治经济学分析,准确描摹了所谓的“自由新闻”(freelance journalism)的商品本质,以及这一以“自由”为话语表象的新闻职业被高科技新闻公司塑造和剥削的机制(Hayes & Silke,2018)。Cohen(2019)则通过一项针对数字新闻室的综合性质性研究,揭示了传统新闻机构内部的权力结构和劳动分工现状是如何在数字时代被复制和强化的;研究同时指出,针对数字新闻职业的研究应当包含四个主要的分析维度:劳动条件、控制方式、商品化过程和抵抗机制。在中国语境下的研究方面,Wu 和 Wall(2019)通过考察基于微信平台的公民新闻的生产和流通机制,剖析新闻用户的“产消者”身份的形成过程和构成方式。作为媒介与传播领域的一个主流的批判理论路径,数字劳动对我们理解数字新闻场域中人的“自主性”的本质有着重要的启发意义;它发展出的一些分析思路,如“产消者”分析、劳动条件分析、数字剩余价值分析等,丰富了数字新闻研究的视角。

再次,数字乌托邦主义批判也是这一领域内的重要议题。数字乌托邦主义,或技术乌托邦主义、网络乌托邦主义是一系列技术决定论的、非历史的、极端乐观主义的话语类型或意识形态,其基本意涵是:科学和技术的发展,尤其是数字技术的发展能够解决人类社会的绝大多数问题,引领人类社会实现乌托邦式的完美社会理想。数字乌托邦主义的发展几乎与全球数字文化的崛起同步,在不同程度上代表着相当数量的学者和大众对于数字技术的解放性潜能的狂热态度。其在媒介与传播研究领域的主要思想来源是麦克卢汉的媒介理论(纪莉,2003)。然而,Turner 却通过对美国从 20 世纪 60 年代到互联网时代的文化史的深入研究,揭示出这种对于理想社会的“美好想象”实际上是一种由大众媒体和高科技公司共同塑造出来的虚假意识;无论 60 年代的“抵抗文化”还是新世纪的“网络文化”,实际上最终都发挥了维系既有体制的稳定性的作用(Turner,2010)。Dickel 和 Schrape(2017)则对数字乌托邦主义的话语体系进行了语义学分析,指出这种社会理想的有效性其实局限于“数字领域”,它的实现所需要的各种社会条件几乎不可能在现有的全球政治经济结构中得到满足,因而提醒研究者对其虚幻性和麻醉性保持清醒。数字乌托邦主义批判尝试在终极价值层面为我们理解数字新闻的文化政治本质和历史角色提供理论资源,其主要的理论诉求在于主张反思一切形式的决定论,在历史和社会的动态演进过程中,语境化、经验性地理解技术。

整体而言,数字新闻批判研究的成果数量虽然并不多,但却产出了不少具有广泛社会影响力的著作,成为广泛意义上的当代技术哲学思想的一部分。我们大致可以对数字新闻学的这一研究方向做出如下归纳:第一,经典马克思主义和新马克思主义是构成数字新闻研究批判性维度的有效理论资源,现有研究业已证明马克思主义的劳动理论、剩余价值理论、阶级分析方法和文化工业理论均在数字时代实现了新的发展,证明了自身作为宏大社会理论的生命力和解释力。第二,数字新闻研究要区分"经验"和"话语"之间的差异,前者来自数字新闻业的各类行动者在日常的和职业的生活中获得的意义、价值和满足感,而后者则源于主导数字技术发展的各种权力机构(以全球高科技公司为代表)出于利益诉求而进行的有意识的观念控制,两者之间虽有本质的不同,但后者却因资本的支持而有能力将自己伪装成"不言自明"的常识并僭越前者之于理论的基础性角色。第三,数字新闻研究要坚持文化主义与政治经济学分析相结合的思路,将数字新闻业的诸种形式、风格、结构、机制视为一种文化加以考察,并不意味着要摒弃文化之外的其他分析维度,批判理论的政治经济学分析底色能够让研究者对数字新闻的机构属性和权力关系予以充分的观照,保持对各种类型的单一因素决定论的反思。

五、中国语境下的数字新闻治理

中国的新闻业和新闻学在发展的过程中形成了与欧美不同的传统,这种传统更加重视对新闻学体系的规范性面向的考察,且往往有意识地从社会发展的宏大价值目标出发,不断产出规划、教育、治理等领域的对策性研究。这些研究的成果虽然尚未实现与其他传统的深度对话,但却为我们展开基于中国经验的理论与方法探索打下了坚实的基础。中国语境下富有特色的数字新闻研究主要关注三个议题:马克思主义新闻观视野下的数字新闻、数字时代的新闻教育、数字新闻行业的治理。

马克思主义新闻观是中国本土新闻学研究的重要理论创新。围绕这一具有中国特色的新闻理论体系在数字时代的适用性和解释力等问题,国内学者展开了深入的论述。一方面,研究者普遍认为尽管技术进步带来了媒介形态的变化,但人民性的原则作为马克思主义新闻观的重要理论内涵并未发生改变,数字化的新闻媒体也应及时了解民众所想、民众所需、民众所感,并为民众发声;另一方面,通过解读领导人关于新时代新闻舆论问题的重要讲话,学者们也对互联网时代"党性和人民性相统一"的马克思主义思想内核在中国的具体实践方式进行了探讨。总体而言,在马克思主义新闻观的理论视域内,数字时代的新闻行业具备成为社会主义先进文化的重要平台、人民精神生活健康发展的新兴空间的潜能。在新闻实践的具体层面,研究者也展开初步的探讨,包括如何在新闻生产中充分运用新媒体技术将公众的共情心理纳入媒介的主流议程以实现主流意识形态的有效传播,等等。

从数量上看,目前国内学界产出的数字时代新闻教育的相关研究成果十分丰富。具体来说,这些研究大致在三个方向上展开。第一个方向是基于媒介融合的趋势,对"融合性新闻人才"的培养思路进行设计,包括"生产技术"和"生产理念"两个维度的融合。第二个方向是针对具体的新闻学院课程体系的改革方案的设计,包括如何打通计算科学、信息科学等理工学科与新闻教育之间的隔阂以建构培养具有复合型知识结构的全媒体新闻传播人才的模式,如何在教育实践中强化新闻学院与互联网新闻业界的联动,以及如何在全球比较的视野下实现与欧美新闻教育体系的"互鉴",等等。第三个方向是反思新闻教育在数字技术的冲击下可能存在的价值缺失问题,如有学者提出数字时代的新闻教育不能放弃以媒介伦理为核心的传统新闻价值观念(胡德才,2015),有学者认为诞生于工业文明的新闻学必须呼应后工业文明社会和信息社会的需求(王润泽,2020),等等。总体而言,国内学界对于数字时代新闻教育的研究多为描述性的、带有强烈规范色彩的研究,总体上尚未释放出新闻理论研究的重要成果在新闻教育革新领域的话语潜能。

对新闻事业的监管和治理的研究,在国内新闻学研究领域一直有着深厚的传统。数字化时代的到来对传统的新闻监管与治理体系构成了挑战,以"分类"为核心思路的传统监管方式难以适应"传播渠道一体化"的新趋势,因此一些学者就这一体系在数字时代的革新路径展开了初步的探讨。综合现有的相关文献,大致可以归纳出三个主流的观点:第一,在治理的思路上,基于行业现有的通行标准,对监管权责的明晰化、对不同规制主体监管范畴的清晰界定,是亟待完成的工作;第二,在治理的方式上,大量研究细化到如何对数字新闻行业的具体失范行为进行针对性管理,包括网络谣言、虚假报道、社交媒体炒作等等,这类研究对策性很强,且不局限于针对数字新闻的讨论;第三,在治理的目标上,有研究指出现有政策对数字新闻业的监管存在"重规范、轻发展"的问题,数字新闻治理的终极目标在于促进新闻业健康有序发展(彭兰,2007),亦有部分研究认为要达成这一目标就必须充分了解不同数字媒体平台的特性,在对技术和平台进行细分的基础上进行"差异化治理"。

中国本土新闻学传统对规范、教育和治理等议题的关切既是我国数字新闻学研究发展的重要依据,也是我们基于中国经验进行数字新闻学体系建设的一个起点。总体而言,我们可以发现:第一,中国特色的新闻学研究传统与数字时代新闻业新结构特征的结合尚待完成,无论源于马克思主义还是中国本土文化的新闻学术话语体系,都面临如何对全球性的数字新闻潮流做出回应的问题。第二,对新闻教育和新闻治理的充分观照是数字新闻学体系建设的重要环节,因为这两个领域是新闻学理论发展被运用于解释和指导社会实践的关键契合点,在这个问题上中国本土的研究经验弥补了以欧美为中心的国际数字新闻研究话语体系的缺陷。第三,中国本土数字新闻研究的规范性取向应该与欧美研究的经验主义取向进行融合与对话,努力实现令不同的新闻学话语体系在彼此尊重相互的意识形态旨归的前提下求同存异,共同参与一般性数字新闻学体系的搭建。

六、走向数字新闻学的新范式

从新闻学的学术发展的角度看,对数字新闻学的系统研究也在过去十年间逐渐从一个新奇的前沿范畴,渐渐转化为新闻学的主流范畴。虽然受历史进程和社会结构的影响,新闻实践和新闻行业始终是易变的,但新闻学的"理论体系"或"学科体系"则必须要具有某种程度上的"超语境"的稳定性。从这个角度上来说,本研究所要回答的最终问题是:假如我们认可数字技术环境下新闻学体系的上述转变是一种"范式性的"革新,亦即假若我们认定"数字新闻学"作为一个理论、方法和实践的总体性范畴具有合理性和现实意义,那么,这种"新新闻学"需包含哪些关于"新闻"和"新闻业"的新的事实?它的知识体系和阐释模型如何体现?它又如何去协调不同价值体系之间的关系?只有完全(或在相当程度上)回答了这些问题,我们才能够真正理解"数字新闻学"的本质究竟是什么。这些问题正是本研究尝试解决的。

为了回答上述问题,本文尝试在对数字新闻学的概念梳理和研究版图框定的基础上,对数字新闻学的基本概念范畴做出如下几个方面的描述,以凸显从数字新闻研究走向数字新闻学研究的必要性与必然性。

第一,数字新闻学是新闻学研究在体系而非经验层面的革新。换言之,数字新闻学是新闻学在数字技术语境和数字媒体生态下发展的新阶段,是新闻学的理论、方法和实践在数字时代必须实现的突破。尽管我们今天所讨论的"数字技术"拥有很多类型,其对新闻内容和新闻活动的影响也各有差异,但在生态的维度上,新闻的不同数字化路径其实共同指向了一种在形式上更加扁平的、空间式的传播结构。这种新的结构正在破坏传统新闻学为自身所设立的认知边界和专业传统,令建立在真实性和客观主义基础上的新闻元话语和经典新闻观念体系出现严重动摇。数字新闻学正是为这种"旧已破、新未立"的现状提供思想资源和解决方案的新范式。

第二,数字新闻学是一个总体性的专业知识体系而非新闻学的一个子范畴。数字新闻学作为新闻学体系在数字时代的延续和创新,必然要实现对新闻学内在文化和政治基因的复制。简而言之,数字新闻学应是一个在稳定的逻辑体系和概念框架下实现新闻的研究、生产、教育和治理协调发展的学科体系,是基于对数字媒介生态的准确理解和深刻阐释的新闻本体论、认识论和方法论,是兼具描述性、规范性、解释性和批判性面向的完整概念框架,是一种"关于新闻的动态学"(Domingo et al. ,2015)。

第三,数字新闻学与传统新闻学之间保持着"破坏性发展"(disruptive developing)的关系。这一概念脱胎于熊彼特提出的"创造性破坏"(creative destruction),意指通过一种带有革命性色彩的体系重建工作,实现对一种良性的发展循环的追求。在某种程度上,数字新闻学之于传统新闻学,就体现为一种带有破坏性的创新意图。数字新闻学并非无中生有,也并不完全是数字技术在新闻业内采纳、普及的直接产物,对数字新闻学体系的建构必须在把握它与传统新闻学体系关系的过程中完成,必须要回归新闻学的学术史和学科发展逻辑。相对于传统新闻学,数字新闻学的破坏性体现在它对新闻学经典观念和元话语的内涵、边界及合法性构成破坏并以一套新的文化逻辑和话语体系取代之;其继承性则(应当)表现为对新闻业自诞生以来的始终坚持的价值底色和规范属性的"数字化"改造与发扬。

第四,数字新闻学具有明确的批判性维度。数字新闻学作为一种社会研究方式或一种文化阐释思路的基本策略是"对于技术的政治、社会和文化偏向"的分析(Kammer,2013),这就使得这一体系必然要具有对数字技术加诸人类社会的负面影响保持理论和实践层面的反思。从新闻业在数字时代的发展历程来看,传统新闻机构人文主义导向的专业文化的退场令数字新闻的文化日益附丽于主导数字技术发展的技术乌托邦主义话语,并呈现出价值极化和民粹主义的倾向。数字新闻学的研究实践不应忽视对数字新闻生态与宏观全球政治和文化之间关系的批判性考察。这一明确的批判理论面向或将是数字新闻学之于传统新闻学的重要突破。

实际上,本研究的最终指向并不仅仅是框定数字新闻学的概念与圈定其研究版图。本研究期待在数字新闻学领域内为主流学术界提供一种以新闻生态系统为概念框架的主要认知范式,探索具有国际通约性的理论和方法,强调新闻本质、公共性与价值,启发具有体系化特征的数字新闻学研究。这呼唤后续更多以数字新闻学为核心的学术研究。

参考文献

常江,2019. 价值重建:新闻业的结构转型与数字新闻生产理论建构[J]. 编辑之友(03):88 - 94.

常江,2020. 文化研究作为数字新闻学的方法论思考[J]. 山西大学学报(哲学社会科学版)(04):45 - 51.

常江,田浩,2020. 尼克 · 库尔德利:数据殖民主义是殖民主义的最新阶段——马克思主义与数字文化批判[J].新闻界(2):2.

胡德才,2015.媒介融合时代新闻传播人才培养的理念与路径[J].新闻大学(5):119-125.

纪莉,2003.论麦克卢汉传播观念的"技术乌托邦主义"——理解麦克卢汉的新视角[J].新闻与传播研究,10(1):38-44.

彭兰,2020.关于数字媒体内容管理体系建立原则的思考[J].国际新闻界,2007(11):12-18.

王润泽,2020.新闻学面临的挑战与新闻教育变革[J].中国出版(14):10-14.

Anderson C W,2010. Journalistic networks and the diffusion of local news:The brief,happy news life of the "Francisville Four"[J]. Political Communication,27(3):289-309.

Baía Reis A,Coelho A F V C C,2018. Virtual Reality and Journalism:A gateway to conceptualizing immersive journalism[J]. Digital Journalism,6(8):1090-1100.

Blumler J G,Cushion S,2014. Normative perspectives on journalism studies:Stock-taking and future directions[J]. Journalism,15(3):259-272.

Broersma M,Peters C,2013. Introduction:Rethinking journalism:The structural transformation of a public good[M]//Rethinking journalism:Trust and participation in a transformed news landscape. Routledge:2.

Cohen N S,2019. At work in the digital newsroom[J]. Digital Journalism,7(5):571-591.

Dickel S,Schrape J F,2017. The logic of digital utopianism[J]. Nanoethics,2017,11(1):47-58.

Domingo D,Masip P,Costera Meijer I,2015. Tracing digital news networks:Towards an integrated framework of the dynamics of news production,circulation and use[J]. Digital Journalism,3(1):53-67.

Dörr K N,2015. Mapping the field of algorithmic journalism[J]. Digital journalism:700-722.

Fuchs C,2015. Dallas Smythe and digital labor[M]. Routledge.

Hall J,2001. Online journalism:A critical primer[M]. Pluto Press:73.

Hardy J. Money,(Co) ,2017. Production and Power:The contribution of critical political economy to digital journalism studies[J]. Digital Journalism,5(1):1-25.

Hassan R,2020. Digitality,virtual reality and the 'empathy machine'[J]. Digital Journalism,8(2):195-212.

Hayes K,Silke H,2018. The Networked Freelancer? Digital labour and freelance journalism in the age of social media[J]. Digital Journalism,6(8):1018-1028.

Kaltenbrunner A,Meier K,2013. Convergent journalism—Newsrooms,routines,job profiles and training[M]//Media and convergence management. Springer,Berlin,Heidelberg:285-298.

Kammer A,2013. The mediatization of journalism[J]. MedieKultur:Journal of media and communication research,29(54):141-158.

Karlsson M,Sjøvaag H,2016. Introduction:Research methods in an age of digital journalism[J]. Digital Journalism,1(4):1-7.

Mabrook R, Singer J B, 2019. Virtual reality, 360 video, and journalism studies: conceptual approaches to immersive technologies[J]. Journalism Studies, 20(14): 2096 – 2112.

Matheson D, 2004. Weblogs and the epistemology of the news: Some trends in online journalism[J]. New media & society, 6(4): 453.

McChesney R W, 2013. Digital disconnect: How capitalism is turning the Internet against democracy [M]. New Press.

Robinson S, Lewis S C, Carlson M, 2019. Locating the "Digital" in Digital Journalism Studies: Transformations in Research[J]. Digital Journalism, 7(3): 368 – 377.

Steensen S, Ahva L, 2015. Theories of journalism in a digital age: An exploration and introduction[J]. Digital Journalism, 1(3): 1 – 18.

Steensen S, 2009. What's stopping them? Towards a grounded theory of innovation in online journalism [J]. Journalism studies, 10(6): 821 – 836.

Turner F, 2010. From counterculture to cyberculture: Stewart Brand, the Whole Earth Network, and the rise of digital utopianism[M]. University of Chicago Press.

Wu Y, Wall M, 2019. Prosumers in a digital multiverse: An investigation of how WeChat is affecting Chinese citizen journalism[J]. Global Media and China, 4(1): 36 – 51.

Zelizer B, 2005. Definitions of journalism[M]. New York: Oxford University Press.

新闻生态系统研究二十年:历史轨迹与未来发展*

[美]克里斯·安德森** 何仁亿

摘要:本文讨论了生态系统方法在数字新闻研究中的历史和应用。文章首先概述了数字时代"新闻生态系统"概念日益被采纳的情况,随后讨论了"生态系统"一词在媒介研究文献中的两种用法,概述了几个关于新兴新闻生态系统的研究实例,每一个实例都借鉴了不同的,甚至是尚未被认可的理论传统。最后,本文讨论了数字新闻研究的历史,以及在过去20年中学术界对新闻生态系统概念的理解。

关键词:新闻生态系统,数字新闻学,新闻理论

一、引言

二十年前,在欧美世界还不存在"新闻学研究"这样一个边界分明的学科。当然,那时有许多"关于新闻"的研究,但这些研究大多分散在与传播相关的不同范畴,如"大众传播""政治传播""文化研究""媒介理论"和更通用的"媒介研究"。2000年,随着国际传播学会(International Communications Association)成立新闻学研究分会,以及《新闻学》(*Journalism*)和《新闻学研究》(*Journalism Studies*)的创刊,这个学科获得了某种独立性。从这个意义上说,新闻学,尤其是最新的数字新闻学作为一个独特的学科,是一件相当晚近的事。虽然我对中国的情况不是很熟悉,但我相信这个学科的特殊性在中国仍适用。

关于新闻学研究的兴起,有一个流传甚广的笑话:新闻学研究的繁荣与其研究对象——新闻的衰落程度成正比。除了上面提到的两种期刊,我们在过去的二十年里还看到了《新闻实践》(*Journalism Practice*)(2007)和《数字新闻学》(*Digital Journalism*)

---

* 基金项目:国家社科基金重大项目"数字新闻学理论、方法、实践研究"(编号:20&ZD318)。

** 克里斯·安德森(Chris W. Anderson),英国利兹大学媒体与传播学院教授。

(2013)的诞生。这四种期刊影响因子在近些年均有大幅攀升,尤其是在过去五年。Routledge 出版社以惊人的速度持续生产新闻相关的研究作品:从 *Routledge Focus on Journalism*、*Routledge Research in Journalism* 到 *Journalism Studies: Theory and Practice*。与此同时,新闻业本身(尤其是在美国,也包括其他地方)却正经历严重的衰退。2014 年,皮尤研究(Pew Research)报告表示,印刷类新闻媒体的广告收入自 2003 年至 2015 年减少超过 50%,从业者人数则下降了 30%,达到 1978 年以来的新低。美国地方新闻业继续崩溃,大批报业公司关闭,媒体合并加速,日益垄断的媒体集团纷纷削减报纸印刷和投递服务。读者对记者和新闻的信任程度比以往任何时候都低。曾经带有制度化色彩的新闻机构的工作程序正发生转变,现在的生产流程已与几年前大不相同。用芭比·泽利泽(Barbie Zelizer)的话来说,在参与式媒体的热情退却后,"危机"一词已经成为描述数字新闻生产成熟时代的首选词汇(Zelizer, 2015)。随着行业的日益变动,学者们似乎有了更多的研究选题,并积累了一批研究基础设施——期刊、学会、工作岗位、奖项——使他们既能完成学术研究,又能在个人和专业方面取得成功。

在数字新闻学研究过去二十年的发展中,"生态系统"是占据中心地位的话语。接下来,本文即尝试探讨这个术语的含义:新闻学界对它的界定,以及学术史上相关研究的发展脉络。

二、概念从何而来?

Google N – Grams 软件提供了 Google 扫描图书语料库中不同短语流行程度的"大数据"概览,它从 2001 年开始追踪"媒介生态系统"(media ecosystem)的兴起;从那时起,这个短语的使用量每年都几乎翻一番,直到 2008 年(有数据可查的最后一年)。同样,在 2001 年,这个短语首次在学术语境中被使用,在一篇题为《融合? 我有异议》(Convergence? I Diverge)的文章中,新媒体和文化研究学者亨利·詹金斯(Henry Jenkins)提出了如下观点:所谓的旧媒体很少会被新媒体取代,"一种媒介的内容可能会发生变化,它的受众可能会发生变化,它的社会地位可能会上升或下降……可一旦一种媒介确立了自己的地位,它就会继续成为媒介生态系统的一部分。没有哪一种特定的媒介会'赢得'争夺我们耳朵和眼球的战斗"。詹金斯从事传播和文化领域的研究,在粉丝社群和另类媒体研究领域颇有建树,因此,他对非主流话语生产者表现出天生的敏感并不奇怪。

尽管如此,詹金斯在论文中并没有特别提到新闻。2005 年哈佛伯克曼中心(Harvard Berkman Center)研究员丽贝卡·麦金农(Rebecca MacKinnon)在一篇论文中首次论述了专门针对新闻的"生态系统"。文章记录了伯克曼中心的一次会议,并特别提到了互联网理论家杰伊·罗森(Jay Rosen)和杰夫·贾维斯(Jeff Jarvis)的贡献。又过了近五年,"新闻生态系统"(news ecosystem)一词才首次出现在同行评议期刊上,包括笔者在《政治传播》(*Political Communication*)上发表的文章(Anderson, 2010),以及其他一些期刊文章,都引用了皮尤的研究《新闻是如何发生的:关于美国城市的新闻生态研究》(*How News Happens: A Study of the News Ecosystem in One American City*)。到2012年,Google Scholar已可检索到50多篇包含"新闻生态系统"一词的文章和书籍。

然而,上述案例肯定没有穷尽"生态系统"一词在信息传播范畴的用法。事实上,所有学者都或多或少回归到对"生态系统"的传统解释上——詹金斯强调"旧"技术的物质属性,皮尤关注信息的扩散与转变,以及罗森在2005年伯克曼演讲中致敬纽约大学"媒介生态学家"尼尔·波兹曼(Neil Postman)。简而言之,尽管这些对生态系统一词的不同理解在表面上很相似,而且都在很大程度上受到容易获取的媒体内容的影响,但它们实际上包含了不同的规范取向,并促进了不同的研究策略的诞生。因此,接下来将讨论相关文献中的两个主要分支或主题领域——"环境"(environmental)方法和"根茎方法"(rhizomatic approach)。

三、关于生态系统的不同理解

(一)媒介生态系统与环境

与媒介生态系统有关的第一类学术研究主要集中在作为传播学子领域的"媒介生态学"(media ecology)中。本文无意深入探讨媒介生态学的研究传统,这个研究领域有自己的会议和期刊,曾是纽约大学的名牌项目,后于2001年改名为"媒体、文化和传播"(Media, Culture and Communication)。"媒介生态学"一词最早出现于20世纪60年代末70年代初,是"生态学"在各种跨学科研究领域扩散的一部分。

"媒介生态"一词由纽约大学教授尼尔·波兹曼于1968年提出,他借鉴了马歇尔·麦克卢汉(Marshall McLuhan)十多年前提出的理论,认为人类处于媒介"生态系统"或"媒介环境"(media environment)的中心,这个生态系统极大地影响着人们的感觉和认知,从而塑造着人的行为。此类观点的根源其实可以追溯到麦克卢汉之前:多伦多大学教授哈罗德·因尼斯(Harold Innis)和埃里克·哈维洛克(Eric Havelock),以及耶稣会学者沃尔特·翁(Walter Ong)。这种生态学观点(也被称为传播学的"多伦多学派")具有的强大吸引力来源于主要贡献者的跨学科背景。例如,因尼斯是一位政治经济学家和历史学家,他的研究主要集中在传播对帝国空间和时间的控制作用上;哈维洛克则是一位精通古希腊语的英国古典学学者,他对古代传播形式从口头到书面的过渡感兴趣。总之,尽管我们习惯于将某一理论倾向称为“学派”,但媒介生态学的核心范式内部仍然存在着重大分歧,我们应该警惕对其进行过于笼统的概括。

学者们思考的形式尽管多种多样,却都关注媒体形式与其长期的社会影响之间的关系。这种影响往往是以特别自然主义的术语来表述的,尤其是麦克卢汉;换句话说,多伦多学派将传播生态系统隐喻中“自然取向”(nature - oriented)的气质扩展为对不同媒体类型的演变、成长、衰败和平衡的解释。例如,媒体生态系统中的媒体形式通常被视为不同的物种——它们相互影响、相互平衡。假若生态系统是健康的,它们就会保持和谐的关系。这些物种在很大程度上是更一般、更广泛的媒介种类的子集,当然也包括麦克卢汉未曾提及的其他媒介形式。这些媒体类型,同样像自然界的物种一样,偶尔也会灭绝,或演化为更先进的、更适合当前环境的形态。最后,从媒介生态学的角度来看,这种传播系统整合的重要性在于,它对坐在媒介环境中心的独特的人类物种产生影响。这种影响主要通过符号的力量以及这些符号与人类大脑的联系方式发挥作用。正如詹姆斯·凯瑞(James Carey)在一篇关于哈罗德·因尼斯和马歇尔·麦克卢汉的文章中所说的那样:“麦克卢汉和因尼斯都认可传播技术的中心地位,但他们对技术产生影响的方式存在分歧。因尼斯认为传播技术主要影响社会组织和文化,麦克卢汉则认为它主要影响感官组织和思维……虽然麦克卢汉在学术上与因尼斯有联系,但我认为他可以更清楚、更有效地与社会语言学的萨丕尔-沃尔夫(Sapir-Worf)假说联系起来。”(Carey, 1967:18)

这些自然主义的媒体形式通过它们的感官影响(部分通过它们的内容)直接作用于电子时代的普通公民和消费者。当然媒体环境内部也在相互影响,这种影响的方式与小学生态课本中描绘湖泊或池塘周围的生态示意图相似。我们将看到,这种有关生态系统健康的理念对于媒介生态系统如何被新闻学研究所采纳具有重要意义。

(二)物质性媒介生态

2005 年,马修·富勒(Matthew Fuller)出版了《媒介生态学》(*Media Ecologies*)一书,这本书不仅关注波兹曼提出的媒介生态学的传统,还将媒介考古学、设计学、计算机科学和行为者网络理论等领域的各种线索整合在一起,构建了对这一概念的另一种理解(Fuller, 2005)。富勒在书中的研究对象是他所认为的一个并非以人类为中心的媒体系统。在这个系统中,人类主体并非传播环境的中心,人仅仅被视为一系列不断变化的符号和物质媒体网络中的一个节点。这些重叠的网络最终不会达至控制论所认为的平衡(如媒介生态学传统认为的那样),而是动态的、根状的扩张。这个概念显然借鉴了德勒兹(Deleuze)和瓜塔里(Guattari)关于根茎结构的观点:“与树木或树根不同,根茎将任何一点连接到任何其他一点,然而本质上相同的节点的特性并不一定相同;这种状况制造了极为特异的符号,甚至创造出‘非符号’状态……根茎既不能还原为一,也不能还原为多。它不是一变成二,甚至直接变成三、四、五等。它不是由‘一’派生出来的复数,也不是‘加一’。它不是由单位组成,而是由维度组成,或者说是由运动中的方向组成。”

古德曼(Goodman)在概述这两代生态学理论的差异时,认为新一代理论是物质性的,而古早的理论体系则不是。不过,我对前人研究的上述扼要的概述证明了实际情况并非如此——尽管物质性在两代学人眼中有不同的含义,但物质性本身是自始至终存在的。如同在哈维洛克、麦克卢汉和波兹曼开创的传统中,富勒等人所讨论的根茎网络存在着深刻的物质性,但这些物质性既不被理解为结构性环境的一部分,也不被理解为一系列大规模的历史进程。相反,相关研究似乎更倾向于社会物质互动的问题:意义如何在空间中扩散和互动,以及固有的权力差异如何在这些扩散和互动中随着时间的推移而被重新确认。不同媒介的物质特性及其特殊或共享的节奏、代码、政治、能力、倾向和驱动力是什么?我们可以认为这些特性相互融合、彼此关联并产生新的模式、危险和潜力吗?理解这种方法的关键在于:对物质性的关注往往在哪些看起来与其并不相关的电子媒介的非物质领域中最有成效(Fuller, 2005)。

换言之,正如麦克卢汉所言,所有的媒介都是物质的,数字媒介尤其如此。但是,媒介生态学的根茎传统是指“能够对网络的其他部分行使权力的东西”,这并非指技术决定论意义上的包围人类主体的结构化环境。这里的理论灵感显然不是美国或加拿大的,而是欧洲的,不仅借鉴了瓜塔里和德鲁兹的理论,还借鉴了迪兰达(DeLanda)、斯蒂格(Stieger)和拉图尔(Latour)的洞见。富勒的项目还带有根本性的政治色彩,这与波兹曼的传统并不相同;正如迈克尔·戈达德(Michael Goddard)所说,老一代的媒介生态学认为媒介是生态自然系统本身,而新版的媒介生态学则可能被视为更接近于环境运动本身。

若要对上述两种媒介生态学传统做出总结的话,不难发现旧的媒介生态学方法以自然界为指导性隐喻,把不同形式的媒介看作个别的“物种”,这些物种之间的主要互动模式是控制论的(即一种平衡的模式),并把人类主体(或物种)置于这个自然生态系统的中心,主要关注的问题是人类这一物种如何茁壮成长。较新的媒介生态学方法认为,自然世界和技术世界之间没有任何有意义的区别,把不同的媒介形式想象成主要是物质性的和历史性的偶然性,把空间中的运动想象成一种扩散和权力的行使,而不是平衡。与旧传统相反,新的理论反对将人视为任何一种媒介系统的中心,无论是在自然的、物质的还是其他的意义上。但是,两种理论对生态学的不同理解对新闻研究来说意味着什么?它们如何帮助我们以本文开篇所讨论的方式走出新闻编辑室呢?因此,接下来谈谈这些生态学隐喻在新闻学研究中的应用。

四、媒介生态学和数字新闻学研究

如前文所述,为了研究构成更大的“新闻生态系统”的网络、组织、社会团体和机构,研究者应当超越传统的新闻室民族志。这显然是正视数字时代新闻业不断变化的技术、文化和经济结构的第一步。然而,我想基于上文对生态系统的“环境理解”和“根茎理解”之间的差异的辨析,进一步推动这一见解。尽管这两种观点都帮助我们有效地研究数字新闻学,并产出一定成果,但它们最终代表了新闻学研究不同的进路,指向了迥异的研究范式。如果使用更贴近环境的方法,我们会如何研究新闻学?使用根茎的方法会怎样转变我们的研究重点?而如果我们想更彻底地将根茎方法——目前主要是大规模大数据分析的一部分——应用于新闻学研究,又应当如何调整策略?

(一)构建良好的媒介生态系统

绝大多数“超越新闻室”(beyond the newsroom)的数字媒体研究都对新闻业和新闻生产持有一种“环境的”(environmental)理解。在这些研究中,我重点关注了奈特委员会(Knight Commission)关于“社区新信息需求”(new information needs of communities)的报告,以及新美国基金会(New America Foundation)、芝加哥社区信托基金(Chicago Community Trust,CCT)和在奈特基金会框架下运作的各种组织所制作的各种形式的生态系统图谱。这些研究大致都是按照以下思路运作的:它们各自提供了基于特定地域或主题领域的媒体和新闻机构的分类学,这些机构包括但不限于传统的新闻机构。它们研究了这些机构生产的信息,最后分析了这些生产成果(包括经常被推崇的“原创报道”)如何培养“总体健康”(holistically healthy)的公民。

上述研究曾受到相当的欢迎。对于新闻学研究,明确借鉴生态学研究第二类传统的较少,而那些明确借鉴了第二类传统的研究主要归于新兴的“大数据与扩散”(bid data and diffusion)范畴,这种思路特别适用于对宣传和虚假信息(propaganda and misinformation)的研究。这类研究的典型案例是一篇名为《谁在推特上对谁说了什么?》

(Who Says What to Whom on Twitter?)的论文。该文区分了“精英”推特用户和“普通”推特用户,以及社交网站上的个人和组织,论文的作者们从21世纪的角度重新审视了卡茨(Katz)和拉扎斯菲尔德(Lazasfeld)的“两级传播模式”(two - step flow)问题,并借助大量的数字工具绘制了信息在网络中的传播图示。研究结果表明两级传播模式在数字时代依然成立,绝大多数个人和组织在推特上获得了大部分关注,但大部分用户从更分散的“中间层”(middle tier)用户那里间接获得新闻。他们还发现,某些种类的内容在推特圈子里“持续”的时间更长,如新闻项目的关注度会在早期达到高峰后迅速消退,博客项目吸引关注的持续时间更长,视频和有趣的内容几乎常年存在,因为它们不断被新用户发现和重新发现。

与以往生态学传统的研究不同,此项有关推特的研究没有将分析建立在区分不同种类的媒体内容上(当然研究的确区分了博客和传统媒体)。相反,研究将重点放在分析信息如何在数字和物理空间中扩散,以及信息如何在扩散的过程中激活特定的人类与非人类节点的问题。与传统不同,此项研究的整体视角更多关注的是流动的新闻和信息项目,而不是以粗略的技术类型区分的“组织的行动者”(organizational actors)的构成。信息在流动过程中所“遭遇”的不同文化形态和社会 - 物质结构完全决定着其流动的路径。

(二)数字新闻的历史与媒介生态系统研究

真的可以有一部数字新闻的历史吗?毕竟从第一份报纸上网到现在也不过20年。我们所理解的数字新闻的未来仍然是个未知数,一切皆有可能。但正如我此前论述的那样,数字化的快速发展使得历史的、时间的视角变得更重要了。自20世纪90年代末以来,随着网络新闻以及它所蕴含的更广阔的文化的发展,我们实际上已经看到了至少四个“时代”的到来和消失。我称之为“参与时代”(participatory era)、“危机时代”(crisis era)、“平台时代”(platform era)和“民粹时代”(populist era)。

1. 参与时代

在互联网发展早期,人们乐观地认为,由于数字内容生产的成本相对较低,兼这些内容更易传播,所以大规模的创造性实践将蓬勃发展。尽管处于主流新闻实践边缘地位的创造性新闻实践并不局限于北美,但持有上述观点的理论家主要为美国学者,如亨利·詹金斯、约凯·本克勒(Yochai Benkler),以及克莱·雪基(Clay Shirky)等。他们结合法律、经济和社会文化方面的学术研究,勾勒出一个21世纪的信息乌托邦。在这个乌托邦里,版权制度相对宽松,自下而上的数字内容流可以相对自由地流通,并与其他文化产品相结合。虽然这些想法所依据的基本政治哲学从未被完全阐明,但总的背景似乎是美国式的"观点市场"(marketplace of ideas)框架(在这个框架中,自由流通的思想越多,真理就越有可能从公开透明的观点冲突中产生)和控制论的媒体使用概念(在这个框架中,媒体生产者、产品和消费者被卷入一系列反馈循环中,这将不可避免地提高新闻产品的准确性和相关性)的组合。这些框架虽然最初是针对一般文化产品的生产本身,但很容易适应数字新闻的研究。

当从全球化的角度来审视这种参与式的发展时,我们可以看到美国式的"市场"媒体生产观念与全球各地,特别是南欧和南美早已存在的另类媒体生产传统之间的矛盾。盗版电台、另类报纸和文化干扰的卫星广播新闻节目等强调 DIY 属性的媒体早已存在,这些文化形式并不简单地局限于互联网时代的美国。左翼运动网站 Indymedia 是最早借鉴这种公民参与和 DIY 媒体生产框架的参与式新闻项目之一,其内部另类信息的市场观念与政治承诺之间的紧张关系很好地映射出美国与全球观点之间的紧张关系。在参与时代,学术界和民众关注的核心问题也许可以用一个曾经意味深长的问题来概括,现在这个问题已经成为媒体社会学界的一个笑话:"博客是新闻吗?"这个问题虽然现在来看有些愚蠢,但却触及了参与时代的基本关注点。在这个世界上,至少在理论上,每个人都可以向公共领域贡献一点事实性的媒体内容,是什么将职业新闻业(具有较低的进入门槛,缺乏职业排斥机制,以及看似简单的工作和内容生产形式)与普通人的事实生成活动区分开来的?我们将在后面的篇幅中来探讨这些问题在学术研究中的处理方式。然而,在现实世界和新闻行业中,这些关于"谁是记者"的问题很快就被笼罩在新闻媒体,特别是西方报纸上空的经济危机所取代。

在数字新闻研究发展初期的"参与时代",学者们是如何尝试理解新闻生态系统的呢?2009 年至 2013 年期间进行的芝加哥社区信托基金对芝加哥本地新闻生态系统的一系列研究很有代表性,其是当时常见的"健康的媒体生态系统研究"(healthy media ecosystem research)潮流的一部分。在受命研究芝加哥本地新闻生产和消费方式的四年里,芝加哥社区信托基金总共编制了十几份报告,重点研究芝加哥本地新闻的可持续性和健康性。他们还在 2011 年和 2012 年编制了一份新闻网站的分析报告,这项相关但不同的任务让我们过渡到了"根茎式"学术研究,即研究一种更加根深蒂固的新闻网络分析方法可能是什么样子的。

2009 年芝加哥社区信托基金的报告《新新闻:我们想要和需要的新闻》(*The New News: The Journalism We Want and Need*)主要关注芝加哥媒体生态系统的新加入者,基本没有考虑《芝加哥论坛报》(*Chicago Tribune*)和《芝加哥太阳报》(*Chicago Sun-Times*)等大型传统媒体。报告中大约有一半的内容是为芝加哥新入行的新闻业者(共近90家）建立一个分类数据库，而后半部分则是通过与社区和非营利组织领导人的焦点小组来确定什么样的新闻业能最好地服务于芝加哥居民。关于市民“想要”什么样的新闻业的研究是奈特委员会社区信息需求框架的延伸，其有助于建立一个规范性的基线模型，从而确定在“健康”的地方生态系统中最有价值的时事信息类型。这与波兹曼的媒介生态学方法紧密契合，这种方法认为人是信息环境的中心，信息环境以特定的方式使人健康或不健康。在让这些社区领袖评价芝加哥新闻机构业务时，研究者建立了一个框架来衡量整个新闻生态系统的成败。芝加哥社区信托基金后来在2011年和2013年的后续报告中将《芝加哥论坛报》和《芝加哥太阳报》等更传统、更成熟的新闻业者纳入分析范围，在很大程度上脱离了对新闻生产的分析，转而更仔细地观察消费者想从新闻中得到什么，以及他们认为他们得到了什么。2011年的研究再次加入了焦点小组，但分析的核心是2010年对库克县（Cook County）居民进行的随机电话调查。这项调查给了受众一个机会来衡量他们的信息需求如何被更大的媒体生态系统所满足或没有被满足。

相关的后续研究中最有趣的来自西北大学（Northwestern University）研究人员进行的两项社会网络分析，他们利用IssueCrawler对数字新闻网站（其中许多网站最初在2009年的报告中进行了分析）在网络上相互链接的方式和程度进行了联合链接分析；芝加哥信托基金的研究人员发现，处于该生态系统核心的网站作为不同的问题社区，形成了芝加哥本地新闻网络的单个集群。这种网络分析在考虑整个新闻生态系统的根茎结构方面迈出了第一步，但它并没有跟踪本地新闻在该网络结构中的传播，也没有监测本地新闻在网络中扩散的不同方式。为此，我们需要考虑第二套不同的生态系统研究，即绘制新闻在结构模糊的数字新闻环境中的移动图。

2. *危机时代*

在激进民主化参与的时代关于谁可以成为记者的争论，与2008年金融风暴后报纸遭遇的经济、职业和组织危机并不能完全分开。新闻研究领域关于这些发展的主流话语由美国制定。2003年至2015年期间，美国新闻印刷广告的收入减少超过50%，新闻编辑室的就业人数减少了30%，降到了1978年以来从未有过的水平（Pew Research，2014）。在那经济十分暗淡的十年，很少有大型报纸关闭，而其他许多报纸，包括Advance Publications旗下的许多报纸，则减少了印刷和送货上门的日子。在广大公众的眼中，记者及其生产的新闻比以往任何时候都更不被信任。等级化、制度化的新闻机构的工作程序和生产流程走向混乱；现在的生产流程与几年前相比大相径庭，而且只有极少稳定迹象。

用芭比·泽利泽的话来说,在参与式媒体的热潮退却后,“危机”成为用来描述数字新闻生产成熟时代的首选词汇(Zelizer, 2015)。泽利泽对将“危机”一词作为描述数字时代新闻业转型的最佳词汇持保留态度。在她看来,学术研究的首要问题并不是搞清楚新闻业正在面临危机还是转机,而是要致力于解决那些多重的、偶尔因果关系的、不相关的新闻业危机。新闻业存在着文化和信任危机,因为记者的能力受到来自不同政治派别的各种行为者的抨击,而各种非传统的数字行为者也接受了这种普遍存在的反专业主义。新闻业出现了组织和工作流程危机,因为新闻编辑室的流程按照不断变化的数字消费习惯进行了彻底的改造。最后,新闻业面临的最深刻的问题也许是经济危机,广告市场的崩溃导致新闻编辑室裁员、报社倒闭以及记者作为劳动力的不稳定性增加。

美国新闻生产的经济危机从十年前开始的参与式媒体的爆发中汲取了知识养分。如果说新闻业传统的商业模式的破坏部分是由于数字库存的无限供应导致的广告价值的急剧崩溃(Shirky, 2018),那么,这是由于在新的数字空间中出现了成千上万的媒体制造者。虽然上一节所讨论的激进媒体制作者带来的主要影响是心理、文化和专业方面的,但从这些专业转变中也析出了额外的经济后果。然而,这是一个不正确的论点。导致新闻编辑部商业模式崩溃的罪魁祸首不是竞争的加剧,而是超个性化数字广告的效率和数字平台的集中市场力量。换句话说,新闻业的经济问题不是竞争,而是监管和垄断。我们将在下一节开展讨论。

美国本土的情况是如何在全球化的背景下发生的?是如何在新闻组织与市场联系不那么紧密,因此不容易受到所谓的(在我看来是错误的)“数字破坏”影响的背景下发生的?在回答这个问题时,我们需要区分“危机”这一概念存在于经济、组织和修辞三个层面的意涵。以BBC为例,鉴于其在英国新闻领域的主导地位,以及其(相对)稳定的公共资金来源,BBC无论如何都无须像其美国同行那样经历危机。然而,危机的观念却更广泛地弥漫于BBC内部和整个英国新闻业。这是因为,我所指出的经济危机之外,还存在着一场深刻的组织危机,它使许多传统的新闻机构粉身碎骨,深深地影响了传统的新闻工作流程中新闻采集、组稿和制作的线性关系。在BBC这样一个庞大的、多平台的新闻公司里,组织情况可能比美国报纸更加混乱。最后,也许最重要的是:如上所述,危机和技术混乱的概念既是修辞的,也是实际的。在这个意义上,各种各样的新闻机构既受危机修辞的影响,也受实际存在的危机的影响。因为美国报业的崩溃被认为是有技术根源的,而技术的发展随时随地都有可能袭来,所以世界上很多地方都出现了“危机”。只有在下一个历史阶段出现新的平台话语,才会出现真正非美国的数字新闻思维路线。

媒介生态系统的生态学观点,即强调"知情公民"平衡和物种健康的观点以令人难以察觉的方式影响着对信息传播过程的社会网络分析。然而,这种研究很少将注意力转向新闻业本身,而通常采取"大数据"的方式来分析大量的数字材料,精细的研究凤毛麟角。笔者在2010年发表的那篇研究论文属于网络民族志和传统新闻室研究传统的混合,是危机时代研究的一部分(Anderson, 2010)。文章中分析了几位费城活动家被错误地驱逐和逮捕的新闻是如何在短短几天内慢慢地出现在互联网上,曝光在公众视野中,然后逐渐消失的。这项关于新闻如何在费城媒介生态系统的长度和广度上移动的研究,重点不在于各种形式的新闻和信息的"营养价值",而在于发现语言和物质事实的碎片如何在这个城市的新闻网络中扩散。它特别关注这些零散的事实如何激活(或未能激活)城市内外新闻网络的特定部分。在这些零散的事实中,不仅仅是新闻报道(原创或非原创)和博客文章,还包括特定的文件、采访、链接、算法、网络度量软件等。研究主要发现,新闻不是在数字和物理空间中毫不费力地动态移动,而是被各种行为者、活动家和感兴趣的新闻当事人"推"出来的(好像是自动在新闻生态系统中滑行)。活动家有策略地宣传自己被逮捕的行动。记者们积极吸引人们注意自己的报道,向其他报纸的记者和编辑发送电子邮件和传真,提醒他们注意最近发表的材料。传统的记者决定什么时候链接到一篇报道,什么时候借鉴其他数字材料,以及相信或不相信什么样的信息。简而言之,新闻在数字空间的移动是一个充满变数的过程,不同的行动者在各种媒介和准媒介结构中推动、限制各种内容。此外,该研究的一个附加结论是:不同的信息来源和信息渠道占据了一个混合的有限空间,信息在这个空间中合成、生产、再合成、再添加……这会无休止地进行下去。在这个空间中并不存在对不同类型的数字媒体"物种"进行区分(例如,区分博客和新闻,或聚合新闻和原创报道)。

3. 平台时代

到2010年代末,人们对新闻可能的经济商业模式以及准记者行为者在新闻报道的生产和传播中所扮演的角色的关注,已经从"博客空间"(blogosphere)和公民记者转向了Facebook、Twitter、Google等媒体平台。塔尔顿·吉莱斯皮(Tarleton Gillespie)是最早研究这些社会技术系统的政治和经济学的学者之一,他考察了过去十年平台含义的演变:"当平台一词首次在社交媒体的词汇中扎根时,它对有关计算的含义是既依赖又扬弃的:一个可编程的基础设施,其他软件可以在此基础上构建和运行,就像我们电脑和游戏机中的操作系统,或者为开发者设计额外功能所提供的API信息服务。新的用法摆脱了可编程性的意义,而是借鉴了这个词的旧有含义(计算定义本身也借鉴了这些含义):一个可以说话或行动的架构,就像一个训练平台或政治舞台。现在,Twitter 或 Instagram(或 Facebook)只要提供一个表达、社交和参与的机会,就可以成为一个平台。"(Gillespie, 2018)

随着 Facebook 和 Twitter(但主要是 Facebook)开始主导 2010 年代的媒介生态系统,相关研究开始越来越多地将政治经济学的视角纳入分析,学界对平台背后的资本和权力集中问题的深入思考,在以往是十分少见的。笔者认为,从谈论博客对新闻业的经济和专业威胁到谈论 Facebook 类似威胁的转变,标志着数字新闻学研究的主要视角从"竞争/言论/自由市场"转变为"制度权力和垄断"。正如笔者在上文中所指出的,这标志着一种更为真正的"欧洲"(至少是非美国)的数字新闻学学术思潮的出现。这种演变也揭示了关于新闻业危机的第一波理论化浪潮中所蕴含的一些深刻的意识形态盲点,这种盲点与其美国思想传统的局限性有关。最初的观点认为,新闻的经济危机是由媒体广告价值的崩塌造成的,这种崩塌由内容供给的爆炸和数字过剩所产生。从这个角度看,老牌媒体机构经济命运的下滑可以被看作自由市场对蛰伏的新闻垄断企业的报复,即使这些垄断企业的公共效用在规范上仍然可以得到证明。广告商和读者现在都有了自己的新闻选择权。然而,如果将注意力转移到平台上,我们看到的却是一种(地方的)垄断被另一种(全球性的)垄断所取代。

4. 民粹时代

虽然经济方面的担忧继续主导着 2019 年数字新闻学的讨论,但也出现了额外的、有关范式的担忧。学界的目光进一步从美国主导的政治传播和数字新闻研究扩展开来——尽管我们可以看到,美国(唐纳德·特朗普)和英国(脱欧事件)的发展是一个触发器——让人们更加认真地看待世界其他地区的政治经验。笔者所划分的"民粹时代"与反自由主义政治力量的崛起以及新闻业应对这种崛起的方式有关。民粹主义政治行为者是如何利用社交媒体和平台的便利来改变选举政治的意义和参与者的?伪装成普通公民记者或专业新闻记者的国家行为者是否出于其他不良考虑而劫持公共话语?这些担忧与人们对 Facebook 等数字平台的重新关注联系在一起,表明在过去十年中关于新闻业未来的辩论发生了很大变化。在过去十年里,相关争论从线上和线下谁算作记者的抽象争论,到所谓"假新闻"激增的讨论,将对国家安全、网络间谍、敌方宣传以及网络暴力等问题的关切注入关于新闻业边界的争论。2018 年,有关外国势力利用 Facebook 在美国总统大选报道中植入政治宣传的新闻引发讨论,这种讨论不无讽刺地让我们"重温"了一系列已经很久没有人问过的问题:到底谁是记者?到底谁能决定新闻?人们对重要政治机构的信任被削弱时会发生什么?引发这些问题的部分原因是业余人士和专业人士之间的界限模糊。当这些业余人士以明显的反民主方式行事时,会发生什么呢?这些问题没有简单的答案,但数字新闻研究中的旧有争论被重新讨论,这应当引起关注。同样值得注意的是,在席卷西方国家的民粹主义和右翼浪潮的压力下,以前乌托邦式的新闻情景正在被颠覆。

1938 年 10 月 30 日,在新泽西州的纽瓦克市,收听 CBS“空中水星剧院”(Mercury Theater on the Air)的广播节目的听众们坚信,他们正受到来自太空的火星入侵者的攻击,以至于有几十个家庭用湿手帕捂住脸逃离家园以防接触毒气。纽约人为了躲避外星人,纷纷前往附近的公园。平时荒芜的新泽西州高速公路上,堵满了逃离袭击飞船的市民。造成这一切的是当晚奥森·威尔斯(Orson Wells)和水星剧院空中公司虚构的《世界大战》(*War on the Worlds*)广播剧。广播内容被许多听众误认为是真实的新闻事件,从而引起了大规模恐慌。80 多年后的 2019 年 10 月初,英国民调机构剑桥分析公司(Cambridge Analytica)一位名叫克里斯托弗·怀利(Christopher Wylie)的前员工做客美国访谈节目《新鲜空气》(*Fresh Air*),担任特邀嘉宾。当节目主持人要求他解释剑桥分析公司在 2016 年美国大选时的工作时,他是这样表述的:“剑桥分析公司的工作基本上是获取大量关于美国个体选民的高精度数据——一个庞大的以 Facebook 为主,其他信源为辅的数据集合。利用数据推断不同选民的心理特点,从中寻找目标人群,尤其是社会边缘人群:他们更容易受到某些类型消息的影响,他们关注很多虚假信息。公司的目标正是这些更容易接受阴谋论的人。”这番言论虽然措辞直白,但它正呼应了近期关于平台对政治影响的普遍看法,尤其是在平台已经成为媒体内容载体的情况下,这些内容被交替地贴上了“虚假信息”“假新闻”“计算宣传”和“错误信息”的标签。在许多有关数字信息的报道中,如下观点已经司空见惯:Facebook、Twitter、WhatsApp 和 Instagram 等平台带来诸多的负面影响,恶意的数字宣传左右选举,助长仇恨言论,脱欧运动和特朗普的支持者们已经被洗脑。与之相应的是基金会的资金和政府的研发投入被越来越多地用于支持那些有望记录假新闻影响并减轻其影响的组织和研究。大致说来,整个西方社会似乎被一种道德恐慌所笼罩,人们对科技公司在促进行为方面的权力作用感到恐慌。而至少在许多思想自由的观察家看来,这种恐慌似乎导致选民以各种非理性的方式行事。媒介生态系统研究也在朝着这个方向大力发展,笔者前面提到的新闻传播的根茎研究越来越关注错误信息如何在数字媒体空间中移动,并污染其传播的环境。

五、结论

本文对生态系统的观念和方法在数字新闻学研究中的历史和应用进行了讨论。本文首先概述了数字时代“新闻生态系统”一词逐渐被使用的过程。随后,文章讨论了“生态系统”一词在媒介研究文献中的两种用法,概述了几个关于新兴新闻生态系统的研究实例,每一个实例都借鉴了不同的,甚至是尚未被认可的理论传统。文章最后讨论了数字新闻研究的历史,以及在过去 20 年中如何理解新闻生态系统这一概念。

尽管可以对数字新闻媒体生态系统研究的未来做出很多畅想,但在更大的媒体和传播研究领域中,数字新闻研究最重要的一点也许是它始终对不断变化的环境保持敏感。虽然更大的传播领域有一种过度结构主义的倾向,并专注于对学科进行永久性的分类,但新闻学研究的现实主义性质促使该领域与时俱进。这种学术研究的永恒性和当下的需求之间的富有成效的张力,在我们进入 21 世纪第三个十年时,在一个以学术传播模式变化为标志的世界中,可能特别有用。

参考文献

ANDERSON C W. 2010. Journalistic networks and the diffusion of local news: The brief, happy news life of the Francisville Four[J]. Political Communication, 27(3): 289 – 309.

CAREY J W, 1967. Harold Adams Innis and Marshall McLuhan [J]. The Antioch Review, 27(1): 5 – 39.

FULLER M, 2005. Media Ecologies: Materialist Energies in Art and Technoculture [M]. Cambridge, MA: MIT Press.

GILLESPIE T. Theplatform metaphor, revised [EB/OL]. (2018 – 07 – 25) [2021 – 03 – 14]. https://www.hiig.de/en/the – platform – metaphor – revisited/.

Pew Research. State of the News Media: 2014[EB/OL]. (2014 – 03 – 28) [2021 – 03 – 14]. www.journalism.org/packages/state – of – the – news – media – 2014/.

ZELIZER B, 2015. Terms of choice: Uncertainty, journalism, and crisis [J]. Journal of Communication, 65(5): 888 – 908.

SHIRKY C. Newspapers and Thinking the Unthinkable [EB/OL]. (2018 – 07 – 25) [2021 – 03 – 14]. http://www.shirky.com/weblog/2009/03/newspapers – and – thinking – the – unthinkable.

数字时代的新闻学元话语的变迁及其理论化路径*

◈ 杨奇光**

摘要:本文在技术逻辑、比较框架和现实导向三种维度下对数字时代新闻学元话语的变迁展开探究,研究发现,以“技术”为辩证对象、以“转型”为关键特征和以“融合”为价值导向构成了数字时代新闻学元话语体系的核心框架。包括“新闻真实性”“新闻客观性”“新闻透明性”“新闻与责任”“新闻与民主”等经典新闻学核心观念在数字生态下被改变或重塑,并在规范性层面为数字时代新闻学助力社会治理等方面提供了具备建设性和价值导向的元话语体系。

关键词:数字新闻学,元话语,数字技术,转型

一、引言

在数字时代,新闻业面临着“危机”与“挑战”(Alexander,2016;周睿鸣,2019),“危机”主要是指新闻业的合法性根基处于动摇状态并面临学科边缘化的危险(Blumler & Cushion,2014);“挑战”是指在数字技术驱动下,不同新闻理念和价值观念激荡碰撞,曾经支撑经典新闻学的学科元话语体系在数字技术的浪潮下部分丧失了解释力和公信力,因而构建起能够凝聚共识、促进沟通的新型新闻学元话语体系具有紧迫性和必要性。

作为工业文明的产物,新闻传播学科持续响应工业社会的知识生产和人才培养模式(胡百精,2019;王润泽 2020a),然而面对后工业时代人类社会对信息的需求,经典新闻学学科体系、学术体系和话语体系亟待调整和创新。数字时代,新闻的内容呈现

---

* 基金项目:国家社科基金重大项目“数字新闻学理论、方法、实践研究”(编号:20&ZD318);广东省哲学社会科学规划项目“数字媒体时代的新闻学理论创新路径研究”(编号:GD20CXW01)。

** 杨奇光,中国人民大学新闻与社会发展研究中心研究员,中国人民大学新闻学院讲师。

出液态化,新闻的实践表现出去人文化,新闻的社会角色在消解和衰落,新闻研究的对象也发生了本质的变化(Broersma & Peters,2013:2)。面对技术的冲击,学术话语和业界话语的争鸣也早已超越在单一技术层面探讨日常新闻生产实践模式变革的范畴,而逐渐指向有关数字时代新闻学元话语、核心观念和重点议题的讨论。在“危机”与“挑战”面前,厘清数字时代新闻学元话语的变迁逻辑,关乎新闻学乃至整个新闻传播学科的合法性地位。

本文以数字时代新闻学元话语的变迁为核心内容,试图分析如下主要问题:构成数字时代新闻学体系基础框架的核心概念/观念/理念有哪些?上述概念/观念/理念各自的内涵和彼此间的逻辑关系是什么?以上述概念/观念/理念为骨架的元话语体系体现了数字新闻学之于传统新闻学的何种范式差异?这一元话语体系如何被应用于数字新闻学的理论、方法和实践研究的具体过程?中国本土语境下构建数字新闻学元话语体系的现实原因与重要意义是什么?

结合文献梳理和理论思辨,本研究从话语实践(包括学界和业界的话语实践)的层面将若干局部性的“数字新闻研究”提炼为“数字时代新闻学元话语体系的构建”,这本身是由元话语理论核心要义所决定的——元话语不同于元理论,数字时代新闻学元话语主要是引导新闻研究者和从业者去组织、分类、解释和评价新闻学内容的一种手段和机制。因此,本研究针对以往研究中经验鲜明但抽象性不足的问题,在系统梳理数字时代新闻学基本概念、核心理念、一般性观念以及重要命题的基础上进一步准确提炼,试图勾勒出元话语体系的变迁轨迹,并在此基础上构筑具有组织性、分类化和解释力的数字时代新闻学元话语体系。

二、元话语与新闻学元话语

语言学中的“元话语”(meta discourse)这一术语由Harris(1959)等人最早提出,关于“元话语”的定义及分类标准尚未形成统一的共识。综合现有研究,“元话语”是指通过提供语境信息帮助读者正确理解语篇内容,使得作者的观点和意图更为清晰地表达,并在连贯语篇的同时促进作者与读者的交流。元话语是关于“话语的话语”,对元话语的使用是语言活动的本质,元话语有助于通过共同语境和共享语码实现沟通双方的连接和对话(Schiffrin, 1980; Williams, 1981; Stubbs, 1983; 李明洁, 2008; 杨秀云, 2018)。

作为一门学科的元话语,其具体指向该学科的核心概念、关键命题、理论建构和实践路径,关涉一门学科的本质与规律、方法与实践,学科元话语是推动学科体系、学术体系和话语体系建设与创新的重要基础。正如有学者指出,一门学科的元话语类似于语言学中对“篇章”的组织、分类、解释和评价(程金城、万红,2012),借助语言学中元话语的概念我们可以进一步挖掘、厘清和框定构成数字时代新闻学这门学科元话语体系的具体内容。“数字时代新闻学元话语的构建”这一命题得以成立的理论依据在于,一方面,根据“元话语”是关于“话语的话语”这一定义,数字时代的新闻学元话语是学科理论话语、方法话语和实践话语这三大范畴的总话语体系,其指向数字时代新闻学在本体论层面上的合法性;另一方面,“元话语”强调语码的共享和传受双方的交流,数字时代新闻学的元话语包含可被学科内部和外部所共享的若干核心概念和主流观念,换言之,数字时代新闻学元话语的存在是新闻传播学者与非新闻传播学者、新闻从业者与非从业者、新闻业内部与外部群体跨越行业壁垒、共同探讨数字时代新闻业生态、观念、实践、规范等根本性问题的前提条件。

在研究方法上,探究数字时代新闻学的元话语体系离不开对具体话语的分析。“话语是特定社会语境中人与人之间从事沟通的具体语言行为,即一定的说话人与受话人之间在特定社会语境中通过文本而展开的共同活动。”(徐赳赳,2006)作为一种研究方法,话语分析具备后结构主义特点,米歇尔·福柯(Foucault,1972)指出话语系统地构成了人类言说对象的实践,作为一种“知识体”而存在的话语囊括了一系列法则与规范,并通过赋权、限制和建构发挥作用。话语理论和话语分析法是研究数字时代新闻学元话语的主要理论和方法,这要求研究者深入新闻行业内外,获取人们谈论数字新闻的话语文本,分析话语如何支配新闻生产者和消费者在数字新闻时代的思维方式和行为方式,并按照从特殊到一般的逻辑,结合具体的话语分析建构起整个数字时代的新闻学元话语体系。

事实上,面对技术快速迭代而产生的各类新新闻样态和新概念,人们的认知如同当下新闻业所呈现出的状态一样,也表现出“液态”特点,关乎新闻学学科合法性根基的核心概念和核心问题都亟待通过新的学科元话语体系来解决。

以新闻学中的核心概念之一——“大众”一词为例,数字时代其内涵发生着剧烈变化:在传统新闻传播领域,大众是指一般新闻产品的阅读者、接受者,是一个弱化了个体特质的无差别概念,然而在平台型新闻媒体(media platforms)的兴起和发展过程中,“个体的”(individual)和“集体的”(collective)界限是模糊的。学者Anderson(2021)最新一篇发表在《传播理论》(*Communication Theory*)刊物上的论文即明确指出,一些学者对于平台型媒体所扮演角色的认识是错误的,对于“大众”一词也缺乏真正正确的认知。除了像“大众”这类直接构成新闻学元话语体系的基础概念外,其他指代新型新闻产品样态的新名词也是新闻从业者和研究者在话语实践过程中不断创造并稳固下来的话语类型,这类新名词如“聚合式新闻”“自动化新闻”“浸入式新闻”“可视化新闻”等都曾引发新闻编辑室内关于编辑主体性地位是否消解的激烈话语争论。

在我国,新闻学作为哲学社会科学体系的重要组成部分,自身学科元话语体系的构建和完善关乎整个学科根基的稳固。数字时代的新闻学作为经典新闻学在技术条件下创新性发展的新学科,对其元话语体系进行界定、构建和规治具有重大意义。“传统与新兴”“经典与前沿”“交叉与融合”是数字时代新闻学的学科特质,从经典新闻学元话语到数字时代新闻学元话语体系的变迁轨迹,亦是对“交叉”“转型”和“融合”等时代命题的具体注解。

三、经典新闻学元话语体系及其历史脉络与经验坐标

现代新闻实践的种种观念、规约、法则并非从来就有,而是历史形成的,新闻学从兴起到成长为一个独立的学科的过程也是历史性的。以西方新闻价值判断的经典五要素(时新性、重要性、显著性、接近性和趣味性)为例,这些价值判断标准从提出到被确立为一种共识性的标准不是一蹴而就的,其是在工业时代背景下新闻从业者在长期工作中形成的取舍标准,经典“五要素”在20世纪初形成基本共识,至第二次世界大战前后被普遍接受。从新闻实践史的角度来看,“新闻价值是在长期实践中被感知、总结,从一般经验描述升华到理论观念层面的提炼”(王润泽,2020b:57)。伴随着新闻实践的剧烈变化,作为经典新闻学元话语重要组成部分的新闻价值判断标准也经历了质疑和挑战,这启示我们应重新思考和审视西方新闻价值判断要素的“普遍性”和“生命周期”问题。

除了新闻价值判断标准外,时代变革大幕下的新闻业在具体实践和学术研究层面也呈现出范式性调整。回顾新闻业的历次转型和新闻学范式的调整与革新,可以为我们构建数字时代新闻学元话语体系提供经验坐标。20世纪60年代以来,西方历史上的经典新闻学范式(新新闻学、精确新闻学、公共新闻学等)所囊括的核心观念为数字时代新闻学元话语体系构筑了参考坐标。需要指出的是,由于上述经典新闻学范式具有显著的时间阶段特征(并未演变成相对稳定的新闻学学科体系),因而现有关于以上新闻学范式的探讨尚未上升至涉及学科本体论和认识论的元话语层面,但这并不妨碍我们对其进行反思并汲取构建师资时代新闻学元话语体系的原始经验。

新新闻学(New Journalism)起源于20世纪60年代中期,是美国新闻写作和新闻学研究的一个范式流派。新新闻学突出“文学手法”和“个人情感”两大核心话语,主

张通过生动的长篇纪实性报道改变以往客观和单调的新闻报道风格。从一种报道风格的兴起到转变为学术研究的热点,作为范式的新新闻学联通了业界和学界并为社会大众所知晓,其元话语中的核心概念主要关涉主观性和客观性,而背离了作为经典新闻学元概念的客观性则恰恰也是新新闻学招致批评的主要原因。描述新新闻学特点的若干话语,诸如“一种特殊的散文式论文”“离经叛道的杂志”“直言不讳和无拘无束”等,均反映了新新闻学较以往新闻学范式在观念层面的革新,同时也成为指导一般新闻写作过程的话语体系。由此抽象出的以反传统为特征的新新闻学元话语(虽然在新新闻学发展阶段中并未有学者将其凝练并上升至元话语层面)统领并规范着新新闻学的理念、方法和实践。

精确新闻学(Precision Journalism)是在20世纪60年代后期由学者梅耶(Philip Meyer)首先提出的。精确新闻学倡导以数据统计、民意测验和调查研究为手段报道新闻,强调新闻报道的准确性、科学性和客观性。相较于以往突出概念和描述的新闻范式,精确新闻学在理论层面崇尚科学原理,在方法层面依赖社会科学的研究方法,在实践层面表现出用数据说话的特点,由此形成了以精确为特征的元话语。有学者指出,精确新闻学为当前的数据新闻(Data Journalism)提供了直接的经验坐标——“数据新闻是由精确新闻发展而来,数据新闻是‘在数据时代的衍生品’,是‘精确新闻的进一步延伸’”(郭晓科,2013)。还有学者从数据新闻的若干概念界定中提炼出具备元话语性质的特征概括,并指出数据新闻具有“新闻性”“统计性”“工具性”“生产流程标准化”和“新闻行业创新性”等特点(吴小坤,2017)。

近年来的公民新闻/参与式新闻(Participatory Journalism)则是新闻受众在信息采集、报道、分析与传播等领域扮演积极主动角色的一种新闻生产模式,而互联网技术的崛起被普遍认为是催生参与式新闻的主要社会因素。传统媒体使用参与式新闻可以降低自身的运营成本,同时也能够提升非专业记者参与新闻生产和接受专业培训的热情(常江,2014),在“公民新闻/参与式新闻”范式下,“另类”及“主流之外”等元话语界定了参与式新闻的核心特征和属性特点。

四、数字时代新闻学元话语体系构建的理论依据

就构成数字时代新闻学元话语体系的各类基础性观念而言,其最初往往萌发于一系列具体的与技术应用相关的实践案例中。例如互联网的诞生催生了门户新闻网站并形成了与门户新闻有关的一系列操作法则和价值评判标准。自2010年前后,数字技术对新闻业的影响开始成为全球新闻学研究的核心议题。在中国有关“数字新闻”

研究的知识图谱分析中,赵如涵等人(2020)通过知识网络分析探究了1961—2019年间2436篇关于数字新闻主题的期刊论文,研究发现"数字新闻"的概念和理论发展始终处于与技术变迁、机构转型、政策规范等的复杂互动关系中,数字新闻不仅关联了新闻生产与通信技术领域,也成为连接中国社会现代化建设中不同话语的"媒介"。

纵观数字新闻和数字新闻学发展的进程,起初新闻学研究者仅停留在对新闻生产实践热点现象的追逐上,伴随着认知的逐步深入,新闻研究者开始转向对新闻学自身理论范式和学科体系的批判性反思,一部分学者的首要工作是对新闻行业进行"重新概念化"(reconceptualization)。"重新概念化"的过程是对经典理论体系和概念的审视,反映出新闻学者维护学科主体性、推动学科发展的自觉动力。"重新概念化"是构建数字时代新闻学元话语体系的前提和基础,能够为体系化的新闻学元话语构建提供具备历史性、经验性和批判性的话语资源。

总体来看,数字时代新闻学元话语体系形成的脉络大致历经了"兴起""流变"和"共识"三大阶段,经历了从单一技术性话题到学界热点议题再到形成学科体系的过程。数字新闻学元话语体系依托的现实基础是新闻行业各类话语主体和话语主体开展的话语实践,具体包括来自新闻学界的话语实践和新闻业界的话语实践。

学界围绕数字新闻学元话语的话语实践主要是在深度访谈过程中通过总结、提炼和浓缩有关数字新闻学核心要义的方式来完成的。例如,Creech、Mendelson(2015)曾使用话语分析法研究相关报告、博客、评论中关于媒介技术对记者影响的言论,该研究指出数字化背景下新闻业进入了模糊的状态,记者、信源和受众的含义和界限不再清晰;又如,周睿鸣(2019)考察了新闻业元话语重构的过程,指出具体观念注入话语实践的过程需要不断协商,话语协商面向新闻人自身和公众两类群体,这种协商不仅是双方关于理念本身的争辩,还是体现对话性质的话语与实践的互构。

在业界话语方面,部分新闻媒体在新闻产品的广告语中直接表达该产品的"数字性"特点并对消费者进行询唤。例如在VR新闻兴起时,《纽约时报》的nytvr客户端的广告语是"See for yourself"(亲眼所见),《今日美国》VR新闻的广告语是"Put yourself inside the story"(将你置身于故事当中)。上述广告语通过祈使句的方式直接向消费者发出具备明确指向性的话语,这反映出新闻消费者表面上具备完全的主体性,但其实所有的行为仍受控于新闻生产机构。再比如在新闻可视化生产实践中,新闻编辑室内部出现了"视觉编辑—传统编辑""可视化团队—媒体领导层"等群体的矛盾,对于从事可视化业务的团队来说,新闻产品的视觉性要优先于新闻性,而传统编辑们则认为新闻内容才是核心的考量,由是,在新闻生产过程中,新闻性理念与视觉性理念的冲突成为话语对抗的核心,而共同语言的缺失则直接导致编辑室内部沟通成本的上升

(杨奇光,2018)。

通过梳理历史脉络、分析现实基础和参照经验坐标,数字时代新闻学元话语体系具备了可以被构建的基础条件,在逻辑层面,以“兴起”“流变”“共识”为阶段性特点的历史话语语料,以数字新闻生产和新闻消费为核心的学界、业界争鸣,以及以精确新闻学、新新闻学、公民新闻学等为新闻范式的经验参照,共同奠定了建构数字新闻学学科体系的话语实践基础。

五、数字时代新闻学元话语体系的调适与重构

语言学中的元话语具有功能属性,文本中标点和句子排列顺序的改变会对文本意义产生重要影响(徐赳赳,2006),而数字时代新闻学元话语体系的功能属性则体现为对新闻价值要素重要性序列的调整和对新闻专业观念内涵的重建上。数字时代新闻学元话语一定程度上颠覆了传统“五要素”的价值判断序列和判断标准,而包括新闻真实性、新闻客观性和新闻透明性等在内的新闻专业观念既被数字时代的新闻学元话语所继承和延展,同时也被调适和重建。

(一)数字时代新闻学元话语对经典“五要素”的重构

时新性、接近性、显著性、重要性和趣味性是经典新闻学理论判定新闻是否具有价值的“五要素”,然而在数字技术深入影响新闻生产实践的过程中,传统“五要素”的价值判断序列和判断标准经常难以发挥实际效用。

以沉浸式新闻和虚拟现实新闻为例,“时新性”不再是判断 VR 新闻价值的首要标准,这是由于 VR 新闻的制作往往需要大量前期筹备工作而耗费时间。另外,地理接近性这一价值要素也趋于消亡,但心理接近性要素则被放大,沉浸式新闻不以及时、迅速地将信息传递给受众为目标,而重在强调为新闻事实提供即时体验的语境(context of immediate experience),即以能否满足受众迫切的体验需求为新闻价值判断标准。还有学者指出,经典新闻价值要素中的接近性正日益变得含混暧昧,其意涵逐渐超越了空间维度,而更多转向社会、情感或虚拟关联的维度(Huxford,2007)。

数字新闻学元话语还对“时新性”进行了重构,学者周睿鸣(2020)提出“互联网时间”的概念,主要是指由门户网站、新闻客户端和社会化媒体等互联网信息服务终端及平台共同造就的信息传播速度及其文化。传统的新闻编辑环节有清晰而准确的截稿时间,这是对新闻从业者最有力的一种约束。然而在数字技术再造新闻生产流程的

过程中,编辑往往面临着庞杂的信息,互联网新闻的截稿日期是游移的、模糊的,大量的新闻是已经发布的,而网络新闻编辑需要做的是“抓取、编辑和再生产”,在这一过程中,传统新闻价值判断要素——时新性未必是最重要的,网络新闻编辑往往还要考虑网民的兴趣热点和关注度,以此来提升流量和点击量。

在新闻可视化的业务层面,“好看”和“合适”是首要的考量范畴,构成了数字新闻元话语对可视化新闻价值要素的规训,视觉性价值的强化对于从业者个人的专业技能也提出了新的技能和素养要求(杨奇光,2018),而以“好看”和“合适”为代表的美学导向则已经超出了经典“五要素”的价值序列范畴。

此外,在涉及新闻价值判断的核心理念层面,数字时代新闻学视域下寻找新闻选题不再一味遵循以往固化的新闻价值标准,而是通过新闻生产者和新闻消费者的沟通对话共同决定新闻的价值,这在一定程度上导致数字新闻的选题往往与大多数人所关切的社会问题相关,一定程度上消解了传统新闻记者、编辑把关人的角色地位。

(二)数字时代新闻学元话语对传统新闻学核心观念的继承与解构

数字时代新闻学元话语体系既表现出经典新闻学元话语的“普遍性”特点,同时还具备异质于传统新闻学的“独特性”。包括“新闻真实性”“新闻客观性”“新闻透明性”“新闻与责任”“新闻与民主”等在内的新闻学核心观念均在数字生态下被改变或重塑,数字时代新闻学元话语对上述核心观念的继承与解构具体表现为以下五个方面:

1.“新闻真实性”话语正在从新闻的一种本质属性转化成操作性的概念

绝对真实是不存在的,因而新闻的真实不过是“一个认知的过程”,“真实是新闻的生命”这样的命题也“仅是一种比喻……而不是论证,更不是现实”(陈力丹,2011)。真实性可以在新闻流通的过程中不断形成,真实可以因新闻主体的差异而有不同的版本,于是数字时代新闻学元话语的引导机制开始发挥作用——承认真实的相对性和可操作性,不过是数字新闻从业者对新闻学术研究领域早已形成的共识予以“追认”而已,这或许反而能够让新闻的研究者和实践者比以往更有效地消除话语上的错位和观念上的误解,并在数字技术的作用下融合为同一个“阐释社群”。

在具体的实践案例和前期的研究中,沉浸式新闻、虚拟现实新闻在新闻真实性方面与传统新闻学理论中的真实性观念存在较大差异。在新闻事实的呈现形式上,虚拟现实新闻多采用内视角叙事并有时辅以其他视角,内视角叙事多以人物独白形式展开,配合360度全景能够较为客观地向观众呈现新闻事实(常江、杨奇光,2016)。虚拟现实新闻的真实性也转变为能够带给新闻消费者的真实感受，VR新闻完全有可能创造另一种“真实”，而这种“真实”所能产生的强大力量是传统电视新闻望尘莫及的，传统新闻业的“本质真实”已经在VR技术的作用下“变质”为一种以受众（用户）为中心的“体验真实”（常江，2016）。

2.“新闻客观性”话语消融于新闻业在数字时代的“情感转向”之中

传统意义上新闻业的客观性（objectivity）原则是新闻生产活动中的策略仪式（strategic ritual）（Tuchman，1978），客观性被认为既是一种理念（ideal）也是一种规范（norm），在新闻业的整合与控制中扮演着不可替代的角色（Schudson & Anderson，2009）。然而在数字技术的驱动下，“客观性”似乎在逐渐隐匿。新闻业内构造的新型“行动者－网络”破坏了维系客观性理念合法性的逻辑基础，新闻的形态和意义可以是由新闻从业者和新闻用户共同决定的，那么“生产者本位”的客观性法则自然也不再具有合理性。

此外，事实核查（fact－checking）本应是维持客观性、避免偏见和不公的一种新闻检验手段，然而在所谓“后真相”的语境中，事实核查的失灵表现出新闻业职业控制与公众参与之间的矛盾和张力（周睿鸣、刘于思，2017）。在情感的作用下，事实核查的传播效果展现了从认知简化到情感主导的过程，这告诫人们需要警惕媒介自身的权力行使，一方面要防止权力对公众的欺骗甚至奴役，另一方面还要应以促进公共生活为目标建构社会现实。此外，以算法为依托的自动化新闻生产本应是彰显客观性、体现中立性文本的新闻实践，然而事实表明算法并非中立的，其偏见正以一种更为隐秘和复杂的机制运作（王晓培、常江，2019）。

3.“新闻透明性”话语的实现效度受制于算法技术的“黑箱”

“新闻透明性”是指“新闻行业内部和外部人士都有机会能够监督、检查、批评甚至干涉报道过程”（Deuze，2005），对于新闻透明性的倡导意味着推动新闻采集、组织和传播的过程向公众公开。数字新闻业初期的门户网站使得新闻消费者可以在线评论、点赞或表达心情，通过选择代表不同情绪的卡通表情用户在心理层面参与了新闻传播的过程。进入智能移动终端后新闻消费者浏览新闻的渠道大大增加，学者Oh、Bellur和Sundar（2015）指出人们在使用具备交互功能的新型媒介时，通过与媒介发生的交互实现了对信息内容流动的控制。这是新闻行业外部人士介入新闻传播过程的一种透明性实践，但对于新闻采集和新闻组织过程的透明性来说，其实现程度仍取决于新闻行业内部的自觉性。

算法技术的运用让自动化新闻生产出现在公众视野之中，这种摆脱以往人工编辑和审核的新闻生产模式曾被赋予推进新闻行业透明性的期许,然而算法技术存在黑箱,现有的行业实践和研究也表明算法并未真正通过中立的技术为新闻生产增加透明性。算法在某种程度上更类似于当年“黄色新闻潮”的价值取向的技术升级版,至少在目前治理算法所带来的工具价值观流行、操纵传播等弊病的“传播理性”尚未在互联网新闻领域获得应有的研究分析和重视(王润泽,2020a)。

4.“新闻与责任”话语在数字新闻时代的反思、纠偏与实践进路

监督政府、制衡权力、守望社会,这是被誉为西方“第四权力”的新闻媒体所肩负的核心使命,通过新闻报道实现社会监督、推动社会进步,既是新闻从业者的工作任务,也是新闻行业的价值所在。然而,在奉行“流量至上”的平台型新闻媒体中,包括算法和机器学习等技术深入挖掘用户的浏览习惯,新闻消费者的喜好极大左右着传统新闻业的把关标准和编辑流程,新闻媒体的社会责任功能被削弱。

算法的选择和新闻平台的分发推送将技术的工具理性置于价值理性之上,在流量和资本的裹挟中人们似乎丧失了对算法和机器的掌控,“责任沟”(an accountability gap)成为新闻媒体在面对虚假新闻和不实信息出现时的搪塞借口。然而如果将后真相仅仅归咎于社交媒体导致的假新闻泛滥,那么解决方案也只局限于对假新闻的纠偏(虞鑫,2018),在“新闻与责任”的永恒命题面前,新闻从业者更需要反思并纠偏数字技术应用的社会语境和所应遵循的价值判断标准,在这一层面上,数字新闻业对当下事务的守望日益被视为一种道德责任。

5.“新闻与民主”的话语在数字新闻时代得到进一步强化

工业文明时代,新闻的作用是为信息短缺和匮乏的人们带来有价值的内容,在数字信息时代,人们可以快速获取海量信息资源,但拥有更多信息的同时人们是否具有民主和平等的个人信息选择?重复信息、无效信息和程式化信息充斥在各类新闻资讯移动终端,受资本利益驱动的平台型媒体对新闻内容、形态都具有广泛的控制,加之具有非逻辑性色彩的个体经验又很容易体现出情绪化特征,那么民主的实践如何真正在机构性力量的介入下通过新闻传播活动来实现,这也是数字新闻学需要关注和研究的重点。

基于数字技术和互联网社交平台,能够阐释新闻的主体不再只是新闻机构,在公众的集体参与过程中,新闻报道的价值和意义被不断重塑(陆晔、周睿鸣,2016)。对新闻的民主价值理念的不懈追求是数字新闻业和传统新闻业的连接点,“新闻与民主”的议题在数字新闻学的元话语体系中更加发挥着价值导向作用,并捍卫着新闻业坚持公共利益、捍卫知情者权利的合法性根基(常江,2019)。

六、构建未来数字新闻学元话语体系的可能路径

本体论强调学科的本质是什么,数字时代新闻学元话语体系的构建首先应在本体论(ontology)层面上展开。数字时代的新闻学是在数字驱动下诞生的,因而数字时代新闻学元话语的构成必然离不开与数字技术相关联的具体话语实践,但具体的话语实践并不是元话语(元话语具有整体性、引导性、预测性和规范性特点)。本体论层面的数字新闻学元话语构筑了数字新闻学这门学科的合法性地位,即通过数字新闻学元话语体系的建立,数字新闻学得以具备相对稳固的核心议题、学科理论、研究方法、实践路径和规范体系。其次,在认识论(epistemology)层面上,数字时代新闻学的元话语通过构建与数字新闻生产相关联的语境信息从而引导人们最终实现意义的协商与调控,这是因为元话语具有共享性,可"通过在一定语境中共享或部分共享的语码构建话语结构"(杨秀云,2018:4)。数字技术驱动下的新闻业面临复杂而多样的变化,人们对于新闻业的认识是多元的、异质的、撕裂的,数字新闻学元话语体系旨在通过呈现和总结共享话语和共识观念为驳杂的数字新闻业构筑平等交流、对话和协商的认知空间。再次,在方法论(methodology)层面上,数字新闻学元话语体系与传统新闻学元话语具有显著差别,在本体论和认识论存在差异的前提下,数字新闻学元话语体系中有关方法适用性的话语实践将在一定程度上趋向文化生态与网络分析的维度。

(一)以技术逻辑下的生态话语作为统领

以技术逻辑下的生态话语作为统领,确立数字新闻学元话语体系中的核心概念以及概念间的关联,按照"技术""转型"和"融合"的关键维度,探究数字新闻学元话语体系发展和形成的历史脉络、存在和依赖的现实基础以及可供参考的经验坐标。具体构建路径如下:

1. 构建以"技术"为辩证对象的数字新闻学元话语体系

关于数字新闻学学科体系和话语体系的探讨总是离不开各类技术本身,在传统工具理性和价值理性的讨论框架之外,数字技术在新闻生产流程过程中的实际影响需要辩证看待。皮尤研究中心发布的报告《变革中的新闻编辑部》曾提出,美国报纸获得了数字时代网络观念和技能的更新以及浅显内容的多元化展示,但其失去的却是精致内容的生产能力。数字技术冲击了传统报刊、广播和电视等相对稳固的技术基础,去中心化、分布式链接、个性化分发的技术运用倾向在便捷信息传播的同时也带来客观

性、透明性等系列问题，数字新闻学元话语体系理应体现出对各类先导性技术的辩证认识。

2. 构建以“转型”为关键特征的数字新闻学元话语体系

全球范围内的新闻业正在经历剧烈的数字变革，特别是在中国新闻业的实践中，近年来“转型”成为一大热词，学者周睿鸣（2019）认为，作为一种观念的“转型”在注入新闻业元话语的过程中只在政策和程序而非哲理层面展开，新闻从业者的内外部协商并不在平等、公开、充分的说理中进行，展现出“由内而外”和“职业主导”、话语与实践互构的特征。建立以“转型”为关键特征的数字新闻学元话语体系需要我们密切关注从业者话语与新闻生产实践的互动，应尝试从学理层面总结出有关“转型”范式、“转型”规律、“转型”理念的元话语体系。

3. 构建以“融合”为价值导向的数字新闻学元话语体系

“融合”既是数字新闻产品的外在表现形态，也是引导新闻业实现良性发展的价值旨归。在新闻产品形态方面，以“协作式新闻布展”为代表的新闻产品通过平台渠道融合、多媒体可视化技术手段融合和产品互动性的媒介实践融合，体现出溢出传统新闻边界之外的参与式新闻实践模式（陆晔、周睿鸣，2018）；在价值引领层面，新闻机构应该强化官方与主流媒体加码下的导向引领，从而推动建构一个包含直播场景、主流话语及公众议程三方面有效融合的舆论新生态（麦尚文、杨朝露，2020）。构建以“融合”为价值导向的数字新闻学元话语有利于搭建传统新闻生产和数字新闻生产的沟通平台，从而更好地完成“媒体融合发展、建设全媒体”的时代使命。

路径的构建离不开具体研究的支撑。关于数字时代新闻学元话语的研究，一方面应继续通过文献梳理、知识图谱等方式明确元话语体系中的基本概念，这些概念包括“数字”“新闻”“网络”“新闻学”“大众”“技术”和“平台”等，厘清上述基本概念的内涵与外延是构建数字时代新闻学元话语体系的基础。另一方面，以数字新闻产品为对象，进一步探讨学界和业界是如何界定各类数字新闻产品的特点和功用，并在此基础上形成关于数字新闻产品的元话语认知模式。一些前期研究已铺垫了基础，例如，在数字新闻产品的话语实践中，数据新闻被界定为以多线叙事为主流，以社会公共议题为主要题材，数据的采集超越算法技术而联结到跨领域的技术与社会互动中（赵如涵、陈梓鑫，2018）。又如，对于短视频新闻的学术话语界定主要从短视频新闻的特点切入。常江、王晓培（2017a）指出，短视频新闻报道主题选择的特点体现为“集中”“创新”和“小中见大”，内容的编辑与呈现则更具动感和视觉冲击力。在聚焦产品的基础上，还应围绕数字新闻生产环节，梳理近年来数字新闻领域的各类生产模式，总结不同生产模式的经验与教训并从中提炼出技术逻辑下的生态话语体系。例如,如何利用移动视频的技术特征和传播方式满足移动互联网生态下受众的新闻接受需求?数据新闻和算法新闻如何通过各类数据库获取信息数据并生产数据新闻?突出视觉表现力的新媒体新闻生产是否从传统的“新闻范式”转向一种注重产品质量和用户满意度的“厂商范式”?

在新闻生产的维度之外,以技术逻辑下的生态话语作为统领构建元话语体系不应忽视数字新闻从业者和消费者,例如,对作为内容生产主体的从业者和机构开展实证研究,以探索数字新闻从业者“技工化”的现实原因(常江,2020);关注数字新闻消费者,探索“后社交媒体时代”新闻消费模式的重建机制。

(二)以比较框架下的专业话语作为架构

通过探究数字时代新闻学元话语对经典新闻价值理念的调适重建以及数字新闻学元话语对传统新闻学核心观念的继承解构等问题,描绘数字新闻学理论创新的未来图景。应明确的是,新闻业话语层面上的“理念”和新闻学学理意义上的“理念”之间是存在差异的,前者首要是经验性的概念,是一系列事实性或规范性的内容在新闻从业者的日常言谈与行为中的体现,因而具备元话语的组织性、引领性和协调性,而后者则是针对具体问题的看法或观点,主要指传统新闻学理论中的核心专业理念。这些核心理念包括“新闻真实性”“新闻客观性”“新闻透明性”“新闻与责任”“新闻与民主”等,以比较框架下的专业话语作为架构,意味着将上述核心理念在数字时代新闻学和传统新闻学的框架下进行并置比较,同时运用思辨的方式探究数字时代新闻学元话语对专业话语的影响方式。

(三)以现实导向的规范话语作为依据

未来数字新闻学元话语体系的建构应注重现实导向作用,特别是在媒介素养、效用价值和社会治理等层面提炼出数字新闻学元话语的规范属性,以期为数字新闻的生产、流通、消费等环节提供价值观层面的规范指引。如前文所述,元话语具备协调和引导意见的功能属性,对于新闻学元话语的探究建立在现实导向的基础之上,规范性的话语表达潜藏在数字新闻生产的环节之中,规训着新闻业内部和外部的认知方式。针对未来数字新闻学规范性元话语的研究可密切围绕数字新闻时代的媒介素养教育、数字新闻的价值功用以及数字新闻参与国家和社会治理的方式逐层展开。

七、结论与讨论

数字时代新闻学元话语体系的构建过程中,支撑传统新闻理论体系的核心概念框架(conceptual frameworks)是组成元话语体系的核心理念,数字时代新闻学的核心理念与传统新闻学核心理念之间是"破坏性发展"的关系,包括真实、客观、责任、民主、专业主义等在内的新闻学核心理念均在数字生态下被改变或重塑。

数字时代新闻学元话语体系包含理论、方法和实践三大范畴,元话语体系的构建亦是对上述范畴内部的话语构成及各话语间逻辑关系的厘定和勾勒,这是数字时代新闻学在本体论层面确立自身合法性的重要工作。对数字时代新闻学元话语的揭示和框定有助于为数字新闻学研究者和数字新闻行业的从业者创造同一种语言,并建立共享的知识图谱和价值体系。不论是新闻研究者还是新闻从业者,能够准确理解并通过话语清晰表述与数字新闻本质、规律等相关的核心议题至关重要,因为如果缺失具备共识性基础的元话语体系,那么从事数字新闻生产工作和研究工作者便无法认识到技术驱动下新闻业和新闻学的本体问题,更无从认识数字新闻发展的自身规律。

当前,数字时代新闻学与传统新闻学的时空对话仍主要围绕着"新闻真实性""新闻客观性""新闻透明性""新闻与责任""新闻与民主"等在内的具体新闻学核心观念展开,而在具有整体性和指导性意义的元话语层面,我们还需要通过深入研究进一步拓展未来数字新闻学元话语体系的可能空间。有关数字时代新闻学元话语的讨论,既包括对新闻学元话语体系建立的种种设想,也包括对数字时代新闻学核心理念的反思与重构,还涉及新闻业与文化、新闻业与社会等诸多面向的现实思考。特别是在新闻业面对价值极化和价值虚无的当下(常江,2019),新闻业若想摆脱持续性危机则离不开元话语体系的构建。同时,我们也应意识到,数字时代新闻学元话语体系的建设既应立足于来自新闻从业者的观念和实践,也要有鲜明的规范性意图以保持对技术乌托邦主义的反思。

参考文献

曹林,2018. 新闻学失去新闻基因的致命危机[J]. 青年记者,(19):11 - 13.

常江,2014. "参与式新闻"的理念与中外实践——以 CNN iReport 和新华社"我报道"为例[J]. 中国记者,(7):110 - 111.

常江,2016. 虚拟现实新闻:范式革命与观念困境[J]. 中国出版,(10):8 - 11.

常江,2019. 价值重建:新闻业的结构转型与数字新闻生产理论建构[J]. 编辑之友,(3):88 - 94.

常江,2020.数字新闻学:一种理论体系的想象与建构[J].新闻记者,(2):12-20.

常江,王晓培,2017.移动互联网生态下的视频新闻编排革新[J].编辑之友,(9):70-75.

常江,杨奇光,2016.重构叙事?虚拟现实技术对传统新闻生产的影响[J].新闻记者,(9):29-38.

陈力丹,2011.论新闻真实[J].中国广播,(4):7-11.

程金城,万红,2012.关于文学人类学的元话语[J].兰州大学学报(社会科学版),(5):13-17.

郭晓科,2013.数据新闻学的发展现状与功能[J].编辑之友,(8):87-89.

胡百精,2019.大学现代化、生态型学科体系与新闻传播教育的未来选择[J].中国人民大学学报,33(02):132-139.

李明洁,2008.元认知和话语的链接结构[M].上海:华东师范大学出版社.

陆晔,周睿鸣,2016."液态"的新闻业:新传播形态与新闻专业主义再思考——以澎湃新闻"东方之星"长江沉船事故报道为个案[J].新闻与传播研究,(7):24-46.

陆晔,周睿鸣,2018.新闻创新中的"协作式新闻布展"——媒介融合的视角[J].新闻记者,(9):8-19.

麦尚文,杨朝露,2020.从议题互动到"场景融合":网络直播的舆论功能与生态重构[J].福建师范大学学报(哲学社会科学版),(3):83-92.

王晓培,令倩,2017."聊新闻":新闻对话机器人对新闻分发方式的再定义[J].现代传播(中国传媒大学学报),39(12):166-168.

王晓培,常江,2019.新闻生产自动化伦理挑战——算法伦理分析的框架地图[J].中国出版,(4):20-25.

王润泽,2020a.新闻学面临的挑战与新闻教育变革[J].中国出版,(14):10-14.

王润泽,2020b.近代中国新闻实践史略[M].北京:人民出版社,2020:57.

吴小坤,2017.数据新闻:理论承递、概念适用与界定维度[J].新闻与传播研究,24(10):120-126.

徐赳赳,2006.关于元话语的范围和分类[J].当代语言学,(4):345-353.

杨奇光,2018.媒体融合时代的新闻室矛盾:基于新闻可视化生产实践的考察[J].新闻大学,(1):18-26.

杨秀云,2018.功能认知视域下日语元话语分析与应用研究[M].上海:上海交通大学出版社.

虞鑫,2018.语境真相与单一真相——新闻真实论的哲学基础与概念分野[J].新闻记者,(8):30-37.

虞鑫,董玮,2019.从内容聚合到价值再造:"后社交媒体时代"与新闻消费模式的重建——以《赫芬顿邮报》为案例[J].中国出版,(20):7-11.

赵如涵,陈梓鑫,2018.全球数据新闻报道的创新路径——以"数据新闻奖"获奖作品为例[J].新闻与写作,(11):84-88.

赵如涵,吴心悦,2020.我国数字新闻研究的历史考察与话语变迁(1961—2019年)[J].新闻与写作,(6):45-53.

周睿鸣,刘于思,2017.客观事实已经无效了吗?——“后真相”语境下事实查验的发展、效果与未来[J].新闻记者,(1):36-44.

周睿鸣,2019.“转型”:观念的形成、元话语重构与新闻业变迁——对“澎湃新闻”的案例研究[J].国际新闻界,41(03):55-72.

周睿鸣,2020.锚定常规:“转型”与新闻创新的时间性[J].新闻记者,(2):21-31.

ALEXANDER J C, 2016. Introduction: journalism, democratic culture, and creative reconstruction [M]// ALEXANDER J C, BREESE E B & LUENGO M(Eds.). The crisis of journalism reconsidered: democratic culture, professional codes, digital future. New York, NY: Cambridge University Press: 1-30.

ANDERSON C W, 2021. Fake news is not a virus: on platforms and their effects[J]. Communication Theory, 31(1): 42-61.

BLUMLER J G & CUSHION S, 2014. Normative perspectives on journalism studies: stock-taking and future directions[J]. Journalism, 15(3): 259-272.

BROERSMA M J & PETER C, 2013. Rethinking journalism: the structural transformation of a public good[M]// PETER C & BROERSMA M J(Eds.). Rethinking journalism: trust and participation in a transformed news landscape. Oxon: Routledge: 1-12.

CREECH B & MENDELSON L A, 2015. Imagining the journalist of the future: technological visions of journalism education and newswork[J]. The Communication Review, 18(2): 142-165.

DöRR K N, 2016. Mapping the field of algorithmic journalism [J]. Digital Journalism, 4(6): 700-722.

DEUZE M, 2005. What is Journalism? Professional identity and ideology of journalists reconsidered [J]. Journalism, 6(4): 442-464.

FOUCAULT M, 1972. The archaeology of knowledge [M]. A. M. Sheridan Smith, trans. New York: Pantheon Books: 49.

HARRIS Z, 1959. Linguistic transformations for information retrieval[M]// HARRIS Z & HENRY M H(eds.). Papers in structural and transformational linguistics. Dordrecht: D. Reidel: 458-471.

HUXFORD J, 2007. The proximity paradox: live reporting, virtual proximity and the concept of place in the news[J]. Journalism, 8(6): 657-674.

OH J, BELLUR S & SUNDAR S S, 2015. Clicking, assessing, immersing, and sharing: an empirical model of user engagement with interactive media[J]. Communication Research, 45(5): 737-763.

SCHIFFRIN D, 1980. Meta-Talk: organizational and evaluative brackets in discourse[J]. Sociological Inquiry, 50(3-4): 199-236.

SCHUDSON M & ANDERSON C, 2009. Objectivity, professionalism, and truth seeking in journalism

[M]// WAHL – JORGENSEN K & HANITZSCH T(Eds.) The handbook of journalism studies. New York: Routledge:88 – 101.

STUBBS M,1983. Discourse analysis:the sociolinguistic analysis of natural language[M]. Language in Society 4,Chicago,IL:University of Chicago.

TUCHMAN G,1978. Making news:a study of social construction of reality[M]. New York,NY:Free Press.

WILLIANMS J M,1981. Style:ten lessons in clarity and grace[M]. Glenview,IL:Scott,Foresman and Co.

数字新闻治理的国际经验与中国路径*

仇筠茜 姚衣凰**

摘要:信息传播技术条件下的数字新闻业呈现生态化特征,对传统新闻业务实践、部门安排、盈利模式、管理治理带来降维式的重构。现行的新闻管理模式难以全盘移植至数字新闻业,因此亟须对国际经验进行系统分析,并结合我国新闻实践,提出治理思路。本研究依据"传媒治理六要素"理论框架,对美国、英国、德国、瑞典、俄罗斯、澳大利亚、韩国等 11 个国家(或地区)的数字新闻治理现状进行跨国比较分析,发现:(1)肇始于美国网络空间治理的"多利益攸关方"治理模式在各国数字新闻治理中被普遍采纳;(2)威权自由主义、威权主义、民主自由主义、民主管制这四种传媒体制下的数字新闻治理模式,又根据各国媒介体制进行了本土化的调试,其实是具有地缘政治色彩的"准利益攸关",各自面临不同治理难题;(3)中国路径的数字新闻业治理特征是政出多头、堵大于疏,在全球化媒介治理中面临合法性话语挑战。研究最后提出中国的数字新闻治理应基于"多主体模式"思路进行顶层设计,突出公共性、团结稳定的价值理念,形成对多利益攸关模式的替代方案。

关键词:数字新闻,信息治理,多利益攸关方,价值观,行动者网络

数字技术发展带来新闻液态生产(陆晔 等,2018)、边界重构(彭兰,2018)、价值极化(Stroud,2010; Yardi et al. ,2010; 夏倩芳 等,2017;常江,2019)与价值虚无(Sanders,2002; Plaisance,2006)等问题。这些问题迫使已处于边缘化危机(Blumler et al. ,2014)中的新闻从业者和研究者在应对平台化媒体入侵(Hansen et al. ,2017; 瞿旭晟,2016)和采纳新兴传播技术之余,无暇就更基础的新闻规范理论做出思考和回应。

---

* 基金项目:国家社科基金青年项目"人工智能时代新闻生产的边界重构与价值观引领研究"(批准号:19CXW008)。

** 仇筠茜,中国传媒大学副教授,清华大学博士,研究兴趣为新兴媒体与社会变迁、新闻传播学研究方法。姚衣凰,中国传媒大学硕士研究生,研究兴趣为新兴媒体与信息治理。

一、文献综述与研究问题

融合新闻、数字新闻、液态新闻、策展新闻等不同概念揭示了当下数字新闻业面临的危机:新闻内容因业态趋向而难以凝结社会共识,人文话语在新闻实践中衰落并带来潜在的伦理风险,新闻业的民主化角色受到价值极化的侵蚀。(常江,2019)

尝试回应和解决这些问题的社会行动者是复杂多元的:互联网平台公司常事后修补、被动回应;相较之下,各国政府部门、新闻机构和专业从业者则扮演更加积极的角色;此外,自媒体、专业博客和播客作者等被视作专业新闻领域的"闯入者",虽数量众多,但都被处理为治理的对象而非主体。这样主体多元、方法多样、层次多级的数字新闻生态的协调工作,在已有研究中往往被"传媒治理"这样一个笼统的概念套上(Puppis,2010),似乎从"管制"到"治理"的思路都已达成共识,这种没有定义基础的学术争论难免如鸡同鸭讲,还有可能造成新的误传。其中,对"多利益攸关方"治理模式能否适用于数字新闻业的治理这一问题,也存在因概念界定不清而导致的误解。

因此,本文的主要内容包括:第一,在研究综述部分对新闻传播领域的"治理"概念进行综述和分析,介绍"多利益攸关方"治理模式中存在的争论,并介绍本文主要采用的"传媒治理六要素"理论框架。第二,对11个国家(或地区)的数字新闻治理现状展开跨国比较分析,并从地缘政治、传媒体制、价值诉求三个方面归纳发现结果。第三,结合中国的数字新闻治理特征,提出将"多主体模式"作为一种替代性的治理思路和国际沟通话语策略。

1. 新闻传播视域下的"治理"概念

数字新闻治理是传统新闻治理的延续,也是互联网治理的一部分,又具有自身的特点。从邻近概念、学术缘起、学科特色三个方面,方可厘清"数字新闻治理"的含义。

首先,与数字新闻治理之相关的邻近概念有传媒管制、内容治理、信息治理、信息政策和网络空间治理。在大众传媒条件下,政府和市场是影响新闻传播的重要力量,因此很多学者都用"传播控制系统"(Freedman,2008)、"媒体政策"或"媒介规制"(D'Haenens et al. ,2010)等概念来描述,以体现行政的、资本的权力在新闻体系中的重要角色。布莱曼(Braman,2006)用"信息政策"(information policies)将概念进一步拓宽,认为政府在治理体系中的地位仅仅是多种要素之一,这给"多利益攸关方"治理模式的提出做了理论准备。特别是在互联网条件下,跨国的新闻生产协作和新闻流动更加便捷,参与主体多元,因此研究者们开始用“内容治理”(戴丽娜,2020)、“数字政策”(digital policies)(Leeuw,F. L. et al. ,2012)、“网络空间治理”(Wu,1996;张新宝 等,2016)来把握。分析对象不局限于新闻,而是扩大到信息传播政策、政策制定者(和部门)、非政府的基金会、跨国组织等,还深入到治理背后的权力和资源来分析。由此,治理的主体更加复杂,治理的理念开始指向了“媒体的多元主义”(Ginosar,2013),主张考虑形成网络化的政策群背后具有多样的价值理念。

第二,在学术缘起上,“治理”首先诞生于经济管理学和政治科学(political science),并在政治实践(politics)中被广泛应用。随着技术社会变化,“治理”的理论和理念也处于动态调整中,表现出多元化、全球本土化的特征。

1989 年世界银行的一项报告使用“治理危机”(crisis in governance),是该词首次被正式使用。“治理”源自拉丁文“gubernare”(掌舵),尽管在使用中被赋予新的含义,但在思考互联网治理时,把“covernance”理解成“掌舵”,而不是“划船”,反映了古罗马文化之根。(MacLean,2004)

源于经济学领域的治理思路一般考虑公司治理(Fama et al. ,1983)、管理的可控(Kersbergen et al. ,2004),其研究对象主要是组织机构。但考虑到媒体组织在数字新闻生态中在边界收缩,这一脉理论的解释力较弱。

源于政治科学的治理研究近年来的核心发展在于从“管理”向“治理”的转变,体现了国家强制力的削弱、公共性目的的多元化。美国加州大学安纳伯格分校政治科学教授詹姆斯·罗西瑙(Rosenau et al. ,1992)认为,治理是一种由共同的目标支持的活动,主要包括政府、企业、公民社会等各行为主体,不需要依靠国家强制力量来实现。罗德(Rhodes,1996)总结了治理的六种用途:最小状态(the minimal state)、公司治理(corporate governance)、新公共管理(the new public management)、“良好的治理”(good governance)、社会网络系统(socio - cybernetic systems)和自组织网络(self - organizing networks)。萨维斯(Servaes,2009)强调“一个独立的媒体和透明的政府,向一个积极参与的民间社会自由、平衡地提供信息至关重要”。“强有力的政府必须让位于更好的治理”。

互联网治理是数字新闻治理的背景,前者体现出越来越强的全球化色彩。2004 年“信息社会世界峰会”制定了《日内瓦行动计划》,认为“互联网治理”是政府、私营部门和民间社会根据各自的作用制定和实施旨在规范互联网发展和使用的共同原则、准则、规则、决策程序和方案。(Bossey,2005)互联网治理论坛(IGF)也发表声明称,没有必要再讨论监管和治理是否可能或必要,而应重点讨论采用何种治理手段,比如自律、协调和合作等如何实施。

在互联网治理中,全球化和本土化是同样重要的两股力量。世界各国和国际组织为响应全球互联网治理的号召并切实解决本国问题,纷纷提出了自己的思路:美国倡导“多利益攸关方”模式,主张通过政府行动保护本国的关键设施;俄罗斯采用政府主导型治理模式,通过构建顶层设计、完善管理机制、完善技术研发平台、完善市场环境等路径,建立了较为完整的互联网治理工作体系;欧盟出台《通用数据保护条例》治理网络安全、信任和隐私问题;英国则立法、行政双管齐下,同时积极调动社会力量参与治理;韩国建立互联网审查机构并推动互联网实名制。(项阳,2019)

第三,就新闻传播学科而言,“数字新闻治理”既要考虑到全球本土化、互联网空间等的影响,又要考虑到新闻业自身具有的专业主义价值和公共价值,还需要结合各国新闻传媒体制中对“新闻的社会功能”这一议题的规范性论述。例如,中国大陆新闻业承担着较重的政治宣传任务,与欧美自由主义的新闻生态中的治理思路就会有所不同。这背后的核心问题其实是在全球范围内对新闻与民主、传媒与政体关系的认知,其中不可避免地浸润着价值观念,渗透着意识形态的色彩。

综上,我们给出“数字新闻治理”的定义:

数字新闻治理是一套规制结构,其目的是形成取得各方行动者最大共识的新闻生产体系。数字新闻的治理是多元主体的协作和互动的结果。这里,多元主体,包括国家和政府、互联网平台、新闻组织机构、从事新闻活动的群体团体、与新闻活动相关的个体、新闻法规和政策等,它们共同形成了数字新闻治理的网络化结构。

2.“多利益攸关方模式”对数字新闻治理是否具有普适性?

数字新闻治理基本可以看作互联网空间治理的一种特殊形式,始于 2005 年联合国《信息社会突尼斯议程》的“多利益攸关方”治理模式被认为是具有启发性和适用性的纲领原则。该模式认为在互联网治理中,政府、私营部门和民间团体通过发挥各自的作用,秉承统一的原则、规范、规则、决策程序和计划,为互联网确定演进和使用形式。① 这种“去中心化”和“去管制化”的治理模式强调多方主体共同参与并逐渐被广泛运用到数字新闻治理领域。

如果多利益攸关方治理模式适用于新闻业,那么,数字新闻治理方案应该由多元的利益相关方共同参与制定,政府、公司、公民社会团体、宗教组织都能对治理方案有所贡献,集思广益,达成合意。考虑多利益相关方的治理模式,可以保证结果获得更多的合法性。在全球化背景下,利益相关方还包括跨国企业、非政府组织、国际组织等。

① Tunis Agenda for the Information Society[EB/OL].[2020-11-23]. https://www.itu.int/net/wsis/docs2/tunis/off/6rev1.html.

不过,该模式是否可以推广到数字新闻治理,尚且存在两方竞争性观点。

支持以“多利益攸关方模式”作为数字新闻治理方案的人认为,数字新闻是互联网生态的一部分,其运作在根本上就是多元的参与的、生态互动的,而多利益攸关方治理模式的思路,正好与数字新闻业的“生态化”发展特征相匹配。多利益攸关方是美国主导的“互联网名称与数字地址分配机构”(ICANN)采用的“自下而上、共识驱动、多利益攸关方模式”的全球互联网治理模式(DeNardis et al. ,2013)。类似地,“新闻生态”(news ecosystem)指的是在新闻的生产、传播、使用等诸环节中,围绕特定的议题或者特定的地理社区内所有的个人、组织、技术的总和(Anderson,2016:412)。新闻生态的表述在概念系谱上可以追溯到自 2001 年开始被学术研究普遍使用的“媒介生态”(media ecology)概念(Jenkins,2001),在理论上与因尼斯(Innis,1951)、哈弗洛克(Havelock et al. ,1963)、麦克卢汉(McLuhan,1964)、波兹曼(Postman,2000)等“环境生态”学派的观念颇有渊源(Anderson,2016:414)。与既往的分析路径(特别是媒介环境生态学派)不同的是,“数字新闻生态”不再将“人”置于媒介体系的中心,而从网络化的、去阶层的预设出发,平等地对待新闻生态中的人、机构、技术,将它们均视为行动者网络中等价的行动者,同时它们也平等地被视作新闻价值规范的附载体;在机构层面,究竟是“去机构化”还是“再机构化”是探讨数字新闻业态变迁的核心问题;在研究方法进路上,数字新闻生态提倡批判性地吸收媒介环境学派的路径并进行突破性创新。

但是,承认“生态”的观点,也就承认了优胜劣汰、适者生存。网络空间的治理是否能听任优胜劣汰? 进一步梳理多利益攸关方治理模式的提出历史,研究者们对该模式提出批判:其一,美国在互联网技术上占有先机,它提出的利益攸关模式,本质上是要将互联网空间划作与海洋、太空、国际空域并列,成为单一主权国家无法接入的“全球公域”,进而呼吁在这一公域内展开“多利益攸关”(Denmark et al. ,2010),从而一举将美国在互联网技术上的政治优势转化为在国际政治上的战略优势(张新宝 等,2016)。其二,反对以“多利益攸关方模式”作为数字新闻治理方案的分析认为,该模式持有“西方中心主义”视角,这个模式排除了非西方的立场。

本研究观察多利益攸关方模式在各国数字新闻治理中的运用情况,发现该模式在全球本土化的执行过程中,确实存在着既有利益主导的格局。由此尝试提出将“多主体治理模式”作为一种替代性的治理思路,也回应了多明戈等人(Domingo et al. ,2015a)所提倡的使用行动者网络理论(ANT)追踪新闻网络,进而将之理论化的思路。

3. 去西方化的数字新闻治理

既然“多利益攸关方”的治理模式被批判为具有西方中心主义色彩的思路,那么“去西方化”数字新闻治理就是题中之意。

在《去西方化媒介研究》论文集中,詹姆斯·卡伦(James Curran)和朴明珍(Park Myung - Jin)(2011)组织了20多位来自全球不同国家和地区的学者,以南美洲、中东、俄罗斯、墨西哥、韩国、中国台湾、马来西亚、津巴布韦、埃及、日本、澳大利亚、瑞典、意大利、以色列等多地的新闻媒体实践为经验材料,在媒介与权力和社会的框架下展开论证。两位编者提倡对新闻媒介的研究要突破已有的西方化视角,而采用去西方化的、比较的视角。

所谓非西方化的视角,包括两层含义。第一,从最表面的地缘政治角度,分析的对象不仅要包括美国、欧洲、澳大利亚等传统上被认为是西方文化的国家和地区,还应该包括中国大陆、韩国等非西方的国家和地区;第二,从跨文化传播角度,非西方化的进路要求分析者突破以西方价值作为衡量标准的做法,给予不同国家和地区的媒介体制充分的尊重和进行嵌入语境的深入描述。

所谓比较的视角,指的是既承认全球本土化趋势,也承认国情论。一方面,在全球化、市场化的影响下,各国的数字新闻治理具有共性,这是比较的基础。例如,各国在数字新闻治理时都尝试诉诸自由、公平、团结等价值观念,这也是国际治理话语体系的合法性来源;另一方面,各国的实际情况不相同,这是各国的数字新闻治理永远处于变动中的原因。例如,脸书(Facebook)、推特(Twitter)、微博和微信等技术平台及其背后的互联网公司在数字新闻分发环节的作用日益凸显,但在不同媒介体制下,互联网公司背后的市场力量却不尽一致:在欧美等西式自由体系下,市场被看作权力系统的一部分,可能屏蔽新闻界对政府展开批评;但是在墨西哥、中国大陆等地区,市场被视为促成更加独立和批判数字新闻机构成型的平衡力量。因此,跨国比较分析能够系统地析出数字新闻治理的国际趋势和本土特征。因此,进行数字新闻治理的跨国比较分析时,既要考虑地缘政治的因素,也不能仅仅囿于对不同国家的比较。

整合去西方中心主义、比较视角这两方面的要求,本文采用以色列媒介研究者吉诺萨(Ginosar,2013)提出的传媒治理六维度框架作为理论资源。吉诺萨对传统的基于历史和地缘政治的、规范性的媒介分类方式提出了批判,并提出一个新的分析框架来分析传媒体制,六个分析维度及其对应的分析指标如表1所示。

表1 传媒治理的六维度要素模型(Ginosar,2013)

	传媒治理六维度	各维度分析指标	
1	模式(modes)	市场(market)	
		阶层(hierarchy)	
		多元主义(pluralism)	
2	机构(institutions)	正式机构(formal institutions)	
		非正式机构(informal institutions)	
3	层次(levels)	低于国家的(subnational)	
		国家层面的(national)	
		高于国家的(supernational)	
4	利益相关者(stakeholders)	国家(state)	
		社会/公众(societal)	
		工业(industrial)	
5	机制(mechanisms)	竞争(competition)	
		代议(delegation)	
		慎议(deliberation)	
		协商(negotiation)	
		规制(regulation)	国家规制 企业规制 自我规制
6	政策(policy products)	命令与控制(command & control)	
		同意(agreements)	
		布置(arrangement)	

这一分析框架不以西方中心主义的视角切入,又提出了进行跨国比较的基本框架,帮助研究者不仅考虑多利益相关者(维度4)视角,还能对参与数字新闻治理主体的层次(维度2)和机制(维度5)、作为治理结果的政策产品(维度6)展开分析,更可以上升到价值观和意识形态层面(维度1)进行深入解读。

在这一分析框架的观照下,本文主要解决的问题是:

问题1:"多利益攸关方"的治理模式在各国数字新闻治理中是否得到了普遍运用?生态化条件下,不同传媒体制中的数字新闻治理的共同难题有哪些?

问题2:威权自由主义、威权主义、民主自由主义、民主管制这四种传媒体制下的数字新闻治理模式有什么区别?各自面临什么治理难题?

问题3:"多利益攸关方"的网络空间治理模式是否可直接适用于数字新闻业治

理? 中国在数字新闻业治理中应该遵循哪些价值观念,以实现更好的国际沟通?

二、研究设计

1. 比较视角

半个世纪以来,对传媒体制的分析都遵循希尔伯等人(Siebert et al. ,1956)在《传媒的四种体制》中开创的框架,以基于地缘政治展开的比较研究(Blumler et al. ,1992)来展开。比较的结果往往是对"新闻—民主""传媒—社会"规范性关系的多元分析(Ginosar,2013)。

本研究沿用这一思路,以地缘政治划分的不同国家作为比较的对象。在全球本土化(glocalization)背景下,比较各国数字新闻治理体系在模式、机构、级别、利益相关者、机制和产品这六个维度上的异同。比较的目的是回应多明戈等人(Domingo et al. ,2015a)提倡的通过三个互补的步骤来克服现有新闻研究范式的局限性:将新闻实践从特定的理论范畴中分离出来,克服新闻生产分析与新闻消费分析之间的学科分异,以及对新闻规范原则的质疑。

2. 资料来源

在斯克莱尔(Sklair,1997)提出的五种划分世界的标准方法的基础上,詹姆斯·卡伦和朴明珍做出修订,将世界国家按照"民主—威权"和"新自由主义—管制"两个维度划分为五个类型,分别是转型与混合社会、威权新自由主义社会、威权管制型社会、民主新自由主义社会和民主管制型社会。依据这一分类标准,我们选择 2020 年全球新闻自由指数排行榜单中具有代表性的国家(或地区),最终确定了 10 个具有代表性的国际样本,在分析国际样本的基础上与中国路径进行对比。表 2 中的第二列是卡伦等选择的分析对象,本研究筛选出的分析对象在第三列。

表 2 分析资料的选择标准及结果

	五类传媒体制的代表性国家(或地区)	本研究选择的样本
威权新自由主义社会	墨西哥、韩国、中国台湾、马来西亚	韩国
威权管制型社会	津巴布韦、埃及	俄罗斯
民主新自由主义社会	日本、美国、英国	美国、英国、澳大利亚
民主管制型社会	瑞典、意大利、南非、以色列、法国	瑞典、芬兰、丹麦、挪威、德国
转型与混合社会	中国大陆、南美洲、中东	中国大陆

具体来说,研究通过两个步骤确定分析资料:

第一步,通过立意抽样确定对全球媒介体制和数字新闻治理具有代表性的国家或地区。首先,我们参考了无国界记者组织发布的2020年世界新闻自由指数排行榜单①,将参与排名的176个国家作为抽样框。然后结合卡伦和朴明珍提出的五种类别,在每个类别中选择具有代表性的国家。在民主管制型媒介体制中,我们发现挪威、芬兰、丹麦、瑞典、冰岛五个北欧国家连续多年占据榜单前十名,尤其是在2021年排名中,挪威、芬兰、瑞典、丹麦包揽前四名,因此将上述四国纳入研究范围。德国有区别于北欧国家的数字新闻生态,也被作为民主管制社会的代表性样本。对民主新自由主义媒介体制,我们选择了排名分别位于第26、35和45名的澳大利亚、英国和美国。韩国作为亚洲排名最靠前的国家位于第42名,对于我国具有借鉴意义,被作为威权新自由主义体制的代表国家纳入样本。另外,俄罗斯因为地缘和政治历史原因,数字新闻治理也与我国有相似之处,因此被作为威权管制型媒介体制的代表性国家纳入分析。此外,中国大陆地区是转型社会的代表,不过本研究直接采纳其他研究中的结论,不做原始政策及法律的分析。

第二步,确定检索关键词,列举各国数字新闻治理的法规和案例。选定研究对象后,我们通过访问各国政府网站,利用谷歌学术搜索、中国知网为主要搜索渠道,以"数字新闻治理"(digital journalism governance)、"传媒治理"(media governance)、"信息治理"(information governance)、"传媒政策"(media policies)、"互联网治理"(internet governance)为关键词进行限定搜索,找到与各国数字新闻相关的法律法规、治理案例等资料和文献。

三、数字新闻治理普遍采纳"多利益攸关方"模式

始于美国网络空间治理的"多利益攸关方"治理模式在各国数字新闻治理中被普遍采纳,是对数字信息技术的全球化力量的充满想象的应用。与此同时,各国根据本国国情进行调试,数字新闻治理又表现为充满地缘政治色彩的"准利益攸关"。

本研究观察的10个国家数字新闻治理的法规政策,都体现出"多利益攸关方"模式,在治理结构上表现得尤为明显。

1.治理结构:非正式机构协同治理

首先,在治理结构上,各国都基本形成了法律部门、政府组织、新闻机构、行业协会

① 2020 World Press Freedom Index[EB/OL].[2020-11-23].https://rsf.org/en/ranking/2020.

等多元的“利益相关者”协同治理的局面。根据传媒治理六要素模型,在利益相关者(维度4)上各国都将国家(national)、社会公众(societal)和工业(industrial)要素纳入治理结构的安排中来。美国、英国、澳大利亚、德国和北欧四国普遍较强调司法系统对新闻工作的调试,并辅以记者或编辑等行业协会的协同。

以美国的数字新闻业治理为例,对新闻业具有根本性规制力量的仍然是《宪法第一修正案》和《权利法案》中规定的言论自由,在具体裁定判例中,新闻监督权力职能的言论边界受到更多保护。在三权分立制度设计里,政府机构对新闻业进行有限监管,但近年来网络空间中深度伪造、恶意言论、恐怖主义的盛行,以《爱国者法案》为代表的一些条款在实际上间接地取消了《信息自由法》等法案规定的民众在新闻自由、言论自由等方面的权利,政府的管制力量实则增强,“多利益攸关方”中的各方并非平等地参与了影响新闻业健康发展的政策制定。除了司法和政府机构,行业协会(如美国专业记者协会)也发挥了重要的作用。

进一步从“机构”(维度2)分析,可以发现数字新闻治理的多利益攸关方逐渐纳入一定比例的“非正式机构”,影响传统的“正式机构”主导格局。例如,在新冠肺炎疫情下的2020年美国总统选举中,白宫和五角大楼都非常担心以机器学习为基础的深度伪造(deepfake)技术会对选举结果产生失控的负面影响。专业的技术爱好者、尚未成型的创业公司、致力于识别深伪内容的科研团队(例如达特茅斯大学教授Hany Farid的实验室)等非机构化的团体都被卷入了这场技术较量和新闻狂欢,在网络化的新闻生态中,新闻生态的污染和净化同时展开。

2. 治理机制:多种规制措施并举

在治理手段或机制(维度5)上,多国对数字新闻业的治理都采取了多管齐下的措施,运用市场竞争、代议、协商、规制等多种手段。在吉诺萨提出的治理六维度模型中,治理机制有竞争、代议、慎议、协商、规制五类,其中规制的手段分三种:国家规制、企业规制、自我规制。本研究分析的10个国家,都无一例外地同时使用国家规制、企业规制和自我规制并举的体系,而且处于不断调试和变动之中。

以韩国政府自2007年前后开始推行的网络实名制为例,可以看出治理机制的多管齐下和动态变化。韩国推行实名制始于2005年的“狗屎女”新闻事件,该事件引起官方对网络暴力的担忧。韩国政府首先采取了“协商”措施,在广泛征求网民意见的基础上决定将网络实名制“政策化”。但因为执行逐渐走向命令式的国家规制,韩国网民采取“网络流亡”等消极抵抗策略,规避网络实名,形成了反抗威权的网络文化基础。面对这一困境,韩国的数字新闻网站摇摆不定,坚决执行实名制的网站活跃度降低。政府想进一步强化网络监管,其政治管理的动机远超服务公共利益的诉求,导致信誉受损。(董俊祺,2016)而且,谷歌(Google)、脸书等网站,在传播效果上是数字新闻分发的重要渠道,但这些平台超越传统地缘国家意义,也就超过了某一国的法律管辖范围。如此,就算是多管齐下,反而有可能造成政出多头、无法执行,部分地宣告了在传统的地缘政治国家内推行"多利益攸关方"治理模式的虚幻。于是,各国开始试想超越地缘政治的跨国协作治理模式的出现。

3. 治理层次:技术乌托邦的全球化治理想象

以国家层面(national level)为划分依据,数字新闻业的治理层次有高于国家层面(supernational level)、国家层面和低于国家层面(subnational level)三个级别。在治理层次(维度3)上,"多利益攸关方模式"的治理设计中充满着因为互联网技术带来的全球化想象。各国都积极地参与跨国平台的协作组织,试图通过超越国家政府的合作和协商,共同治理网络空间中的难题。由于数字新闻治理是网络空间治理的一部分,所以高质量的数字新闻业态的出现,也被纳入这套技术乌托邦的全球化想象话语。

数字新闻业面临的虚假新闻、仇恨言论、新闻同质化的问题,其原因是超越国家的,各国开出的处方也多是寄希望于技术解决主义的跨国方案。例如,不同语种之间新闻内容的翻译和抄袭、与疫情等相关的虚假新闻和仇恨言论的跨国流动等,希望通过全球的新闻事实核查小组、国际记者和编辑的协作组织来共同应对。

但进一步仔细看,不同治理主体所想到的解决方法不尽相同,同样也部分地预示着多利益攸关方治理模式无法适用于所有国家的数字新闻治理难题。在新闻自由主义占上风的国家,数字新闻治理方案中对高于国家层面的手段比较容忍甚至依赖;而在威权和管制型的国家,其数字新闻治理方案更多地在国家层面、低于国家的行业层面发挥作用。

综上,国际上主要国家的数字新闻治理都采取了"多利益攸关方"模式的设计思路,在治理结构上纳入非正式机构,在治理机制上采用管制、竞争、代议、协商的并举思路,在治理层次上寄希望于技术乌托邦的全球化想象,以解决网络空间本身超越地缘国家界限带来的难题。不过,全球化和本土化是数字新闻治理中的两股重要的推动力量。如果全球化趋势占上风,那么数字新闻治理的模式将出现同质化(homogenization)倾向;如果基于地缘政治的本土化占上风,那么数字新闻治理将出现异质化(heterogenization)倾向。在下一部分,我们将数字新闻治理的国际经验置于不同的传媒体制下,分析全球本土化(glocalization)对不同国家的、不同传媒体制下的数字新闻治理带来的影响。

四、难免地缘政治影响的“准利益攸关”

威权自由主义、威权主义、民主自由主义、民主管制这四种传媒体制下的数字新闻治理模式,又根据各国媒介体制进行了“本土化”的调试,其实是具有地缘政治色彩的“准利益攸关”,各自面临不同治理难题。

1. 威权自由主义体制:政治精英继续主导数字新闻业治理

威权自由主义模式的传媒治理中,国家权力与媒介之间的关系虽然具有西方自由主义的外形,但其内核却具有主从关系的实质。威权主义是现代韩国政治文化的底色,以政治精英支配、大众服从隶属为主要特征。(朱明爱,2011)韩国的数字新闻治理虽效仿西方民主与自由式的治理方式,但实际上有着政府强权治理的影子,“多利益攸关方”的治理范式在韩国数字新闻治理中表现为以政治精英支配为主的“准利益攸关”,传统的新闻相关法规和机构扮演重要角色。

韩国的数字新闻业治理形成了法律法规和新闻业自律协同的治理结构。韩国有专门的新闻法,作为新闻业的主要治理依据,为“新闻自由”提供法律保障。韩国根据2008年修订颁行的《关于保证新闻自由和功能的相关法律》,将原有的新闻发展委员会、新闻传播院合并后设立了言论振兴财团和言论振兴基金,负责本国新闻业的管理与监督,并且将网络新闻纳入了新闻法调整范围。该法案的第三条规定了新闻的自由独立,即“新闻及网络新闻的编辑及独立受法律保护;若非依据本法或其他法律,任何人不得干涉、限制新闻及网络新闻编辑自由与独立;新闻事业者及网络新闻事业者需依据本法,保障编辑人员的自律性编辑活动”。(辛香兰,2009)

不过,韩国新闻法所保障的新闻自由,在实施中并非纯粹西方化的不受限制的自由,而是与国民隐私、互联网内容净化等其他法规不断博弈的结果。首先,《大韩民国宪法》规定韩国公民私生活自由权、通信秘密权不受侵犯和言论表达自由的权利,这为新闻业的报道内容划定了不少禁区。在这方面,数字新闻业与传统新闻业没有太大不同。其次,韩国针对互联网治理成立了主管机构,治理对象主要是信息通信公司,实际上对数字新闻业实行管理。2006年,韩国成立“网络安全委员会”,将“网络管制权”授予信息通信部长(陈晓云,2010),就网站制定了内容分级标准,并对信息伦理、网络净化等提出了一般性的政策和准则。韩国网络安全委员会主要依据《电信通信工作法》展开治理工作,对设有各类信息检索、储存、发送或接受设备的机关单位负责人提出劝告,要求他们设置屏蔽传播淫秽信息、暴力画面的内容。

在威权自由主义的传媒体制下,对数字新闻业治理受传统相关法规和机构管辖,具有延续性。在行业自律方面,韩国“媒体仲裁委员会”在数字新闻治理中发挥重要作用。该委员会成立于1981年,由法官、律师、新闻学教授等人士组成,是韩国媒体准司法机构,旨在仲裁媒体纠纷,维护民众权益。当互联网新闻服务中的受伤害方提出投诉被裁定为合理时,媒体仲裁委员会要求更正原始新闻报道,帮助该方挽回损失。此外,韩国报业和广播编辑协会、韩国报业协会、韩国新闻工作者协会等行业自律组织,与媒体仲裁委员会类似,通过延续已有的政治精英治理结构和原则,使其适用于数字新闻业的治理。

韩国这种延续政治精英治理的新闻业格局,同样延续了韩国的新闻文化中对“公共性”原则的强调。韩国新闻工作者协会通过的《新闻道德守则》规定,新闻工作者应坚持编辑自由和独立性,拒绝来自社会各种经济力量(如社会团体、宗教团体、利益集团和企业)的任何不当压力、金钱或提供帮助的要求。此外,新闻工作者有义务积极地寻求真实的信息,以服务于社会正义和公共利益事业。

2. 威权管制体制:数字新闻治理的意识形态色彩突显

在威权管制主义国家中,传媒治理以行政手段、政府控制为主。出于网络带来的新闻业“生态化”特征,数字新闻治理不得不宣称纳入“多利益攸关方”的范式,但在实际操作中,其实仍然是政府主导的多方参与治理。在这一模式下,俄罗斯的网络空间治理和数字新闻治理具有典型性。

俄罗斯总统提出,“媒体是国家服务者”。在过去三十年间,俄罗斯政府在除掉传媒寡头后,逐渐收回对传媒的控制权,通过一系列立法手段来强调政府对媒体的指导地位,要求新闻保持传统的价值观和爱国主义精神,为维护国家的信息安全应服从政府的意志。(顾钢,2009)

面对虚假信息泛滥、敌对意识形态的互联网渗透等难题,仅以2019年一年间的几次相关法规修订,就可以看出俄罗斯运用威权管制的手段治理网络空间的意志。当年3月,普京签署《侮辱国家法》和《假新闻法》,加大对“公然传播不尊重俄罗斯社会、宪法或政府机构的信息”的惩罚力度。《侮辱国家法》规定,诋毁和侮辱国家以及包括普京在内的俄政府高官将被处以高达30万卢布(约合人民币3.2万元)的罚款,重者可或最多15日监禁。同一时期通过的《假新闻法》规定,故意传播“假新闻"的网络新闻媒体或用户将被处高达150万卢布(约合人民币15.5万元)的罚款。这一规定同样适用于正规媒体,一旦在网页上发现假新闻,政府部门会通知相关媒体在24小时内删除内容,否则将关闭网站;未经注册的媒体若违反法案相关规定,将在无任何警告的情

况下被撤销。(田丽点评,2019)

两个月之后,俄罗斯总统普京签署《关于对俄罗斯联邦〈通信法〉、〈信息、信息技术和信息保护法〉进行修订的第90号联邦法案》(以下简称《90号法案》)。该法案从2019年11月1日起正式生效。这次对俄罗斯两大基本法的修订,重点强调建立独立自主的国内互联网,以维持紧急状况下的网络安全稳定。(王智勇 等,2020)

政府强权主导未能完全抑制其他利益攸关方发挥能动性,越来越多的行业自律组织、与新闻相关的企业组织也开始主动参与数字新闻治理。例如,俄罗斯联盟新闻工作者联合会总结和推广国内报刊的优秀经验,俄罗斯记者联合会尝试维护新闻工作者的利益。但是,在国家的威权管制力量的指引下,特别是在特朗普执政美国总统期间挑起的网络主权斗争中,俄罗斯网络空间治理具有越来越强的意识形态色彩。相应地,这些具有冷战思维、强权主义的意识色彩也体现在数字新闻业治理中,国家花重金打造主权互联网,开办声明政治斗争立场的"今日俄罗斯"传媒平台,参与互联网平台上的数据渗透和社交机器人(social bots)斗争,这些活动都突显了国家意志和当权政党的意识形态色彩,形成数字新闻业治理的独特样态。

3. 民主自由主义体制:弱监管与强竞争服务西式民主价值观

以英国、美国、澳大利亚为代表的民主新自由社会模式的媒介体制,延续到数字新闻治理中,同样表现出重视新闻自由的特征,在意识形态上服务于西方民主价值观。

(1)美国

美国的数字新闻业治理形成政府法律、行业自律、企业规制等多管齐下的治理结构。在法规方面,美国没有成文的《新闻法》,通常以最高法院和地方法院的判例来审理有关新闻方面的案件。《权利法案》(第一修正案)明确规定公民自由发表言论的权利,国会不能制定法律来限制言论或出版自由。这一规定充分保障了新闻自由,作为新闻活动的最高法则一直延续到数字新闻业治理中。为保障公民获取信息的知情权,美国相继出台了《行政程序法》(1946)、《信息自由法》(1966)和《阳光下的政府法》(1976)。9·11事件发生后,为打击恐怖主义,布什政府于2001年10月签署了《爱国者法案》。该法案的一些条款间接取消了《信息自由法》等法案规定的民众在新闻自由、言论自由等方面的权利。打击假新闻的主要法律手段是诽谤诉讼。如果某人发布关于自己的虚假事实,并且因此遭受某种损害,如失业、收入下降或声誉受损,就可以起诉他人诽谤。

除了法规和判例,美国的新闻业治理还非常依赖行业自律组织和企业管制。在行业自律组织方面,美国专业记者协会致力于促进和捍卫言论自由以及第一修正案中关于新闻自由的保证,在新闻实践中鼓励高标准和道德行为,促进和支持新闻业的多样性。该协会颁布的《SPJ 道德准则》①对记者进行新闻报道时的言行进行了规范,提出的"最小伤害原则"作为高于法律的伦理道德标准,包括"避免迎合令人毛骨悚然的好奇心""考虑到出版物的延伸范围和持久性的长期影响"等指导性准则,适用于数字新闻业态中涉及的很多两难问题,也是新闻从业者维持去专业主义操守、与所谓"人人都有麦克风"的公民记者相区分开来的标志。美国的新闻创新创业也形成了行业自律的又一个面向。例如,有线电视新闻网 CNN 开通的"iReport"栏目,安排专业记者教育公众以提高其媒介素养,又能将广泛分布的公民记者纳入新闻生产流程。

目前,民主自由主义体制下的数字新闻业治理,越来越倚靠互联网平台公司的力量,通过媒体、政府和企业的三方合作,对造成不良社会影响的数字新闻趋势展开协同治理。例如,Facebook 与法新社、《回声报》等媒体合作参与法国"交叉计划"以防止虚假新闻破坏法国大选。2017 年 8 月 Facebook 推出了"相关文章"链接功能,将新闻报道与其他内容进行链接,为用户提供"更多的视角和更多的信息"。(唐远清 等,2018)另外,通过优化虚假新闻的举报功能,Facebook 鼓励用户对真实性存疑的信息进行举报。当举报达到一定数量,就会提交给第三方事实调查机构进行核查。为从源头上去除虚假新闻的驱动力,Facebook 加大对广告商的监督力度。一旦被事实核查机构认定为虚假新闻的发布者,其将无法使用付费广告服务,也不会再得到算法系统优先推荐。2020 年末,Twitter 和 YouTube 主动出手封禁班农账号也反映出企业参与新闻治理的积极性。2020 年 11 月 5 日白宫前顾问史蒂夫·班农在其播客节目"疫情战情室"中与另一主持人杰克·马克西谈论美国大选,宣称要把传染病专家福奇和 FBI 局长克里斯托弗·雷"斩首"并挂在白宫外示众。Twitter 和 YouTube 注意到这一过激言论后,随即封禁了班农的账号,并删除了视频。

(2)英国

英国的数字新闻业治理与美国类似,都是法律、机构、自律的协同治理,但在法律判例渊源、市场化程度、互联网平台治理上有差异。英国的法律渊源是判例法,依据《藐视法庭法》《刑事诉讼和调查法》《法庭法》等对涉及新闻的内容进行约束。但是为应对互联网带来的恐怖主义、暴力、虚假信息等内容,英国政府于 2019 年 4 月颁布了《网络有害内容白皮书》,意在加强对网络内容的监管和审查。英国新闻信息监管机构——英国通信办公室(Ofcom)制定的《广播电视条例》,同样适用于数字新闻的治理,特别从准确性和公正性上做出规定,要求"无论是哪种形式的新闻都应当予以正

① SPJ Code of Ethics[EB/OL].[2020-11-23]. https://www.spj.org/ethicscode.asp.

确、公正的报道……不得呈现制作方对政治,或商业争议,或与现行公共政策有关的任何个人观点或意见”。(周丽娜 等,2016)在虚假新闻的治理中,英国的“文化、媒体和体育委员会”发起了关于确定“假新闻”的行业标准定义,特别调查了 Facebook 等社交媒体上的传播内容。包括英国广播公司(BBC)在内的新闻媒体自身对于记者也有从业规范要求。如 BBC 规定记者应当向上级主管咨询自身遇到的内容是否适合网络公开,所有员工不能对敏感政治在社交网站上表达个人倾向。

英国还有“互联网观察基金委员会”,其是行业自律的排头兵。该委员会由欧洲委员会牵头,众多企业资助,要求会员单位对自己提供的内容进行审查,并对涉及儿童情色的内容进行标记。用户可以通过其官网对不良内容进行举报,该基金会接到举报后会对内容进行审核,如果认定是非法内容,则会要求相应平台删除内容并根据情况移交执法机关处理。

英国部分媒体联合成立了“事实核查部门”以应对假新闻危机,逐渐形成业内共识,是英国悠久新闻历史和专业主义操守在数字新闻业中的自律和自救。2010 年,“第四新闻频道”成立“事实核查”新闻打假部门;2011 年,《卫报》推出“现实核查”博客网站;2015 年,BBC 创建“现实核查”以准确报道英国脱欧。另外,一些民间机构开始进入事实核查这一领域。“全部事实”作为英国独立的非营利组织,主要进行虚假信息核查工作,每周发布 40 篇左右的核查报道。(张建中,2017)

(3)澳大利亚

多利益攸关方治理模式在澳大利亚的体现,是美国和英国的居中结果。

在法律法规上,澳大利亚受英国影响,沿用《信息自由法》、《广播服务法修正法》、《通信立法修正法》、《广播服务法》(新增修改)、《版权法修正法》、《加强网络安全法》的相关法律和判例作为数字新闻业治理的根基,与《刑法》等一起从违法内容监管、个人信息保护等方面为网络内容监管提供法律保障。

在针对互联网平台公司的治理上,澳大利亚与美国的宽松政策更接近,这也是假新闻更泛滥的原因。2017 年 9 月,澳大利亚通过了媒体改革一揽子方案,方案的核心是修改媒体所有权法,希望通过放松媒体管制,激发大型媒介集团的并购。作为权衡,方案还通过政府补贴等方式来扶持小型独立媒体,鼓励地方性内容生产(王敏 等,2018),从而保证数字新闻业的多元性。宽松的媒体政策下,虚假新闻无论是故意还是无意,无论是个人还是企业,都难以被惩罚,除非报道内容涉及对个人或者公司的诽谤,才会被监管。

在自律组织层面,澳大利亚出版委员会和澳大利亚新闻理事会是有一定影响力的自律组织。前者的定位是“确保个人及组织对新闻学、新闻出版及新闻报道的行为失策及失当问题进行投诉,并确保整个行业要为该机构负责”。后者是负责回应有关澳大利亚报纸、杂志和相关数字媒体的投诉的主要机构,以促进媒体实践的良好标准、社区获取公共利益信息以及通过媒体发表言论的自由。新闻理事会 2003 年通过的《澳大利亚新闻自由宪章》[①]从行业层面对维护澳大利亚新闻自由做出规范。

4. 民主管制型体制:多主体监管的较优模式

相较于民主自由主义媒介体制中强调市场和竞争的数字新闻业治理模式,民主管制型社会的数字新闻治理更重视政府监管的力度。丹麦、瑞典、芬兰、挪威和德国的数字新闻业治理,是根据本土国情调试后的多利益攸关方模式,更准确地说,它们更明确地做到了“多主体”的网状相关。

以丹麦、瑞典、挪威和芬兰(以下简称北欧四国)为代表的北欧国家连续多年在新闻自由指数排行榜中位居前列,这些国家的数字新闻业的治理范式具有“民主管制型社会”的特征:既给予新闻业足够的自由,又通过立法等手段加强引导,培育行业自律组织,加强公民媒介素养教育,以引导代监管,形成数字新闻业“治理”(governance)而非“管理”(governing)的较优方案。

在政府立法方面,北欧四国的宪法都对公民享有言论自由的权利做出规定,又辅以与信息传播、新闻业相关的法律进行完善。1766 年 12 月 2 日,瑞典成为世界上第一个在宪法中体现新闻自由的国家。《瑞典新闻自由法》为设立公众获取信息的原则开辟道路,使出版和阅读公共文件成为合法的。此外瑞典还有《报刊自由法》《表达自由法》《出版自由法》等,为专业新闻工作提供法律保障。挪威于 1997 年通过《媒体所有权法》,主要针对媒体集团的所有权的约束,联合《挪威宪法》第 100 条共同规定了国家在传媒领域也承担“促进公开和开明的公众话语的条件”的责任。[②] 在丹麦,《丹麦公共行政档案获取法》对数字新闻业的治理仍然起重要作用,此外《司法管理法》和《刑法》也有相关章节或独立条款与新闻业相关。1992 年通过的《媒体责任法》建立协调各种定期发布责任制,并专辟一个章节阐述新闻伦理。在芬兰,虽然言论自由权在《芬兰宪法》《欧洲人权公约》中得到保障,但芬兰并不赋予公民或媒体仇恨言论的权利,把包括诽谤、骚扰、仇恨言论、传播侵犯隐私权的信息等行为列为犯罪。[③]

---

① A Charter for a Free Press in Australia[EB/OL]. [2020 - 11 - 23]. https://www. presscouncil. org. au/charter - of - press - freedom/.

② Media policy[EB/OL]. [2020 - 11 - 23]. https://www. regjeringen. no/en/topics/culture - sports - and - non - profit - work/film - og - medier/innsiktsartikler/Support - schemes - state - aid - for - the - media/id766352/.

③ Laws protecting journalists from online harassment[EB/OL]. [2020 - 11 - 23]. https://tile. loc. gov/storage - services/service/ll/llglrd/2019713411/2019713411. pdf.

在自律组织方面,北欧各国均有行业组织。芬兰大众传媒理事会、瑞典记者协会和新闻理事会、丹麦记者联盟和新闻仲裁委员会、挪威新闻工作者协会和挪威编辑协会等,在数字新闻治理中发挥了更清晰的作用。

和英国一样,北欧国家对公民的媒介素养教育十分重视,近年来的教育重点是提高信息素养、鉴别假新闻。例如,瑞典于2017年推出经典漫画*Bamse*新系列,在漫画中加入通过验证信息来源等方式抵制虚假新闻负面影响的情节,用漫画的形式指导青少年辨别虚假新闻。芬兰事实核查机构Faktabaari通过与学校合作,培养学生批判性思维能力,并为高中以下年级学生开发了提高媒介素养的"工具包"。工具包中的主要内容包括:检查YouTube视频、比较诱饵性链接中的虚假信息、探讨虚假信息如何影响读者情绪、自己编写假新闻等。欧盟于2018年出台的《修订〈视听媒体服务指令〉条例》要求各成员国采取相关措施提升国民媒介素养,并于2019年3月18日至22日发起了首个媒介素养周,以呼吁各成员国重视公民媒介素养教育,推广媒体扫盲技能。(赵准,2020)通过重视公民信息素养教育的方式,将公民从被"治理"的对象转化为受教育的对象,从而真正将数字新闻业治理中最为重要的主体置于同等重要的地位,这是民主管制型媒介体制数字新闻业治理的优势。

同样是民主管制型媒介体制,德国也通过完善基本法、专门法,行业监管,媒体自律,提高公民素养等多种方式,进行数字新闻业的治理。首先,绝大多数德国媒体是私人企业,要受到税收法、广告法、数据保护法等各种商业法的限制。其次是行业组织对媒体的监督,如德国广播电视行业就有一个由政党、工会、教会、雇主联合会和文化机构代表组成的委员会,负责监督广播电视节目是否违背新闻的真实性原则和新闻职业道德。德国各纸媒联合成立的德国报业委员会则是一个实施自我规范的组织。再次,通过各种政治手段对媒体进行操纵,如通过发布、透露新闻来制造舆论;此外,利用政府与报业集团的关系对媒体施加影响。德国的媒体和政府基本没有隶属关系,然而二者的关系却是你中有我,我中有你。在经济、政治和人事上,媒体与政府有千丝万缕的联系。值得注意的是,2018年1月1日德国通过的《社交媒体管理法》,将互联网平台作为主要的监管对象,要求其承担起公共责任。该法律旨在通过加强网络平台的责任和明确言论内容的分类,更好地实施网络社交媒体监管,要求企业对破坏公共和平安全的假新闻采取删帖措施,否则将对企业处以高额罚款。

可见,虽然世界各国的数字新闻业治理都号称采用了"多利益攸关方"的治理模式,但在实际操作中却是依据各国的传媒体制、新闻文化、国际关系调整后的"准利益攸关方"模式,看似是多元的主体,但各方主体在治理中被赋予的分量却不尽相同。究其根源,数字新闻治理的"本土化"实践,是因为在治理体系中对"模式"(吉诺萨模型中的维度1)的考量不尽相同,即对数字新闻业在本国的“价值”的规范性预设不同。自由主义体制下的新闻治理更强调法律规制,强调新闻自由及其服务于本土化“民主”观念的规范性定义。管制型体制中的政府在新闻治理中发挥着更重要的作用,也更强调互联网公司和平台型媒体在高质量新闻生产中应承担的责任。而在以俄罗斯为代表的威权管制型体制中,数字新闻治理被嵌入意识形态强烈的网络空间主权治理中,公共性让位于政治性。

五、以“多主体模式”作为替代的数字新闻治理话语

面对数字技术带来的新闻叙事逻辑、生产机制、传播渠道等变化,中国融媒体转型面临着技术在新闻业态中日趋扮演生态性角色,数字新闻从业者的技工化,基于情感网络的新闻业的成型,价值极化和价值虚无成为新闻业的持续性危机(常江,2020a)等诸多问题。在卡伦和朴明珍的体系中,中国的传媒体制不同于上述四种,而是属于“转型中”社会,具有诸多不确定性,也给数字新闻业治理留下了更多思考的空间。总体而言,中国路径的数字新闻业治理特征是政出多头、堵大于疏,在全球化媒介治理中面临合法性话语挑战。研究最后提出中国的数字新闻治理应基于“多主体模式”思路进行顶层设计,突出公共性、团结稳定的价值理念,从而形成对多利益攸关方模式的替代性话语。

1. 中国(大陆)的数字新闻治理特征

在当前中国,党媒、民媒和自媒体已经形成三足鼎立的态势,如何促进三者有序竞合与网络治理是融合新闻发展的重点问题。其中,“发展数字新闻学新范式已经成为新闻学在数字时代实现体系突破和话语突围的当务之急。(常江,2020b)而且,构建数字时代的新闻生产理论体系时应当以“价值重建”为核心理念。(常江,2019)

然而,我国现有的数字新闻治理模式仍然仅仅是对既有媒体治理模式的延续。按照“属地化”原则由政府对媒体进行监管,由于缺少生态化思路和价值观引领,现有治理体系凸显出“政出多门、多头管理”的特征。正如习近平总书记在十八届三中全会上就《中共中央关于全面深化改革若干重大问题的决定》向全会做说明时强调的:“从实践看,面对互联网技术和应用飞速发展,现行管理体制存在明显弊端,主要是多头管理、职能交叉、权责不一、效率不高。……如何加强网络法制建设和舆论引导,确保网络信息传播秩序和国家安全、社会稳定,已经成为摆在我们面前的现实突出问题。”

2. 数字新闻业治理的价值引领

在地缘政治与全球化、信息技术网络化共同作用的背景下,多利益攸关方模式体

现在数字新闻治理中，最终是服务于“模式”（维度1）的“准”利益攸关。因此，在数字新闻治理的顶层设计中，立足本国实际，申述能够与世界沟通的核心价值理念，提倡“多主体”治理模式取代“多利益攸关方”模式，或许是我国数字新闻治理的可取之道。对中国的数字新闻治理来说，我们想提出三条思路：

第一，在数字新闻治理中提倡“公共性”和“和平稳定”的价值理念。“公共性”的价值理念在世界各国的数字新闻治理体系中都得到不同程度的强调和重视，实际上这正是新闻行业作为最古老行业之一的职业合法性所在。服务于公共的、大多数的利益，体现在治理体系设计中，要求既不能过分强调威权主义的政治诉求和政党意图，也不能过分迁就在西式自由民主价值下互联网企业、平台型媒体的“免责”诉求。长远来看，良性治理的形成还离不开为新闻行业的公共性价值提供成体系的法律依据。

“和平”的价值理念和公共性类似，是跨越体制和阶层的通约型理念，也与中国国家治理中强调的“稳定”原则有共通之处。对“和平新闻学”的探索，在1990年代的冲突和战争报道中逐渐泛化，成为一种具有普世意义的价值诉求。在仇恨言论、民粹主义甚嚣尘上的信息生态中，重新挖掘新闻促进世界和平的规范性价值理念，同时具有现实意义和理论生命力。（Lynch，2014）

第二，结合社会主义核心价值观念，从微观、中观和宏观层面对数字新闻业所强调的“公共性”和“和平稳定”的价值理念展开阐述。比如，在“富强、民主、文明、和谐”的社会中观层面，互联网企业、新闻媒体等社会层面的利益相关方要自觉承担社会责任。在“自由、平等、公平、法治”的宏观层面，数字新闻业治理应化堵为疏，调整自身定位，做社会各方利益的协调者；要敢于放权、勇于放权，做宽松和谐环境的营造者；要设置底线，放宽尺度，做新闻舆论的引领者，推进治理体系和治理能力现代化在数字新闻治理中的体现。

第三，价值理念需要通过政策法规、行业自律、传媒素养教育等协同展开，并且注意借鉴民主管制型体制中的数字新闻治理经验，特别注意公民信息素养教育，积极阐述“多主体模式”作为多利益攸关方模式的替代性话语。

六、结论与讨论：中国数字新闻治理应积极申述“多主体模式”

世界各国的数字新闻治理都必须考虑到新闻业当下的生态化特征，治理模式是联合各方的“多利益攸关方”设计，但又在各国进行了本土化的调试，对治理模式中的意识形态、机构类型、治理层次、利益相关者、治理机制、治理政策有不同程度的强调和侧重，并不是真正的“多利益攸关方”，本质上都是在价值观念指引下的治理方案。因此,我国的数字新闻治理要立足本国实际,以“公共性”和“和平稳定”为价值引领,在全球传播中积极申述“多主体模式”的治理方案。

首先,数字新闻的“多主体治理模式”充分考虑了生态化数字新闻现状下主体的异质性、多层次、动态平衡的特征。“异质性”指的是在数字新闻生态中的多元行动者,既包括传统“治理”理论中的国家及政府主体、数字新闻生产和分发的相关机构(各级各类新闻媒体机构、记者协会等组织),也要将不断变化的信息传播技术本身(如移动互联网、人工智能技术等)、网络化的规章和政策(networked policies)、基于地缘和趣缘的新闻阅听群体纳入理论范畴。因为主体具有异质性,所以难以用“利益攸关”这同一把尺子来衡量。

第二,数字新闻的多主体治理模式,有利于在全球化体系中进行沟通,树立“可沟通政府”的国际形象。多主体的治理模式核心,在于提倡公众参与(civic participation),这与西方媒介体制研究中长久以来对新闻传媒的规范性角色一致。此外,“多主体治理模式”能够与被国际新闻业广泛认可的公共性价值和和平价值相协调,强调人民公众、信息技术在数字新闻生态中的主体性地位。

第三,数字新闻“多主体治理模式”具有去机构化的理论意涵,可以在拉图尔的行动者网络理论(Actor - Network Theory)(Latour,2005;Anderson,2013; Domingo et al.,2015b)中挖掘概念资源,展开更深入的学理探讨。而且,在意识形态体系中,数字新闻的“多主体治理模式”更接近“多元主义”的规范性理论,这也是后续研究可以进一步开拓的方向。

参考文献

常江,2019. 价值重建:新闻业的结构转型与数字新闻生产理论建构[J]. 编辑之友,(03):88 - 94.

常江,2020a. 数字新闻学:一种理论体系的想象与建构[J]. 新闻记者,(02):12 - 20 + 31.

常江,2020b. 数字新闻学:信息时代的新闻学新范式[J]. 现代视听,(07):1.

陈晓云,2010. 韩国网络治理现状及启示[J]. 新闻与传播研究,20(06):23 - 28 + 109 - 110.

戴丽娜,2020. 2019 年全球网络空间内容治理动向分析[J]. 信息安全与通信保密,(01):22 - 26.

董俊祺,2016. 韩国网络空间的主体博弈对我国信息安全治理的启示——以韩国网络实名制政策为例[J]. 情报科学,34(04):153 - 157.

顾钢,2009. 论当代俄罗斯新闻业的审查制度[J]. 辽宁行政学院学报,11(10):77 - 78 + 82.

陆晔,周睿鸣,2018. 新闻创新中的“协作式新闻布展”——媒介融合的视角[J]. 新闻记者,(09):8 - 19.

彭兰,2018. 无边界时代的专业性重塑[J]. 现代传播(中国传媒大学学报),40(05):1-8.

瞿旭晟,2016. 移动媒体语境下内容分发变革及其影响——以 Instant Articles 与 AMP 为例的探讨[J]. 新闻记者,(01):68-73.

唐远清,李秀莉,2018. 从 Facebook 看美国社交媒体的虚假新闻治理[J]. 新闻界,(09):15-20.

田丽点评,2019. 俄罗斯总统普京签署《侮辱国家法》和《假新闻法》[J]. 信息安全与通信保密,(4):6-6.

王敏,王毅,2018. 互联网时代西方媒介规制政策的转型与重构——以澳大利亚媒体法律改革为例[J]. 现代传播(中国传媒大学学报),40(06):9-13.

王智勇,刘杨钺,2020. "主权互联网法案"与俄罗斯网络主权实践[J]. 信息安全与通信保密,(10):93-99.

夏倩芳,原永涛,2017. 从群体极化到公众极化:极化研究的进路与转向[J]. 新闻与传播研究,24(06):5-32+126.

辛香兰,2009. 韩国《新闻法》与法国《出版自由法》的对比研究[J]. 新闻传播,(12):94.

项阳,2019. 各国互联网治理模式与实践[J]. 中国教育网络,(11):44-47.

詹姆斯·卡伦,朴明珍,2011. 去西方化媒介研究[M]. 卢家银,等译. 北京:清华大学出版社.

张建中,2017. 治理假新闻:"后真相"时代欧洲国家的创新与实践[J]. 新闻界,(06):95-101.

张新宝,许可,2016. 网络空间主权的治理模式及其制度构建[J]. 中国社会科学,(08):139-158+207-208.

赵准,2020. 假新闻治理的域外经验[J]. 青年记者,(08):32-33.

周丽娜,余博,2016. 英国对互联网新闻信息的法律规范[J]. 国际传播,(02):79-89.

朱明爱,2011. 现代韩国政治文化的特征及其对民主发展的影响[J]. 当代世界社会主义问题,(04):82-90.

Anderson C W,2016. News ecosystems[J]. The SAGE handbook of digital journalism:410-423.

Anderson C W,2013. Rebuilding the news:Metropolitan journalism in the digital age[M]. Temple University Press.

Blumler J G,Cushion S,2014. Normative perspectives on journalism studies:Stock-taking and future directions[J]. Journalism,15(3):259-272.

Blumler J G,McLeod J M,Rosengren K E,1992. An introduction to comparative communication research[J]. Comparatively speaking:Communication and culture across space and time:3-18.

Bossey,C,2005. Report of the working group on Internet governance[J/OL]. http://www.wgig.org/docs/WGIGREPORT.

Braman S,2006. Information,policy,and power in the informational state[J]. MIT Press:313-328

DeNardis L,Raymond M,2013. Thinking clearly about multistakeholder internet governance[C]//GigaNet:Global Internet Governance Academic Network,Annual Symposium.

Denmark A M, Mulvenon J C, 2010. Contested Commons: the future of american power in a multipolar world[M]. Center for a New American Security.

Domingo D, Masip P, Costera Meijer I, 2015a. Tracing digital news networks: Towards an integrated framework of the dynamics of news production, circulation and use[J]. Digital Journalism, 3(1): 53 – 67.

Domingo D, Le Cam F, Carlson M, et al, 2015b. Journalism beyond the boundaries: The collective construction of news narratives[J]. Boundaries of journalism.

D'Haenens L, Mansell R, Sarikakis K, 2010. Media governance: New policies for changing media landscape [Special Issue][J]. Communication, Culture & Critique, 3(2).

Fama E F, Jensen M C, 1983. Separation of ownership and control[J]. The journal of law and Economics, 26(2): 301 – 325.

Freedman D, 2008. The politicsof media policy[M]. Polity.

Ginosar A, 2013. Media governance: A conceptual framework or merely a buzz word? [J]. Communication Theory, 23(4): 356 – 374.

Havelock E A, Havelock L, 1963. Preface toplato[M]. Harvard University Press.

Hansen M, Roca – Sales M, Keegan J M, et al, 2017. Artificial intelligence: Practice and implications for journalism[J]. Columbia University Library, doi. org/10.7916/D8X92PRD.

Innis H A, 1951. The bias of communication[M]. University of Toronto Press.

Jenkins H, 2001. Convergence? I diverge[J]. Technology review, 104(5): 93.

Kersbergen K, Waarden F, 2004. 'Governance' as a bridge between disciplines: Cross - disciplinary inspiration regarding shifts in governance and problems of governability, accountability and legitimacy[J]. European journal of political research, 43(2): 143 – 171.

Lynch J, 2014. Peace journalism[M]. Hawthorn Press.

Latour B, 2005. Reassembling the social: An introduction to actor – network – theory[M]. Oxford university press: 316.

Leeuw F L, Leeuw B, 2012. Cyber society and digital policies: Challenges to evaluation? [J]. Evaluation, 18(1): 111 – 127.

MacLean D, 2004. Herding Schrodinger's Cats: some conceptual tools for thinking about internet governance[C]//Background Paper for the ITU workshop on Internet Governance. Geneva.

McLuhan M, 1964. Understanding media: The extensions of man[M]. MIT press.

Postman N, 2000. The humanism of media ecology[C]//Proceedings of the Media Ecology Association. 1(1): 10 – 16.

Plaisance P L, 2006. An assessment of media ethics education: Course content and the values and ethical ideologies of media ethics students [J]. Journalism & Mass Communication Educator, 61 (4): 378 – 396.

Puppis M,2010. Media governance:A new concept for the analysis of media policy and regulation[J]. Communication,Culture & Critique,3(2):134 - 149.

Rhodes R A W,1996. The new governance:governing without government[J]. Political studies,44(4):652 - 667.

Rosenau,J. N. ,Czempiel,E. O. ,& Smith,S. (Eds.),1992. Governance without government:order and change in world politics[M]. Cambridge University Press.

Sanders K,2002. Ethics and journalism[M]. Sage.

Stroud N J,2010. Polarization and partisan selective exposure[J]. Journal of communication,60(3):556 - 576.

Servaes J,2009. Communication policies,good governance and development journalism[J]. Communicatio:South African Journal for Communication Theory and Research,35(1):50 - 80.

Siebert F,Siebert F T,Peterson T,et al,1956. Four theories of the press:The authoritarian,libertarian,social responsibility,and Soviet communist concepts of what the press should be and do[M]. University of Illinois press.

Sklair L,1997. Classifying the global system[J]. Media in global context:A reader:137 - 147.

Wu T S,1996. Cyberspace Sovereignty—The Internet and the International System[J]. Harv. J. L. & Tech,10:647.

Yardi S,2010. Boyd D. Dynamic debates:An analysis of group polarization over time on twitter[J]. Bulletin of science,technology & society,30(5):316 - 32.

数字新闻学的方法论探索:新闻生产网络分析*

◈ 黄雅兰**

摘要:数字新闻业态的发展变革给新闻学的理论体系及研究方法带来了新的挑战。本文立足于新闻业的"网络化"趋势,总结了行动者网络理论在当前数字新闻学研究中的应用情况,提出新闻生产已经弥散至新闻传播的整个过程,信息网络和情感网络同时构成了新闻生产的基本结构。在此基础上,本文认为,当前的数字新闻学研究应当发展出一种总体性的、能够对新闻生产网络进行有效检视的方法体系,计算传播研究、民族志研究和文本分析等研究路径和方法能够从不同维度对不同的行动者主体进行分析,而综合运用多种研究路径和方法则是未来新闻学研究的重要趋势。

关键词:数字新闻学,网络分析,计算传播学,民族志,文本分析

一、引言

数字技术的快速发展为新闻业带来了生产理念和实践方式的创新,以移动互联网、社交媒体、大数据和人工智能等技术为基础的数字新闻业,正在解构传统的线性新闻生产和传播模式。在此背景下,传统的以媒介组织和新闻产品为出发点和立足点的新闻学研究范式和方法已经不能准确揭示信息在数字环境中生产、流通和接收的情况,特别是新闻生产已经弥散至新闻传播的整个过程而不仅仅是线性程序上的一个环节;与此同时,媒体机构与其他机构的互动关系也发生剧变,信息的流通和交互更是突破民族国家的边界,诸多变化都使得新闻业呈现出"新的地理格局"(Reese,2016)。

基于新闻业态的创新和变革,西方新闻学界近年来就数字新闻研究展开了一系列

* 基金项目:国家社科基金重大项目"数字新闻学理论、方法、实践研究"(编号:20&ZD318);广东省哲学社会科学规划项目"数字媒体时代的新闻学理论创新路径研究"(编号:GD20CXW01)。

** 黄雅兰,暨南大学新闻与传播学院副教授。

讨论。学术期刊《数字新闻学》(*Digital Journalism*)曾于2016年第一期推出专刊《数字新闻时代的研究方法再思考》,专刊的导言提到,传播者、渠道、信息内容和接收者等传统概念已不再适合作为当前新闻学研究的出发点,“伴随变化中的本体论而来的应当是变化中的认识论”(Karlsson & Sjøvaag,2016),专刊还重点介绍了计算传播学等新兴范式和路径在数字新闻学研究中的应用。此外,《新闻学》(*Journalism*)、《新闻研究》(*Journalism Studies*)、《新闻实践》(*Journalism Practice*)等学术刊物近年来亦对数字新闻的研究方法展开了多方探索;《Sage 数字新闻指南》(*The Sage Handbook of Digital Journalism*)一书的第四部分也介绍了针对数字新闻的不同研究策略(Witschge et al.,2016)。在我国,不少学者运用多样的研究方法对新兴的数字新闻业展开了研究,亦有学者从新闻学本体论的变化出发,提出数字新闻学研究在认识论和方法论上的革新,提出将文化研究作为数字新闻学的方法论(常江,2020)。

中外学者在数字新闻的研究方法创新方面已经展开了颇多尝试,但并未就其总体趋势和类别进行清晰论述。本文基于对近年来中外主要新闻学术刊物中的实证研究和理论讨论进行总结和辨析,从数字新闻业本体的“网络化”变革入手,对数字新闻生产研究的方法论和网络分析方法体系展开系统论述。

二、行动者网络理论视野下的数字新闻生产

在“网络社会”崛起的大背景下(卡斯特,2003),数字新闻业也呈现出“网络化”的特征,更加多元的行动主体和社会关系被囊括于内,新闻生产的具体样态、基本结构和时空关系也随之发生变化;由此,行动者网络理论、新闻生态、聚合等概念和理论被引入新闻学研究,新闻学者的研究焦点也从以往的信息流通拓展至由信息网络和情感网络共同构成的行动者网络。

(一)“网络化”:数字新闻业的新格局

早在大众传播时代,塔奇曼(2008:46)就将传统的基于空间关联的新闻生产要素的联结称作“新闻网络”,即“新闻网络通过特约通讯员的细化、专职记者的强化再加上电讯手段的高效联结,形成新闻覆盖”。但这种产生于传统媒体并由媒体机构掌控的“新闻网络”并未将受众纳入其中,这一点在当前的新闻生产网络中有了较大改观。

首先,从新闻生产的参与者来看,社交媒体、移动互联网等数字技术的发展使得公民、政府机构、非政府组织等更多主体加入新闻生产的流程,以往的职业媒体退行为新

闻生产结构中的一个节点,从而造就了一些学者所说的“网络化的新闻业”(networked journalism)(Bardoel & Deuze,2001;Primo & Zago,2015),亦有学者将该结构下的公民参与者及其参与形成的社会空间称作“网络化的第四权力”(networked fourth estate)或“网络化的公共领域”(networked public sphere)(Benkler,2011);我国学者黄旦(2015)也指出,当前重造新闻学的关键在于理解和采纳传播革命所导致的“网络化关系”视角。其次,从新闻所处的社会空间来看,新闻生产正在成为媒体机构之外的更广阔的社会网络的组成部分,并且在其中扮演着关键角色。例如,新闻向来在政治传播中发挥着重要作用,政治传播研究者查德威克将政治信息循环所处的结构称作“混合新闻系统”(a hybrid news system)(Chadwick,2010;Kreiss,2012)。另外,全球化也为数字新闻的网络化增添了新维度,新闻生产不再是一城一国之内的孤立实践,跨国媒介集团和跨国公民行动都使信息流动的结构更复杂,“全球本土空间”(glocal spaces)、“全球本土化的媒体空间”(glocalized media space)等概念被用来对这一新的新闻空间景观展开研究(Chen & Reese,2015;Firdaus,2012)。

除了“网络化”,研究者们还使用“媒介生态”“新闻生态”“聚合”等其他相关概念对当前复杂的数字新闻业现状进行描述。例如,克里斯·安德森(Chris Anderson)通过对费城新闻业网络——包括该城市的八卦小报、经营报刊、著名博主、公民记者——的研究,提出了“新闻生态”(news ecology),用以描述多主体、去中心化的数字新闻业的“有机特性”(Anderson,2013)。而新闻网络中参与主体的多样性也带来了数字新闻文本或叙事的重组,新闻文本不再表现为单一的、完整的新闻故事,而是被打破为更加碎片化的“原子单位”,在互联网空间——特别是社交媒体中——被重建、重组、聚合和分享(Coddington,2015)。此外,斯蒂芬·里斯(Reese,2016)主张使用“聚合”(assemblage)这一能够涵盖人类与非人类、物质与非物质的概念来指称数字新闻网络,该概念能够有效捕捉产生于既存概念之外的现象动态,突破单一的分析维度,从而对处于边界重构中的事物和实践进行研究;安德森也认为,当前的新闻工作本身就是一种“聚合”,“可以被想象和描述为新闻被网络化的连续过程,这个过程将大大小小的、社会的和技术的、人类的和非人类的对象汇集在一起”(Anderson,2010,2013)。

(二)行动者网络理论及其在数字新闻研究中的应用

无论是“网络化”,还是“新闻生态”“聚合”等,这些对于当前数字新闻业的总结大多在行动者网络理论的路径中展开。行动者网络理论(Actor - Network Theory)最初由布鲁诺·拉图尔(Bruno Latour)和米歇尔·卡隆(Michel Callon)于 1970 年代提出,用以探究“科学”和“知识”的形成过程和机制。该理论包含“行动者”“网络”和“转译”三个核心概念。其中,行动者指“任何通过制造差别而改变了事物状态的东西”,这一概念对技术制品有较强的解释力,不仅能指称人类,还包括技术、观念等非人类力量,技术不再被当作被动的客体;行动者之间通过转译(translation)——行动者不断努力把其他行动者的问题和兴趣用自己的语言转换出来——而联结形成“异质性网络”;该网络中存在一系列行动,在转译过程中每个点都可能成为一个歧义点,因而网络也处于不断的变动中(Latour,2007;拉图尔,2010)。

2000 年以来,随着互联网对新闻业的影响不断加深,行动者网络理论开始进入新闻学研究的视野,研究者将该理论用于对新媒体技术与新闻业互动关系的分析,并在此理论视域下提出了“行动者网络化的新闻”(actor - networking the news)(Turner,2005)、“网络化的新闻业”(networked journalism)(Primo & Zago,2015)、“新闻网络”(news network)(Domingo et al. ,2015)、“新闻的网络”(journalistic network)(Anderson,2010)等概念。该理论在数字新闻生产研究中的快速扩散得益于以下两方面因素:首先,行动者网络理论自一开始就聚焦技术的角色并将技术视作网络的一部分,这有助于对新闻业的数字化进行分析;其次,当前新闻实践和参与者日益强化的流动性,使得研究者无法在研究开始前对谁或什么参与了新闻做出判断,行动者网络理论则有助于发现这些未知的参与者(Wiard,2019)。

在行动者网络理论的启发下,新闻学者不仅得以重新审视技术的角色——既不将其视为被动的客体,也不以技术决定论过分强调其影响力,并且能够对当前数字新闻生态中种种社会条件被塑造的过程进行全方位描述(Primo & Zago,2015),整合传统上被定义为新闻编辑室内部和外部的事实,解构内部与外部、生产与消费等的二分法,关注不同行动者——包括目击者、聚合者、社交媒体平台、社会活动者、政治家、记者、内容管理系统、新闻观念与价值等——的多样化贡献及其之间的关联(Domingo et al. ,2015)。有学者将数字新闻业中的行动者网络总结为“跨媒体新闻工作矩阵”(cross-media news work matrix),包含三类行动者:人类行动者(human actors),包括记者、技术专家/工程师、商业运营者;技术行动者(technological actants),包括算法、互联网以及内容关系系统等;受众/使用者(audience),包括使用不同平台、设备或应用的受众集合。而对数字新闻行动者网络的考察则要关注这三类行动者的接触/观察、理解/反馈、发布/流转、处理/编辑以及选择/过滤信息等一系列转译行动(Lewis & Westlund,2015)。如果网络中的行动者在一段时间内保持利益的协调和稳定,那么这个网络看上去就像是个自然的实体,其网络化结构不会被看到,从而形成“黑箱”(black box)(Wiard,2019)。

从行动者网络理论出发,近年来的数字新闻研究试图打破新闻编辑室的壁垒,以不同行动者为研究对象和出发点。一些学者从新闻机构出发,关注到新闻编辑室内数字技术引发的“创造性破坏”(creative destruction)(Paulussen,2016)和新闻机构与技术、读者和市场深度融合的“杂糅新闻实践”(hybrid news practices)(Hamilton,2016),由实习生和自由职业者所承担的外包新闻工作(Gollmitzer,2014),以及其他社会机构——如网络数据分析公司、非政府组织、赞助新闻奖项的私人基金会等——对专业新闻机构产生的影响(Belair - Gagnon & Holton,2018;Powers,2015;Scott et al. ,2019),在这类研究中,新闻工作的“边界消融”和“边界重构”成为研究焦点(Carlson,2016)。还有学者以新闻受众/用户为出发点,以“公民目击”(citizen witness)(Allan,2013)、“目击媒体”(witness media)(Joyce,2013;黄雅兰、陈昌凤,2016)、“半专业发烧友”(semi - professional amateur)(Nicey,2016)等概念分析以往被动的“受众”在数字时代的新闻参与,更有学者提出“以用户为中心的新闻学研究”(Meijer,2016)或“网络 - 节点”传播格局下的“用户新闻学”(刘鹏,2019),以此观照用户在数字新闻生产实践中日益积极的角色。此外,还有学者聚焦技术在新闻网络中的位置,特别是随着近年来大数据、人工智能等在新闻生产和分发中被广泛应用,研究者们开始关注算法在新闻生产中的独特角色(白红义、李拓,2019;方师师,2018),如“人机合作”“人机循环”等现象(Lewis et al. ,2019;Wu et al. ,2019),以算法为基础的“平台新闻业”(platform press)的特征和发展趋势(Bell et al. ,2017),以及技术对新闻从业者的技能、思维和经验等提出的新要求(Tandoc & Maitra,2018)。

(三)数字新闻生产中的信息网络和情感网络

信息流通及其效果是传统新闻学研究关注的核心问题,5W 模型等均围绕信息的传递及其在这个过程中遭遇的“噪声”展开,上文提到的数字新闻时代的“目击媒体”“平台新闻业”等概念也适用于研究信息在不同行动主体间的生成、流转与演变;而表层的信息流动之下潜藏的是情感的碰撞与交融,当信息在不同主体间流动时,其文本意义也在网络空间中被塑造和协商,情感网络与信息网络构成了一个认知连续体。因此,对数字新闻业的研究除了要关注建立在行动者网络基础上的信息网络,还要关注奠基于其下的情感网络(affective networks)。

近年来,人文与社会科学领域正悄然发生着“情感转向”(affective turn)(Clough & Halley,2007),在其影响下,新闻学者发现,在以客观性为圭臬的新闻研究中,“情感”成了“认识论盲点”(epistemological blind spot)(Wahl - Jorgensen,2020),而情感作为个体间互动以及个体与深层文化和社会结构互动的关系性纽带,能够有助于研究者更好地了解新闻生产中的互动过程,这一点与行动者网络理论对动态网络的关注不谋而合。事实上,在传统新闻业中,记者就根据预测的读者的情绪反应进行编辑排版从而更有效地接近和教育读者(Guersel,2009),情感在普利策获奖作品等高水平新闻文本中也发挥着核心作用(Wahl - Jorgensen,2012);进入数字时代,新闻记者的情感劳动和用户的情感参与更是大大强化(Glück,2016)。关注数字新闻业中的情感网络,可从以下两条路径着手研究。

首先,将研究焦点从新闻的内容转向意义,深入到话语和语境层面加以探索。例如,帕帕克利斯综合使用计算传播学和质性话语分析,通过对 2011 年埃及革命期间的社交媒体信息的内容分析和话语分析,发现有关埃及革命的推文构成了"情感新闻流"(affective news streams),即新闻实际上是在弥散的新闻环境中通过个体的主观体验、观点和情感建构起来的,这样的数字新闻用户可被称作"情感公众"(affective public),他们普遍具有一种"为其语义学本能(semantic nature)建立能动性"的行为模式;在这一过程中,新闻用户不仅助推信息的传播,而且参与到网络化的把关和新闻框架的生成过程,以社交媒体为代表的数字信息平台则使这一能动性的实现成为可能(Papacharissi,2016;Papacharissi & Oliveira,2012)。其次,研究者要超越信息论、系统论和控制论的思维框架,将行动者的情感劳动纳入考量。除了上文提及的关注新闻用户在新闻生产中的情感参与及其对"客观""冷静"等传统新闻标准的挑战(Chouliaraki & Blaagaard,2013),也应当关注新闻从业者如何将人的情感需求融入日常工作实践以及如何进行多种形式的情感和情绪劳动(Jukes,2017;Kotišová,2017)。例如,常江(2020)在研究中发现,不少传统媒体从业者通过与想象中的数字新闻用户建立情感网络来完成数字化转型,他们认为,未来的新闻从业者应当拥有积极、敏感、共情等情感上的自我期望。除这些直接与"情感"相关的数字新闻生产研究外,近年来一些新兴新闻理念的提出也以情感为立足点,例如,颇受关注的"建设性新闻"建立在"积极心理学"的基础上,其出发点就是对公众心理和情感需求的关注(Hermans & Gyldensted,2019;白红义、张恬,2020)。

三、数字新闻生产的方法论革新

伴随着数字新闻业态和理论框架的转变,数字新闻学也需要在方法论层面上展开系统反思:数字新闻网络化所带来的"去媒体化"和"非机构化"趋势使得传统的以新闻机构和传播效果为焦点的研究范式遭到挑战,相应地,发展出一种能够对由信息网络和情感网络组成的数字新闻网络做出全面阐释的研究路径成为当务之急。比利时新闻学者 Picone 认为,数字新闻学方法论革新应当以新闻用户为核心,在以下三个方面展开研究:首先,建立能够把握数字用户新闻生产和消费行为的总体性研究路径;其次,更多关注数字用户使用新闻的情境而非具体内容;第三,将重点放在对人们"新闻经验"的解释上(Picone,2016)。有学者认为,这样一种总体性的、阐释性的新闻研究方法论暗合了文化研究对于个体在特定语境中的主体性和能动性的强调(Zelizer,2004;常江,2020),而新闻学和文化研究本来就对意义的中介化过程和民主价值取向有共同的追求(Hartley,2008)。

从文化的视角开展新闻学研究在欧美有着深厚的积淀。在英国,伯明翰学派研究者们通过文化研究的路径关注新闻的生产机构和受众的接受实践,正如约翰·哈特利所说,正是早期英国文化研究对新闻的关注,才使得新闻在欧洲乃至后来的美国成为社会科学领域一个被重视的严肃议题(Hartley,2008);在美国,詹姆斯·凯瑞、迈克尔·舒德森、芭比·泽利泽等学者开辟了以"新闻生产的社会学""阐释社群"等文化人类学概念理解新闻过程的研究路径(Carey,2008;Schudson,2011);当前,克里斯·安德森等接过衣钵,发展出"新闻生态"(news ecosystem)概念,以历史的、文化的视角对城市报刊和数字新闻业展开研究(Anderson,2010,2015;Fink & Anderson,2015)。不同于早期由尼尔·波兹曼等提出的"媒介环境"(media environments)学说,安德森提出了媒介生态的"根块式路径"(the rhizomatic approach)。前者将人类主体看作媒介生态的核心,不同的媒介被视作环境中的不同"物种",其核心是考察不同媒介物种如何通过与人类主体的互动而实现平衡或繁荣发展,这种观点从根本上看仍是控制论式的;"根块式路径"则与行动者网络理论类似:人类并非生态的中心,自然世界和技术世界没有显著差异,不同主体的运动受到力(power)的驱使,人和技术均不发挥决定性作用(Fuller,2005;Anderson,2016)。从根块式路径出发,数字新闻学研究的第一步就是要超越传统的新闻编辑室研究,"激活新闻网络"(activate networks in journalism)。

由此,本文认为,当前的数字新闻学研究应当在此前围绕信息流通和传播效果的控制论路径之外,将文化研究纳入方法论视野,将其作为一种能够兼顾新闻研究的价值取向和可操作的学术发展策略。

四、数字新闻生产的网络分析方法体系

在新闻业态快速发展和方法论革新的基础上,数字新闻学的具体研究策略和方法也在发生相应变化。从信息流通的视角看,社交媒体平台目前已成为新闻分发不可或

缺的参与者,信息数量呈爆炸式增长,信息流通结构更加复杂,计算科学的发展能够对信息流通、增值、衰减和交互等过程——信息网络——进行有效追踪,并为探索新闻生产的行动者网络和情感网络奠定基础;传统的民族志方法则在数字时代焕发新活力,从以往聚焦于新闻编辑室扩展至更多样的行动者和更复杂的行动者网络,“网络化民族志”(networked ethnography)应运而生;此外,基于文本的研究方法则能够深入到新闻信息的话语和语境层面,探索新闻意义在网络中被塑造和协商的过程。

(一)计算传播学

近年来,计算社会科学(Computational Social Science)成为社会科学研究中热门的研究取向和方法。它是使用系统科学、人工智能、数据挖掘等科学计算理论作为研究方法,将社会科学理论与计算理论相结合,从而更深入地认识社会、改造社会以及解决政治、经济、文化等领域复杂性社会问题的一种理论和方法体系(孟小峰、李勇、祝建华,2014)。在新闻传播领域,计算社会科学具体表现为计算传播学或计算传播研究(computational communication research),即以网络分析、文本挖掘等为主要分析工具,大规模收集和分析人类传播行为数据,挖掘人类传播行为背后的模式和法则,分析其生成机制与基本原理(祝建华、黄煜、张昕之,2018)。在《数字新闻学》期刊2016年推出的《数字新闻时代的研究方法再思考》专刊中,计算传播学被最为频繁地提及。

根据数据来源、采集方式、研究对象等,计算传播研究的具体方法可被归为以下四类(Zhu et al.,2019;祝建华 等,2014):用户行为挖掘(user analytics)、文本内容挖掘(text mining)、在线实验方法(online experiment)和在线文档分析(online archives)。

其中,用户行为挖掘和文本挖掘均基于网站行为记录数据(log data),但前者关注数量、使用时间、回应等用户行为数据,通过研究用户使用数字媒体时留下的数字痕迹(digital traces),进行用户画像、社交网络分析等具体分析操作,从而对数字新闻行动者的参与和行为模式进行多维度描绘(Meijer & Kormelink,2015)及发现用户间的结构关联(刘钰森、张伦、郑路,2019;吴晔、冯鑫、梁梅珍,2019)。例如,有学者曾对西方社交媒体上新闻分发过程中机器人的参与情况及其在扩散路径上的位置展开探索(师文、陈昌凤,2020),亦有学者对社交媒体平台上用户的个人议程受媒体议程影响的方式以及二者之间的关系进行研究(易红发,2020)。相比之下,文本挖掘更关注网络文本的语义信息,不仅从非结构化文本中挖掘和清理出有效信息,还深度分析这些信息,包括主题挖掘与分析(topic mining and analysis)、主题建模(topic modelling)、语义分析(semantic analysis)、文本聚类(text clustering)、文本分类(text categorization)、意见挖掘(opinion mining)、情感分析(sentiment analysis)等。上文提到的帕帕克利斯关于情感公众的研究就对110万条推文进行了文本挖掘(Papacharissi,2016)。

在线文档分析指对互联网中已经被预处理为干净的结构化数据进行分析,例如搜索引擎(如谷歌、百度、搜狗等)推出的趋势指数、谷歌图书切词库(Google Ngrams)及其他计算服务商提供的免费或收费的用户行为或内容数据库。使用该方法的最著名的研究是金斯伯格等人利用45个与流感相关的关键词在谷歌中的搜索趋势对美国流感暴发的情况进行预测(Ginsberg et al.,2009),但这类数据只能提供总体(aggregated)记录,描述全球、全国或者某地区的总体用户行为或内容,无法分解成个体行为或内容,因此只适合描述某些新闻信息在网络流通中的整体状况。

在线实验指利用互联网上已有的平台或系统来研究个人、组织和政府的心理状态和行为反应的方法,相比于传统实验只能测试几名、几十名研究对象,互联网上的控制实验可触及更大规模的群体。例如,Bond等曾对6100万Facebook用户的在线投票参与展开在线实验(Bond et al.,2012)。在数字新闻研究中,一些学者以在线实验研究了社交媒体中的新闻评论如何对用户认知和记忆新闻的方式产生影响(Waddell,2020;Waddell & Bailey,2017),微信朋友圈中的虚假健康信息纠错策略与效果等(杨洸、闻佳媛,2020),但涉及的研究对象数量依然比较有限。相比于上述三种方法,在线实验目前较少被用于数字新闻研究。

总体而言,计算传播研究产生于人们线上活动日益活跃、数据成为基础设施以及数据挖掘和统计工具日益成熟的社会和技术条件中,对于追踪和分析当前社交媒体中新闻信息和行动者的数字痕迹来说至关重要。

(二)民族志

民族志强调通过对人以及社群文化进行详细的、动态的、情境化的“深描”,以观察、访谈、移情、认知等方法学习“地方性知识”,探究特定文化中人们的生活方式、价值观念和行为模式(陈向明,2006)。在新闻学研究中使用民族志的路径始于1970年代“新闻编辑室研究”的热潮,诸如赫伯特·甘斯(Herbert Gans)、盖伊·塔奇曼(Gaye Tuchman)等研究者以民族志方法研究具体新闻生产实践中对新闻价值的操作以及新闻生产过程中的“策略性仪式”(strategic rituals)(Gans,2004;Tuchman,1978);几乎在同一时期,一些学者也开启了“受众民族志”的先河,如英国伯明翰学派学者戴维·莫利关于BBC新闻节目《全国新闻》的受众研究(Morley,1980,1988)以及詹姆斯·勒尔(James Lull)关于家庭中电视受众的一系列研究(Lull,1978,1980)。

随后，新闻学研究的焦点转向其他领域，直到21世纪数字技术开始影响新闻业，民族志才重返新闻研究者的视野。2005年，帕布罗·博茨科夫斯基（Pablo Boczkowski）发表了关于美国三家新闻网站的民族志研究（Boczkowski，2005），引发了民族志在新闻学研究中的第二波热潮；随后，大卫·多明戈（David Domingo）、克里斯·安德森、艾玛·海明威（Emma Hemmingway）等纷纷尝试以民族志对数字化的新闻编辑部和新闻生产网络开展研究，试图探索新闻工作者与周边事物和人物间的联系，新闻工作者在常规工作中的情感劳动以及技术环境和政策环境对他们工作的影响（Anderson，2013；Domingo et al.，2015；Hemmingway，2007）。近年来，我国也出现了一些以民族志探索数字新闻生产——特别是其流程和时间性——的研究，例如：陈阳（2019）在人民日报新媒体中心进行参与式观察和访谈，研究微信公众号内容生产的节奏；周睿鸣（2020）以实习记者的身份对澎湃新闻的一个报道组进行参与观察，对其数字新闻生产的时间性展开探索。

不同于早期新闻学民族志研究"以编辑室为中心"（newsroom – centricity）的倾向（Wahl – Jorgensen，2010），数字新闻时代的民族志不仅应当关注记者、编辑等新闻从业者的工作情境和新闻受众的接受情境，更应关注自媒体、博客博主、算法工程师、数据工程师等新兴新闻生产行动者的参与情况，他们之间的关联网络与互动，以及整个新闻生态。例如，徐笛（2019）曾深入"算法田野"，对国内两家新闻推荐平台的算法工程师、内容主管、内容生产与运营人员、工作人员以及平台用户等进行了访谈，探究不同行动者理解和转译算法的方式及他们如何通过不同的转译构成网络。

在行动者网络理论的视角下，苏·罗宾逊（Sue Robinson）和克里斯·安德森倡导以"网络化民族志"（network ethnography）[①]对数字新闻生态进行探索（Robinson & Anderson，2020）。网络化民族志最早由菲利普·霍华德于2002年提出，他在研究为政治媒体提供技术基础设施的公司和机构时感到传统研究方法的局限性，希望能够深入媒体生态的文化张力，将自身的观察置于多方政治行动者的关系系统。传统的社会网络分析虽然提供了不同主体间互动的总体描绘，但是无法展现那些"不对称但意义丰富的关系的细节"，因此，霍华德提出以社会网络分析图绘互动状况，由此选出典型案例，再以民族志对案例中的细节张力进行深入探究，以此研究围绕新媒体建立起的机构组织形式。他认为，网络化民族志对于研究跨组织系统（trans – organizational systems）最为有效，"特别是能够在技术、组织等宏观结构以及文化的社会建构的微观主

---

① 目前，中文的"网络民族志"主要指针对线上的、互联网社区的民族志研究，对应英文 online ethnography、netnography。为避免混淆，本文将 network ethnography 译作"网络化民族志"。

体性之间保持平衡”(Howard,2002)。此后,政策研究、社会行动等领域的学者也相继以这种路径对学生的在线抗议网络、教育政策网络等展开研究(Biddix & Park,2008;Hogan,2016;Olmedo,2014)。

具体而言,网络化民族志的实施包括以下步骤:识别田野并且充分了解其边界,随即通过社会网络分析对田野进行细致描绘,利用这些发现为进一步的定性调查(例如对重要行动者群体进行深度访谈)奠定基础(Robinson & Anderson,2020)。近年来,亦有新闻学学者通过此种路径对数字新闻生产网络以及新闻生态展开研究。比较典型的包括苏·罗宾逊对美国城市麦迪逊的新闻生态展开的研究以及克里斯·安德森对费城的新闻生态的研究。

这里以罗宾逊的研究为例,对网络化民族志的应用进行具体说明。罗宾逊居住的城市麦迪逊有着美国最激烈的关于种族间教育差距的讨论,罗宾逊希望对围绕该议题的信息流和新闻生态进行探索。她的研究团队首先对一定时间段内关于该话题的1287篇新闻报道、博客、网站文章以及社交媒体帖子进行编码,包括这些文本的作者及其在社区中的角色(如政治家、专家、教师、家长等)、他们提及的人物、链接以及任何证据(如数据库、专家会议、个人体验等),最终发现了6331条关系线和两层网络——作者网络和内容网络,并对这些关系进行了可视化处理。罗宾逊由此识别出网络中的关键行动者,对71名记者、社区领袖、行动者、教师、博主及活跃的网络评论者进行访谈。此外,罗宾逊还希望听到“缺席的”人群的声音,于是对深受种族教育差距影响的有色儿童的父母进行了三组焦点小组访谈,从而更有效地观察信息流中不同参与者间的权力动态(Robinson,2018)。

总体而言,质化研究方法,特别是民族志在分析和审视新闻编辑室中的连接和关系时尤其有效(Hine,2009;Mabweazara,2013)。相比于传统新闻业,数字环境对当前新闻学研究中的民族志提出了新的挑战。首先,数字技术为“民族志敏感性”(ethnographic sensibility)提出了更高要求,研究对象的多样化及网络结构的复杂化要求研究者对主体间的信息交换和情感关系更敏感,扩大观察范围以及增加观察深度。其次,数字环境中的时空关系更加复杂。空间和时间关系(spatial and temporal concerns)一直是新闻学民族志研究中的两个重要维度,作为数字新闻的技术中介,互联网重新定义着空间和时间对于不同新闻活动参与者的意义(陈力丹、毛湛文,2014;Weiss,2014)。再次,时空关系的改变也鞭策研究者以新的方式发现田野中的观察和访谈对象,在田野中守株待兔地寻找访谈对象已不再适用,研究者需要更加主动地发现和触及在新的时空中行动的研究对象(Robinson & Metzler,2016)。

(三)文本分析

文本分析指一系列用来描述和解释媒介信息的研究方法,侧重于描述文本的内容、结构和功能,解释深层的潜在意义。相比于同样聚焦媒介文本的内容分析法,文本分析不强调从样本推断总体,而更强调通过对个案的深入研究而理解媒介内容,获得文本的隐含意义,从而从整体上把握表意系统(system of signification)和表意实践(signifying practice)(陈阳,2015)。具体而言,文本分析可通过符号学的、精神分析的或者话语分析的方法展开。数字技术改变了传统新闻文体,确立了新的叙事范式,使得新闻以一种与传统环境下截然不同的方式介入日常生活:新兴的信息与传播技术通过建立起基于人际关系的传播网络,使新闻的生产和消费更依赖情感认同而非对客观信息的需求,从而令新闻故事中的主观性表达获得更加广阔的话语空间,在传统新闻叙事中不占主流的诸如特写、非虚构写作等主观性叙事文本反而更受欢迎(常江,2019)。因此,从文本出发,关注数字新闻的叙事形态以及叙事被塑造和被协商的方式,有助于理解数字新闻背后的情感网络和权力网络。

已有不少学者以文本分析对数字环境下的新闻叙事形态进行了研究。例如,有学者归纳和分析了"多媒体叙事"(multimedia storytelling)在新媒体平台上的表现形式(Thurman & Lupton,2008);有的学者关注碎片化的推特平台,认为"节奏"(rhythms)是数字技术赋予新闻叙事的结构性特征(Papacharissi & Oliveira,2012);还有一些学者对增强现实等技术如何革新新闻叙事,从而形成沉浸式新闻(immersive journalism)以及成为"共情机器"(empathy machine)进行研究(Hassan,2020;Laws,2020)。在对基本的文本叙事结构进行研究的基础上,还有学者遵循批评性话语分析的路径,更进一步考察文本、情境、个人和群体的社会身份及其之间的联系等。例如,有学者对诸如冰桶挑战等事件或者网络流散社群中的数字新闻报道进行文本分析,探索文本中隐含的情感诉求,以及文本同其对应的情感公众之间的关联(Kilgo et al.,2020;Zou,2020)。国内方面,近年来频繁发生的新媒体事件让研究者关注到信息文本如何在不同主体间变化、被差异化地理解,及其如何被底层的情感网络影响和操控。例如,不少学者以"江歌事件"为案例,对不同行动者的评价以及其他参与实践进行分析,尤其注重对其文本的情感倾向、立场和讲述策略进行分析,从而发现这些数字新闻实践中的"整合"和"个人化"或"私人化"特征(黄河、康宁,2019;王辰瑶、刘天宇,2019)。

五、结语:走向多路径融合的数字新闻学研究

数字时代,网络化的新闻业态为新闻学研究的范式和方法路径带来了新的挑战,对新闻和新闻学研究进行“再思考”(rethink)、“重建”(rebuild)甚至“重造”的声音不绝于耳。以往的新闻学研究被认为具有三重性(triality):对新闻生产者、消费者以及报道这三大板块进行探索,访谈、观察和对文本的分析则是展开新闻学研究的三条基本路径;而随着以往新闻业中泾渭分明的类别被打破,原来清晰的研究路径也面临着重新整合与连接的需要(Loosen & Schmidt,2016)。本文基于对近年来数字新闻学研究的总结提出:未来的数字新闻学应当发展出一种总体性的、能够对行动者网络及与之相关的信息网络和情感网络进行检视的方法论;具体而言,计算传播学、民族志和文本分析等路径方法能够从不同角度出发对数字新闻生产的网络结构进行研究。

新闻业的数字化和网络化使得技术这一在以往新闻学研究中被忽略的主体和维度重新浮出水面。与近年来传播学研究中“物质转向”(material turn)的趋势一致(Carlile et al. ,2013;Gillespie et al. ,2014),新闻学研究也增强了对传播技术物质性的考量,即技术本身的形式、持续性在新闻信息的生成、扩散以及转化等过程中所发挥的作用,这一点同行动者网络理论的基本观点保持一致。对物质性的关注要求研究者要像追溯人类行动者的轨迹那样追溯技术的路径,而由于技术无法像人类行动者一样“张口说话”,就需要通过追溯记者、编辑等人类行动者的轨迹——特别是通过民族志中的“尾随”法(shadowing)——来发现技术的“行动路径”;与此同时,技术为新闻信息留下了丰富的数字痕迹,通过爬取、清洗和分析这些数字痕迹也能获取技术行动路径的有效信息;此外,对报道、人类行动者等的文本展开话语分析也是探寻技术轨迹的有效途径,对文本、影像等符号中所潜藏的文化、权力、规范等非物质(immaterial)实体的关注,有助于研究者发现究竟是哪些至关重要的内容与技术产生了互动,从而加强对技术实体偏向性的关注(De Maeyer,2016)。

由于技术的物质性会在不同维度作用于新闻网络的不同主体之上,而当前的新闻网络往往涉及不同的技术,在研究中势必要收集多样化、异质性的资料,这也需要对不同的研究路径加以综合运用。本文所提及的几种研究路径并非相互孤立,在研究实践中,尤其在一些大型研究项目中,往往可以看到多种研究路径的融合。特别是在数据成为当前社会基础设施的情况下,同时采取计算传播学的方法与其他更具阐释性和批判性的方法已经成为很多研究者的选择。例如,帕帕克利斯在对埃及革命中的情感公众进行研究时,就综合使用了计算传播学和质性的话语分析(Papacharissi,2016);我

国学者郑雯等综合使用大数据文本分析和质性话语分析对2013—2018年间的2.75亿条博文进行分析,展现我国网络社会思潮的变迁(郑雯 等,2019)。需要注意的是,在实际的研究中,当需要选择一种或多种研究路径和方法时,切忌为方法而方法,而是要从功能的(functional)和结构的(structural)维度对方法的选择加以考量:从功能的角度看,需要考虑选择某种或某些研究方法是否能够有效回答研究问题,特别是不同的研究方法之间是否能够相互补充、支持或证明;而从结构维度出发,则需要思考当选择不同的研究方法时,如何安排不同方法的先后顺次、主次秩序等(Loosen & Schmidt, 2016)。总体而言,数字新闻生产的研究需要研究者跳脱以往线性的、割裂的研究范式,从日新月异的新闻生产样态出发,扎根于更广阔的人文科学、社会科学以及计算机科学等,发展出能够真正回应当前数字新闻业问题和趋势的研究路径和方法。

参考文献

白红义,李拓,2019.算法的“迷思”:基于新闻分发平台“今日头条”的元新闻话语研究[J].新闻大学,(01):30-45.

白红义,张恬 2020.作为“创新”的建设性新闻:一个新兴议题的缘起与建构[J].中国出版,(08):3-8.

布鲁诺·拉图尔,2010.我们从未现代过:对称性人类学论集[M].刘鹏,安涅思,译.苏州:苏州大学出版社.

常江,2019.价值重建:新闻业的结构转型与数字新闻生产理论建构[J].编辑之友,(03):88-94.

常江,2020a.数字新闻学:一种理论体系的想象与建构[J].新闻记者,(01):12-21.

常江,2020b.文化研究作为数字新闻学的方法论思考[J].山西大学学报(哲学社会科学版),(4):45-51.

陈力丹,毛湛文,2014.时空紧张感:新媒体影响生活的另一种后果[J].新闻记者,(01):66-71.

陈向明,2006.质的研究方法与社会科学研究[M].北京:教育科学出版社.

陈阳,2015.大众传播学研究方法导论[M].北京:中国人民大学出版社.

陈阳,2019.每日推送10次意味着什么?——关于微信公众号生产过程中的新闻节奏的田野观察与思考[J].新闻记者,(09):23-31.

方师师,2018.双强寡头平台算法研究[J].传播与社会学刊(香港),(43):103-122.

盖伊·塔奇曼,2008.做新闻[M].麻争旗,等译,北京:华夏出版社.

黄旦,2015.重造新闻学——网络化关系的视角[J].国际新闻界,(01):75-88.

黄河,康宁,2019.移动互联网环境下群体极化的特征和生发机制——基于“江歌案”移动端媒体文本和网民评论的内容分析[J]. 国际新闻界,(2):38 - 61.

黄雅兰,陈昌凤,2016. "目击媒体"革新新闻生产与把关人角色[J]. 新闻记者,(01):42 - 29.

卡斯特,2003. 网络社会的崛起[M]. 夏铸九,王志弘,译. 北京:社会科学文献出版社.

刘鹏,2019. 用户新闻学:新传播格局下新闻学开启的另一扇门[J]. 新闻与传播研究,(02):5 - 19.

刘钰森,张伦,郑路,2019. 移动媒体新闻消费时间模式研究[J]. 新闻大学,(04):1 - 13.

孟小峰,李勇,祝建华,2014. 社会计算:大数据时代的机遇与挑战[J]. 计算机研究与发展,(12):2483 - 2491.

师文,陈昌凤,2020. 社交机器人在新闻扩散中的角色和行为模式研究[J]. 新闻与传播研究,(5):5 - 21.

王辰瑶,刘天宇,2019. 新闻权威为何失灵? "江歌案"中多元传播主体的话语实践[J]. 新闻记者,(05):4 - 13.

吴晔,冯鑫,梁梅珍,2019. 基于 IAM 理论的在线评论媒介有效性研究[J]. 新闻大学,(04):30 - 45.

徐笛,2019. 算法实践中的多义与转义:以新闻推荐算法为例[J]. 新闻大学,(12):39 - 49 + 120.

杨洸,闻佳媛,2020. 微信朋友圈的虚假健康信息纠错:平台、策略与议题之影响研究[J]. 新闻与传播研究,(08):26 - 44.

易红发,2020. 媒体议程对个人议程的影响研究——基于 Twitter 平台的大数据文本挖掘与主题建模的进路[J]. 新闻大学,(05):63 - 78.

郑雯,桂勇,黄荣贵,2019. 论争与演进:作为一种网络社会思潮的改革开放——以 2013—2018 年 2.75 亿条微博为分析样本[J]. 新闻记者,(01):51 - 62.

周睿鸣,2020. 锚定常规:"转型"与新闻创新的时间性[J]. 新闻记者,(02):21 - 31.

祝建华,黄煜,张昕之,2018. 对谈计算传播学:起源、理论、方法与研究问题[J]. 传播与社会学刊,(44):1 - 24.

祝建华,彭泰权,梁海,王成军,秦洁,陈鹤鑫,2014. 计算社会科学在新闻传播研究中的应用[J]. 科研信息化技术与应用,5(02):3 - 13.

ALLAN S,2013. Citizen witnessing:Revisioning journalism in times of crisis[M]. Polity.

ANDERSON C W,2015. Between the unique and the pattern[J/OL]. Digital journalism,3(3):349 - 363[2020 - 11 - 20]. https://doi.org/10.1080/21670811.2014.976407.

ANDERSON C W,2010. Journalistic networks and the diffusion of local news:the brief,happy news life of the "francisville four"[J/OL]. Political communication,27(3):289 - 309[2020 - 11 - 20]. https://doi.org/10.1080/10584609.2010.496710.

ANDERSON C W,2016. News ecosystems[M]//WITSCHGE,et al. (eds). The sage handbook of digital journalism. Los Angeles, CA: Sage Publications: 410 – 423.

ANDERSON C W, 2013. Rebuilding the news: metropolitan journalism in the digital age[M]. Temple University Press.

BARDOEL J, DEUZE M, 2001. "Network journalism": converging competencies of old and new media professionals[J]. Australian journalism review: 3 – 91.

BELAIR – GAGNON V, HOLTON A E, 2018. Boundary work, interloper media, and analytics in newsrooms[J/OL]. Digital journalism, 6(4), 492 – 508[2020 – 11 – 20]. https://doi.org/10.1080/21670811.2018.1445001.

BELL E J, OWEN T, BROWN P D, HAUKA C, RASHIDIAN N, 2017. The platform press: how silicon valley reengineered journalism[R/OL]. Tow Center for Digital Journalism[2020 – 11 – 20]. https://academiccommons.columbia.edu/doi/10.7916/D8R216ZZ.

BENKLER Y, 2011. A free irresponsible press: wikileaks and the battle over the soul of the networked fourth estate[J/OL]. Harvard civil rights – civil liberties law review[2020 – 11 – 20]. https://dash.harvard.edu/handle/1/10900863. DOI: 10.7146/politik.v15i2.27508.

BIDDIX J P, PARK H W, 2008. Online networks of student protest: the case of the living wage campaign[J/OL]. New media & society, 10(6): 871 – 891[2020 – 11 – 20]. https://doi.org/10.1177/1461444808096249.

BOCZKOWSKI P J, 2005. Digitizing the news: innovation in online newspapers[M]. new ed. The MIT Press.

BOND R M, FARISS C J, JONES JJ, KRAMER A D I, MARLOW C, SETTLE J E, FOWLER J H, 2012. A 61 – million – person experiment in social influence and political mobilization[J/OL]. Nature, 489(7415): 295 – 298[2020 – 11 – 20]. https://doi.org/10.1038/nature11421.

CAREY J, 2008. Communication as culture[M]. 2nd ed. London: Routledge.

CARLILE P R, NICOLINI D, LANGLEY A, TSOUKAS H, 2013. How matter matters: objects, artifacts, and materiality in organization studies[M]. illustrated edition. Oxford University Press.

CARLSON M, 2016. Metajournalistic discourse and the meanings of journalism: definitional control, boundary work, and legitimation[J/OL]. Communication theory, (4), 349 – 368[2020 – 11 – 20]. https://doi.org/10.1111/comt.12088.

CHADWICK A, 2010. The political information cycle in a hybrid news system: the British prime minister and the "bullygate" affair[J/OL]. The international journal of press/politics[2020 – 11 – 20]. https://doi.org/10.1177/1940161210384730.

CHEN W, REESE S D(eds.), 2015. Networked China: global dynamics of digital media and civic engagement: new agendas in communication[M]. Routledge.

CHOULIARAKI L, BLAAGAARD B, 2013. Introduction[J/OL]. Journalism studies, 14(2): 150 – 155

[2020 - 11 - 20]. https://doi.org/10.1080/1461670X.2012.718542.

CLOUGH P T, HALLEY J. (eds.), 2007. The affective turn: theorizing the social[M]. Duke University Press Books.

CODDINGTON M A, 2015. Telling secondhand stories: news aggregation and the production of journalistic knowledge[D/OL]. Austin: University of Texas at Austin[2020 - 11 - 20]. https://doi.org/10.15781/T27K7R.

DE MAEYER J, 2016. Adopting a material sensibility in journalism studies[M]//WITSCHGE, et al. (eds). The sage handbook of digital journalism. Los Angeles, CA: Sage Publications: 460 - 476.

DOMINGO D, MASIP P, MEIJER I C, 2015. Tracing digital news networks[J/OL]. Digital journalism, 3(1): 53 - 67[2020 - 11 - 20]. https://doi.org/10.1080/21670811.2014.927996.

FINK K, ANDERSON C W, 2015. Data journalism in the United States[J/OL]. Journalism studies, 16(4): 467 - 481[2020 - 11 - 20]. https://doi.org/10.1080/1461670X.2014.939852.

FIRDAUS A S, 2012. Network newswork across "Glocal Spaces": a study of the integration of user - driven networked sources among global and national news outlets in Malaysia[D]. University of Melbourne.

FULLER M, 2005. Media ecologies: materialist energies in art and technoculture[M]. Cambridge, MA: MIT Press.

GANS H J, 2004. Deciding what's news: A study of CBS evening news, NBC nightly news, Newsweek, and Time[M]. Northwestern University Press.

GILLESPIE T, BOCZKOWSKI P J, FOOT K A(eds.), 2014. Media technologies: essays on communication, materiality, and society[M]. illustrated edition. The MIT Press.

GINSBERG J, MOHEBBI M, PATEL R, 2009. Detecting influenza epidemics using search engine query data[J]. Nature, 457: 1014 - 1023.

GLÜCK A, 2016. What makes a good journalist? [J/OL]. Journalism studies, 17(7): 893 - 903 [2020 - 11 - 20]. https://doi.org/10.1080/1461670X.2016.1175315.

GOLLMITZER M, 2014. Precariously employed watchdogs? [J/OL]. Journalism practice, 8(6), 826 - 841[2020 - 11 - 20]. https://doi.org/10.1080/17512786.2014.882061.

GUERSEL Z D. U. S, 2009. Newsworld: the rule of text and everyday practices of editing the world [M]//BIRD S E. (eds.). The anthropology of news & journalism. Bloomington: Indiana University Press: 35 - 53.

HAMILTON J F, 2016. Hybrid news practices[M]//WITSCHGE, et al. (eds). The sage handbook of digital journalism. Los Angeles, CA: Sage Publications: 164 - 178.

HARTLEY J, 2018. Journalism as a human right: The cultural approach to journalism[M]// LOEFFELHOLZ, WEAVER(eds). Global journalism research: theories, methods, findings, future. New York: Peter Lang Publishers: 39 - 51.

HASSAN R,2020. Digitality, virtual reality and the 'empathy machine' [J/OL]. Digital journalism, 8(2):195 – 212[2020 – 11 – 20]. https://doi.org/10.1080/21670811.2018.1517604.

HEMMINGWAY E,2007. Into the newsroom: Exploring the digital production of regional television news[M]. Routledge.

HERMANS L, GYLDENSTED C,2019. Elements of constructive journalism: characteristics, practical application and audience valuation[J/OL]. Journalism, 20(4):535 – 551[2020 – 11 – 20]. https://doi.org/10.1177/1464884918770537.

HINE C,2009. How can qualitative internet researchers define the boundaries of their projects[M]// MARKHAM A, BAYM N(eds.). Internet inquiry: conversations about method. London: SAGE Publications: 1 – 20.

HOGAN A,2016. NAPLAN and the role of edu – business: new governance, new privatisations and new partnerships in Australian education policy[J/OL]. The Australian educational researcher, 43(1):93 – 110 [2020 – 11 – 20]. https://doi.org/10.1007/s13384 – 014 – 0162 – z.

HOWARD P N,2002. Network ethnography and the hypermedia organization: new media, new organizations, new methods[J/OL]. New media & society, 4(4):550 – 574[2020 – 11 – 20]. https://doi.org/10.1177/146144402321466813.

JUKES S,2017. Affective journalism – uncovering the affective dimension of practice in the coverage of traumatic news[D/OL]. Goldsmiths, University of London[2020 – 11 – 20]. http://research.gold.ac.uk/id/eprint/20635/.

KARLSSON M, SJØVAAG H,2016. Introduction[J/OL]. Digital journalism, 4(1):1 – 7[2020 – 11 – 20]. https://doi.org/10.1080/21670811.2015.1096595.

KILGO D K, LOUGH K, & RIEDL M J,2020. Emotional appeals and news values as factors of shareworthiness in Ice Bucket Challenge coverage[J/OL]. Digital Journalism, 8(2), 267 – 286[2020 – 11 – 15]. https://doi.org/10.1080/21670811.2017.1387501.

KOTIŠOVÁ J,2017. Cynicism ex machina: the emotionality of reporting the 'refugee crisis' and Paris terrorist attacks in Czech Television[J/OL]. European journal of communication, 32(3): 242 – 256 [2020 – 11 – 20]. https://doi.org/10.1177/0267323117695737.

KREISS D,2012. Taking our country back: the crafting of networked politics from howard dean to barack obama[M]. illustrated edition. Oxford University Press.

Latour, B,2007. Reassembling the Social: An Introduction to Actor – network – theory[M]. Oxford: Oxford University Press.

LAWS A L S,2020. Can immersive journalism enhance empathy? [J/OL]. Digital Journalism, 8(2): 213 – 228[2020 – 11 – 20]. https://doi.org/10.1080/21670811.2017.1389286.

LEWIS S C, GUZMAN A L, SCHMIDT T R,2019. Automation, journalism, and human – machine communication:rethinking roles and relationships of humans and machines in news[J/OL]. Digital journalism, 7(4),409 – 427[2020 – 11 – 20]. https://doi. org/10. 1080/21670811. 2019. 1577147.

LEWIS S C, WESTLUND O, 2005. Actors, actants, audiences, and activities in cross – media news work: A matrix and a research agenda[J]. Digital Journalism, 3(1), 19 – 37[2020 – 11 – 20]. https://doi. org/10. 1080/21670811. 2014. 927986.

LOOSEN, SCHMIDT, 2016. Multi – method approaches[M]//WITSCHGE, et al. (eds). The sage handbook of digital journalism. Los Angeles, CA: Sage Publications: 562 – 575.

LULL J, 1978. Choosing television programs by family vote[J/OL]. Communication quarterly, 26(4): 53 – 57[2020 – 11 – 20]. https://doi. org/10. 1080/01463377809369314.

LULL J, 1980. Family communication patterns and the social uses of television[J/OL]. Communication research, 7(3). https://doi. org/10. 1177/009365028000700303.

MABWEAZARA H M, 2013. "Ethnography as negotiated lived experience": researching the fluid and multi – sited uses of digital technologies in journalism practice[J]. Westminster papers in communication and culture, 9(3): 97 – 120.

MEIJER I C, KORMELINK T G, 2015. Checking, sharing, clicking and linking[J/OL]. Digital journalism, 3(5): 664 – 679[2020 – 11 – 20]. https://doi. org/10. 1080/21670811. 2014. 937149.

MEIJER I C, 2016. Practicing audience – centered journalism research[M]//WITSCHGE, et al. (eds). The sage handbook of digital journalism. Los Angeles, CA: Sage Publications: 546 – 561.

MORLEY D, 1988. Family television: cultural power and domestic leisure[M]. Routledge.

MORLEY D, 1980. The Nationwide audience: structure and decoding[M]. British Film Institute.

NICEY J. 2016. Semi – professional amateurs[M]//WITSCHGE, et al. (eds). The sage handbook of digital journalism. Los Angeles, CA: Sage Publications: 222 – 235.

OLMEDO A, 2014. From England with love… ARK, heterarchies and global 'philanthropic governance'[J/OL]. Journal of education policy, 29(5): 575 – 597[2020 – 11 – 20]. https://doi. org/10. 1080/02680939. 2013. 859302.

PAPACHARISSI Z, OLIVEIRA M D F, 2012. Affective news and networked publics: the rhythms of news storytelling on #Egypt[J/OL]. Journal of communication, 62(2): 266 – 282[2020 – 11 – 20]. https://doi. org/10. 1111/j. 1460 – 2466. 2012. 01630. x.

PAPACHARISSI Z, 2016. Affective publics and structures of storytelling: Sentiment, events and mediality[J/OL]. Communication & society, 19(3): 307 – 324[2020 – 11 – 20]. https://doi. org/10. 1080/1369118X. 2015. 1109697.

PAULUSSEN S, 2016. Innovation in the newsroom[M]//WITSCHGE, et al. (eds). The sage handbook of digital journalism. Los Angeles, CA: Sage Publications: 192 – 206.

PICONE I, 2016. Grasping the digital news user[J/OL]. Digital journalism, 4(1): 125 – 141[2020 –

11 - 20]. https://doi. org/10. 1080/21670811. 2015. 1096616.

POWERS M,2015. Contemporary NGO - journalist relations: reviewing and evaluating an emergent area of research[J/OL]. Sociology compass,9(6):427 - 437[2020 - 11 - 20]. https://doi. org/10. 1111/soc4. 12267.

PRIMO A,ZAGO G,2015. Who and what do journalism? [J/OL]. Digital journalism,3(1):38 - 52 [2020 - 11 - 20]. https://doi. org/10. 1080/21670811. 2014. 927987.

REESE S D,2016. The new geography of journalism research[J/OL]. Digital journalism,4(7):816 - 826[2020 - 11 - 20]. https://doi. org/10. 1080/21670811. 2016. 1152903.

ROBINSON S,ANDERSON C W,2020. Network ethnography in journalism studies: a mixed - method approach to studying media ecologies[J/OL]. Journalism studies,21(7):984 - 1001[2020 - 11 - 20]. https://doi. org/10. 1080/1461670X. 2020. 1720519.

ROBINSON S,METZLER M,2016. Ethnography of digital news production[M]//WITSCHGE,et al. (eds). The sage handbook of digital journalism. Los Angeles,CA:Sage Publications:447 - 459.

ROBINSON S,2018. Networked news,racial divides: how power and privilege shape public discourse in progressive communities[M]. Cambridge University Press.

SCHUDSON M,2011. The sociology of news[M]. WW Norton & Company.

SCOTT M,BUNCE M,WRIGHT K,2019. Foundation funding and the boundaries of journalism[J/OL]. Journalism studies,20(14):2034 - 2052[2020 - 11 - 20]. https://doi. org/10. 1080/1461670X. 2018. 1556321.

TANDOC E C,MAITRA J,2018. News organizations' use of native videos on facebook: tweaking the journalistic field one algorithm change at a time[J/OL]. New media & society,20(5):1679 - 1696 [2020 - 11 - 20]. https://doi. org/10. 1177/1461444817702398.

THURMAN N,LUPTON B,2008. Convergence calls: multimedia storytelling at British news websites [J/OL]. Convergence:The International Journal of Research into New Media Technologies,14(4):439 - 455[2020 - 11 - 20]. https://doi. org/10. 1177/1354856508094662.

TUCHMAN G,1978. Making news: a study in the construction of reality[M]. Free Press.

TURNER F,2005. Actor - networking the news[J/OL]. Social epistemology,19(4):321 - 324 [2020 - 11 - 20]. https://doi. org/10. 1080/02691720500145407.

WADDELL T F,BAILEY A,2017. Inspired by the crowd: The effect of online comments on elevation and universal orientation[J/OL]. Communication monographs,84(4):534 - 550[2020 - 11 - 20]. https://doi. org/10. 1080/03637751. 2017. 1369137.

WADDELL T F,2020. The authentic(and angry) audience[J/OL]. Digital journalism,8(2):249 - 266[2020 - 11 - 20]. https://doi. org/10. 1080/21670811. 2018. 1490656.

WAHL - JORGENSEN K,2020. An emotional turn in journalism studies? [J/OL]. Digital journalism,8(2):175 – 194[2020 – 11 – 20]. https://doi. org/10. 1080/21670811. 2019. 1697626.

WAHL – JORGENSEN K,2010. News production,ethnography,and power:on the challenges of newsroom – centricity[M]//BIRD S E(ed.). The anthropology of news and journalism:global perspectives. Bloomington:Indiana University press:21 – 34.

WAHL – JORGENSEN K,2012. The strategic ritual of emotionality:a case study of Pulitzer Prize – winning articles[J/OL]. Journalism[2020 – 11 – 20]. https://doi. org/10. 1177/1464884912448918.

WEISS A S,2014. Place – based knowledge in the twenty – first century:the creation of spatial journalism[J]. Digital journalism,1:116 – 131.

WIARD V,2019. Actor – network theory and journalism[M]//Oxford research encyclopedia of communication. Oxford University Press. DOI:10. 1093/acrefore/9780190228613. 013. 774.

WITSCHGE T,ANDERSON C W,DOMINGO D,HERMIDA A(eds.),2016. The SAGE handbook of digital journalism[M]. Los Angeles,CA:SAGE Publications Ltd.

WU S,JR E C T,SALMON C T,2019. Journalism reconfigured[J/OL]. Journalism studies,20(10):1440 – 1457[2020 – 11 – 20]. https://doi. org/10. 1080/1461670X. 2018. 1521299.

ZELIZER B,2004. When facts,truth,and reality are God - terms:on journalism's uneasy place in cultural studies[J/OL]. Communication and critical/cultural studies,1(1):100 – 119[2020 – 11 – 20]. https://doi. org/10. 1080/1479142042000180953.

ZHU JJ H,ZHOU Y,GUAN L,HOU L,SHEN A,LU H,2019. Applying user analytics to uses and effects of social media in China[J/OL]. Asian journal of communication,29(3):291 – 306[2020 – 11 – 20]. https://doi. org/10. 1080/01292986. 2019. 1602916.

ZOU S,2020. Emotional News,Emotional Counterpublic[J/OL]. Digital Journalism,8(2),229 – 248[2020 – 11 – 17]. https://doi. org/10. 1080/21670811. 2018. 1476167.

专题：平台劳动

主持人语

随着信息和通信技术的发展与应用，平台经济不断催生出多样态的网络平台劳动。本专题的三篇论文从传播政治经济学视角出发，聚焦平台劳动这一数字化时代新型的劳动组织方式与形态。这些研究将传播新技术作为一种结构性的力量，讨论了平台劳动与劳动者情感、劳动者身份建构、弹性用工制度、劳动控制过程、劳动报酬的支付方式、资本增值模式，乃至社会治理之间错综复杂的勾连关系。希冀本专题的研究能为相关学者进一步考察和分析平台劳动启发理论思考，同时，这些研究所涉及的鲜活案例又可以成为有益的经验材料，用以批判性地反思技术、资本与平台劳动三者之间的多元动态关系。

姚建华（复旦大学新闻学院）

情感劳动与网络空间中亲密关系的建构*

——基于“虚拟恋人”服务的实证研究

◎ 姚建华 王 洁**

摘要:“虚拟恋人”情感劳动过程的核心内容是在网络空间中建构与消费者的亲密关系。他们在“进场”“在场”和“离场”的不同服务阶段,根据消费者喜欢的恋人类型,主动整饬外显情感来努力营造甜蜜的恋爱氛围,满足消费者对恋爱关系的想象和情感需求。这种亲密关系具有双重“虚拟性”:一方面,它存在于网络的虚拟空间,而非现实生活中;另一方面,它受市场原则支配,是一种能够即时和短暂满足消费者情感需求的商品,而非建立在两者长久和稳定的情感基础之上,因此具有情感虚拟化的特征。当前,缓解当代青年人在现实生活中的情感压力既必要又紧迫。“虚拟恋人”服务建构的网络空间中的亲密关系在一定程度上弥补了个体现实生活中的情感缺失,但终究无法替代人们在现实社会交往中形成的亲密关系。

关键词:情感劳动,亲密关系,虚拟恋人,双重“虚拟性”

一、问题的提出

“虚拟恋人”服务是一种依托微信、QQ、淘宝、“喃喃”等互联网平台或者软件的有偿情感体验类服务。服务提供者(即“虚拟恋人”)以文字、语音或者视频方式与消费者进行在线“即时交流”,通过在服务时间内提供清晨叫起床、夜间道晚安、陪打游戏、倾听烦恼、排解压力等个性化服务为消费者创造亲密体验,与他们在网络空间中建构亲密关系,获得相应的物质报酬。该服务最早起源于日本,2014 年传入中国后,就受

* 基金项目:上海市哲学社会科学规划一般课题“‘巧夺人工?’:自动化新闻生产中的人机关系研究”(课题编号:2020BXW002);复旦大学新闻学院部校共建新媒体系列项目。

** 姚建华,复旦大学新闻学院副教授、复旦大学马克思主义新闻观教学与研究基地研究员。王洁,复旦大学新闻学院硕士研究生。

到大众(尤其是当代青年人)的喜爱与追捧,一时间成为淘宝店铺竞相售卖的“热品”,随即呈现“野蛮”增长的态势。

就在“虚拟恋人”服务“野蛮”生长期间,部分淘宝店铺因涉嫌提供色情服务被曝光和查封后,淘宝网屏蔽了“虚拟恋人”“聊天”等搜索关键词,“虚拟恋人”行业的发展也趋于“地下化”和“隐匿化”。然而,2020年突发的新冠肺炎疫情使人们面对面的交往被切断或者被迫转移到线上,孤独和焦虑成为个体普遍的情绪状态。伴随着这些情绪在人们日常生活中的持续蔓延,“虚拟恋人”服务再次走红网络。在哔哩哔哩视频网站上,与“虚拟男友”或者“虚拟女友”相关的视频超过千条,大部分发布于2020年3月至今,不少视频的播放量已经超过1万人次。在淘宝网上搜索“陪聊”“连麦”“早安晚安”或者“男神女神”,可发现有360多家店铺同时提供“虚拟恋人”服务,销售量最高的一家店铺成交记录已逾2万条。

雪莉·特克尔(Sherry Turkle)指出,现代人时常感到孤独和焦虑,却又害怕被亲密关系所束缚,数字化的生存方式恰恰为人们制造了一种“幻觉”:我们有人陪伴,却无须付出友谊(特克尔,2014)。“虚拟恋人”服务提供的正是这样一种可以“即时享受”,但却无须付出友谊的“陪伴”:任何人只要花上几十元就可以在网络空间中购买到一位随叫随到、称心如意、无条件接受自己的“临时恋人”,获得亲密关系所带来的陪伴体验的同时,不必耗费大量成本(包括精力、体力和财力)进行日常的情感付出与维系。因此,对这部分人来说,“虚拟恋人”服务成为他们驱逐孤独、缓解焦虑和满足内在情感需求的重要选择。那么,“虚拟恋人”在其服务过程中是如何与消费者在网络空间中建构亲密关系的?这种亲密关系具有哪些基本特征?它是否会替代现实社会交往中形成的亲密关系呢?本文尝试对这些问题进行回应,以期为情感劳动与网络空间中的亲密关系研究提供更多的理论视角与经验材料。

二、文献综述:情感劳动与亲密关系

莫里齐奥·拉扎拉托(Maurizio Lazzarato)发现,20世纪80年代以来,第三产业(服务业)的兴起加速了生产社会向消费社会的转型,越来越多的工作、商品的信息与文化内容的生产相关,这其中就包括一系列通常不被视为“工作”的“活动”。它们涉及文化艺术标准、时尚元素、个人品位,以及更具策略性的公众观点,与知识、信息、交往、关系等高度关联(拉扎拉托,2019)。迈克尔·哈特(Michael Hardt)和安东尼奥·奈格里(Antonio Negri)将这些工作定义为“非物质劳动”(immaterial labour),并强调:情感是非物质劳动的内在本质,因此情感劳动(affective labour)是非物质劳动中最重要、最主要的构成部分,包括生产诸如轻松感、幸福感、满足感、兴奋、激情、联结感、归属感等在内的无形的情感产品(哈特、奈格里,2005)。在这类劳动中,情感因素和身体交往发挥着不可或缺的作用。

在与情感劳动相关的研究中,美国著名情感社会学家阿莉·霍克希尔(Arlie Hochschild)对德尔塔(Delta)航空公司空姐劳动的系统性分析最具代表性。[①]她在吸收欧文·戈夫曼(Erving Goffman)拟剧理论的基础上指出:情感劳动者通过"压抑或者伪装情感"(情感管理)和"展现出良好面部表情或者身体语言"(情感表达),使顾客获得良好的感受,并以此来满足他们的情感需求(霍克希尔,2020)。在此,霍克希尔将情感管理和情感表达界定为空姐情感劳动过程中的重要组成部分,同时强调:当人们的情感被用于商业目的时,它不再是个人的真实性情感的流露,而是经过组织化的操纵规训,即情感整饬(emotional management)之后的商品。霍克希尔进一步阐释:情感劳动者在其劳动过程中主要采用两种不同的情感管理策略来实现情感整饬,即"浅层表演"(surface acting)和"深层表演"(deep acting)。在这其中,劳动者外在情感表达与其内在真实感受之间、"表演的自我"(acted self)和"真正的自我"(real self)之间的张力不断加剧,随之而来的是真实情感的压抑和丧失、情感异化(emotional alienation)和自我疏离(self estrangement),以及身份认同的危机(胡鹏辉、余富强,2019)。

受霍克希尔的影响,中西方学界从劳动过程理论出发,围绕服务业中的情感劳动展开了大量理实兼备的研究,全面深刻地揭示出制造业流水线生产时代的劳资关系向服务业时代"劳—资—客"三方关系的变迁过程,并引入阶级、社会性别、城乡关系、区域关系等交叉性分析视角,一方面,关注资本(资)和顾客(客)对劳动者(劳)的控制;另一方面,关注劳动者的主体性和身份认同的建构,及其对情感劳动过程中压迫和异化的抵抗策略,进而反思劳动与现实社会生活中多元权力结构网络之间的勾连关系(何明洁,2009;苏熠慧、倪安妮,2016;李晓菁、刘爱玉,2017;帅满,2018;刘育婷、肖索未,2020)。这些研究大多聚焦人们面对面的劳动情境,即情感的身体直接面向顾客,提供服务性、专业性和关怀性的劳动,其研究对象一般为餐饮、百货、家政、美容美发、休闲养生等传统服务行业中的一线劳动者,如传菜员、售货员、家政人员、美容师、美发

---

① 霍克希尔探讨的"情感劳动"(emotional labour)与哈特和奈格里探讨的"情感劳动"(affective labour)都强调劳动者的情感被组织控制、利用和商品化的过程。这两个概念有助于我们理解从提供产品转向提供服务的转型社会中工作的本质与后果,但它们却存在着细微的差异。前者属于情感社会学的范畴,更多地用来分析劳动者的劳动过程,作为一种劳动形态与脑力劳动和体力劳动相对应。因此,其侧重点是"商品化"与"管理",以及由此延伸开来的"控制"与"规训"。后者属于马克思主义政治经济学的范畴,更多地用来强调情感劳动是一种经济形态,是非物质劳动的一种形式。因此,其侧重点是"生产",强调情感与资本积累、再生产之间的关系。部分参见:杨馨,2020.情感劳动的传播政治经济学批判——以L后援会为个案[J].新闻记者,(9).

师、保健按摩师等(佟新,2008)。

然而,随着互联网技术的突飞猛进和移动智能硬件终端的快速普及,线上服务呈现日新月异的蓬勃景象:线上家教、网络主播、陪打游戏服务,以及本文的研究对象——提供陪聊的"虚拟恋人"服务如雨后春笋般涌现。网络空间中的情感劳动已经成为当前人们社会生活中一种十分普遍的劳动形式(林颖、吴鼎铭,2017;石佳玉,2019;姚建华、王洁,2020)。

换言之,越来越多的普罗大众被吸纳进由互联网所建构的数字空间里,成为情感劳动大军中的一员。以网络主播为例,直播技术将现实生活场景以数字图像的形式实时呈现给观众,主播的身体在与观众的互动中实现了虚拟在场。为了获得更多的流量和物质回报,主播有意识地迎合观众的情感想象和陪伴需求,通过塑造"美丽"的符号化身体、打造"多元化"人设等不同方式调动他们的情感,进而获得更多的"打赏"或者"礼物"(涂永前、熊赟,2019;徐林枫、张恒宇,2019;姚建华、陈曦,2019)。随着电商直播时代的来临,作为"带货达人"的网络主播不仅需要通过"感情牌"维系与观众线上和线下的关系,而且还需要掌握一系列互联网营销技巧来吸引观众"下单",这极大地拓宽了情感劳动的劳动范畴,同时对他们的专业技能提出了新的要求(王斌,2020)。此外,朱阳和黄再胜强调,在网络空间中,情感劳动不仅包括网络主播和电商主播的劳动,还包括由观众基于共同的情感需求而产生的情感传播、社区建设与内容制作,以及在参与互联网社交活动过程中,他们自愿提供的包含其使用偏好、情感需求和好友关系等信息数据的行为(朱阳、黄再胜,2020)。

与上述研究不同,本文聚焦作为情感劳动者的"虚拟恋人"及其在劳动过程中与消费者所建构的亲密关系,而并非普通的情感关系。所谓亲密关系,是指在人与人之间平等交往的前提下,建立在与他人真实情感交流基础上的一种相互依赖的关系(吉登斯,2001),具体包括关怀、信任、理解、互动、承诺等要素(齐海静、蔡颖,2013)。互联网技术的飞速发展使人们之间的情感交流不必局限于现实的社会生活,在网络空间中,人们能够突破时空的限制,不仅与现实生活中的朋友保持联络与互动,而且还可以发展出新的、有意义的亲密关系。尤其对于当代青年人来说,网络已经成为他们建构亲密关系的强大媒介(朱丽丽、韩怡辰,2017)。

既有的相关学术研究主要聚焦网络空间中粉丝与网络主播或者偶像(明星)之间的亲密关系。王宁的研究发现,在网络空间中,粉丝的情感得到充分的表达与释放。他们聚集在网络主播的周围,讨论共同感兴趣的话题,这种活跃的、体验式的互动能够有效地实现粉丝与网络主播之间的情感传播与交流、情感慰藉与宣泄、情感陪伴与寄托,甚至是情感升华,形成"可感触的关系"(tactile relationship)和"弥散同盟"(diffuse union)(王宁,2017:109)。在此过程中,粉丝获得了情感的归属——他们在现实生活中无法得到心灵慰藉,但却在网络世界中体会到了与网络主播之间的亲密关系所带来的陪伴感、快乐感和满足感(王艳玲、刘可,2019)。

不少研究者发现,当亲密关系的获得和维系走上商业化道路时,它加速推进了情感经济的发展。他们围绕着亲密关系和情感经济两者之间错综复杂的动态关系展开了大量前沿性研究(成伯清,2013),指出:为了巩固和进一步发展与偶像(明星)的亲密关系,粉丝们往往会投入大量的时间、精力、金钱和情感,以超乎常人的喜爱和狂热,不仅自愿且无偿地为偶像(明星)完成大量操作简单、可复制性强、技术含量低的工作,如"轮博""控评""做数据",而且还负责完成包括独立撰写宣传文案、修改图片、剪辑视频等在内的需要劳动者具备相当技能素养的创意型工作(童祁,2020)。此外,他们还会大量购买与偶像(明星)相关的杂志或者其创作的专辑、代言的广告商品等等(姚建华、徐偲骕,2021)。在粉丝们看来,他们在偶像(明星)身上投入的财力、物力和人力越多,两者的亲密关系也就越牢固(杨玲,2009)。粉丝无疑构成了粉丝经济急剧增长的中坚力量,而粉丝经济的根本逻辑就是情感经济(蔡骐,2015)。在网络空间中,粉丝与网络主播或者偶像(明星)之间的亲密关系与"虚拟恋人"服务中亲密关系的异同、后者在满足消费者情感需要方面所发挥的重要作用,以及亲密关系的商品化问题都是本文主要关注和讨论的内容。

三、研究方法与研究对象

为了更准确、翔实和系统地了解"虚拟恋人"的情感劳动过程及其行业生态,研究者于2020年3月5日加入淘宝店铺SS恋人馆,进行了为期50天的参与式观察。研究者以"代理"(即缴纳"入会费"的"虚拟恋人")身份进入"接单群""培训群""闲聊群"等SS恋人馆的内部微信群,参与恋人馆的日常接单、每周培训、团队建设(如"情人节"抽奖)等各类线上活动,并借此全景式观察和记录"虚拟恋人"的工作状态(包括他们的劳动过程和相互之间的关系),从而获得第一手的经验材料。除参与式观察外,研究者还分别对3位男性和3位女性"虚拟恋人"进行了每位时长2~3小时不等的半结构深度访谈,旨在挖掘不同工作场景中,"虚拟恋人"为不同顾客提供情感服务的过程,及其主观体验和对这份工作的真实感受与评价。

SS恋人馆以"互联网信息服务"为主要经营范围许可项目,于2020年1月15日获得相关部门颁发的营业执照。它在店铺宣传海报中自称是"全网最大的恋人馆",目前提供陪聊服务、陪玩游戏、叫起床服务等九项个性化服务。其服务类型分为文字、语音、连麦和全套(包含前面三种服务方式),一次性购买服务的时长从半小时、一天、一周到包月不等。价格上,文字聊天为一小时 12 元,包月为 520 元;全套最高可达一小时 22 元,包月 888 元。表 1 罗列了 2020 年上半年 SS 恋人馆提供的主要服务及其价格。

表 1 2020 年上半年 SS 恋人馆的主要服务及其价格

服务名称	服务类型(形式/时长)	价格(元)
陪聊服务	文字/一小时	12
	文字/一天	52
	文字/一周	168
	文字/一个月	520
	语音、连麦/一小时	28
	语音、连麦/三小时	58
	全套/三小时	66
	全套/一天	88
	全套/一周	268
	全套/一个月	888
陪玩游戏	不连麦/一小时	12
	连麦/一小时	16
叫起床服务	语音、连麦/一次	4

在招募"虚拟恋人"方面,SS 恋人馆采用的是扁平化的"代理"模式。申请者在缴纳"入会费"后就可以参加恋人馆提供的简单培训,考核通过后就能成为"代理",被邀请加入店铺的内部微信群,开始"接单"。"(订)单"是消费者购买"虚拟恋人"服务时,被要求填写的一份包括所需恋人性别、聊天主题、方式、时长等具体信息的电子表格。在实际的运作过程中,店铺的"发单管理者"将"(订)单"发送到由"虚拟恋人"组成的微信群中,有意接单的"虚拟恋人"提供一张包含自己基本情况的"接单图",由"发单管理者"通过微信或者 QQ 转发给消费者供其选择,部分店铺还为对音色有特别要求的消费者提供"线上试音群聊"服务。被消费者选中的"虚拟恋人"获得订单,按照约定时间开始服务。

四、建构亲密关系:"虚拟恋人"的情感劳动过程

"虚拟恋人"情感劳动过程的核心内容是在网络空间中建构与消费者的亲密关

系。他们在“进场”“在场”和“离场”的不同服务阶段,根据消费者喜欢的恋人类型,主动整饬外显情感来积极调动消费者的情感,努力营造甜蜜的恋爱氛围,给消费者带来即时性的亲密体验,进而满足其对恋爱关系的想象和情感需求,以获得五星好评或者续单。

(一)进场:提供多样化的恋人类型

在SS恋人馆中,消费者可以下单订购“霸道总裁”“小奶狗”“狼狗”“蓝颜”“正太”等不同类型的男性恋人及“御姐”“萝莉”等女性恋人的服务。不同类型“虚拟恋人”之间的差异主要表现在微信头像、朋友圈背景墙、聊天中使用的语气词、表情包等不同方面。也就是说,SS恋人馆在“虚拟恋人”提供服务前,已经为他们建立了包括外在条件(如声音和颜值)、性格特征、特长爱好等基本情况在内的“虚拟身份档案”,旨在为消费者带来更完美,甚至是“天衣无缝”的模拟恋爱效果。该馆还特别提醒“虚拟恋人”在接单前必须做好符合人设的形象呈现:“虚拟恋人”在接单时一定要屏蔽朋友圈,根据消费者喜欢的恋人类型修改好自己所有的资料,包括更换头像、背景图、昵称等。卡戎(男,18岁,高中在读,兼职两个月。本文受访者的姓名都已做匿名化处理)在访谈中表示:在为顾客创造“亲密体验”时,他会竭力变成“顾客喜欢的类型或者想要的模样”,这样才能不断激发顾客强烈的“接近倾向”,这对于他获得较高的服务满意度至关重要。

设置不同类型“虚拟恋人”的主要目的在于消解“虚拟恋人”和消费者之间的陌生感。一般而言,“虚拟恋人”的类型与自身性格重合度较大,因此他们深谙能够与消费者成功建立起“亲密关系”的话术,服务过程中即时情感管理和情感表达的难度也相应地降低了,服务效果自然也就更好。例如,十安(女,20岁,大学在读,兼职半个月)觉得自己的特点是“温柔”“可爱”和“话多”,所以她不会主动要求去为喜欢“御姐”类型的消费者提供服务。对于消费者来说,自身的经历以及对不同类型恋人的认知和想象是他们选择“虚拟恋人”类型的重要依据,他们中的绝大多数人会选择与自己聊得来的“虚拟恋人”,轻松和愉悦的聊天氛围无疑更容易使他们沉浸在恋爱的亲密场景中。

(二)在场:努力营造甜蜜的恋爱氛围

无论消费者选择了何种类型的恋人,对于“虚拟恋人”而言,主动整饬外显情感来积极调动消费者的情感,努力为他们营造甜蜜的恋爱氛围,让他们时刻感受到自己被喜欢、被重视、被关心、被呵护和被宠爱十分关键。“虚拟恋人”会在大部分的服务时间内,与消费者“模拟男女朋友的日常或者撩人”,倾听他们讲述的故事,使他们“产生极强的代入感”。由于店铺规定“下单五分钟内,顾客如果不满意可以随时换人,这时‘虚拟恋人’无法获得任何工资”,在物质报酬的刺激下,大部分“虚拟恋人”在开始服务后会主动表达对消费者的关心和爱慕,比如使用亲昵称呼或者开场白,如“宝贝”“小可爱”“小仙女我来接你回家了”“叮咚,你的女朋友送达了”等等。此外,“虚拟恋人”大多以倾听、顺从的姿态表达对消费者处境的理解、对其外貌和性格等条件的肯定,或者通过温情脉脉的话语叙事让消费者感觉到自己被认可、被重视甚至是被崇拜,从而使他们获得较高的自我价值感,同时迅速将双方代入虚拟场景的恋爱角色设置中,这些都对“虚拟恋人”的即时情感管理和情感表达能力提出了不小的挑战。

使用“土味情话”是“虚拟恋人”在营造甜蜜恋爱氛围方面最为常用的手段。当“虚拟恋人”以土味情话引导话题时,对于熟悉土味情话的消费者而言,这种沟通场景自然而然地提升了他们参与“土味情话”再生产的积极性;而对于不熟悉土味情话的消费者而言,他们的回应恰恰能与“虚拟恋人”的预设一致,从而被虚拟恋人“套路”:消费者一开始会感到尴尬,但一会儿就能感受到其中的暧昧与幸福。在上述两种情况中,“土味情话”都不是虚伪、轻佻、油腻的造作,而是激发消费者对甜美恋爱想象的催化剂和使两者关系迅速升温的助燃剂。

(三)离场:是再见,还是续单?

对于“虚拟恋人”来说,能否在服务结束后获得消费者的五星好评或者续单(尤其是续单)是对其业务能力的真正考验,因此增强消费者的黏性是他们实现从“情感”到“金钱”的“关键一跃”。“虚拟恋人”在委婉地表达“服务即将结束”的现实时,往往会巧妙地调动消费者的情感投入,一边增强他们与“虚拟恋人”的黏性,一边有效地激发他们再次消费的欲望。卡戎在访谈中表示:服务即将结束时,他会和消费者说“时间过得好快,该结束了,但真有些舍不得呢!”如果还有话题没有聊完,他会说“我们到时间了,还要聊的话,你需要续单哦!我在这里等着你哟!不见不散!”对于服务时间比较长且聊得比较投缘的消费者,艾瑞克(女,20岁,大学在读,兼职半年)表示,服务结束时她“多少会有点舍不得”,但无法改变“如果顾客不续单”就只能互删联系方式的结果。

概言之,“虚拟恋人”在“进场”“在场”和“离场”的不同服务阶段,根据消费者喜欢的恋人类型,主动整饬外显情感,与他们建构亲密关系,满足他们对恋爱关系的想象和情感需求的同时,获得五星好评或者续单。“虚拟恋人”采用“浅层表演”和“深层表演”两种不同的情感管理策略来实现情感整饬。具体来说,一方面,“浅层表演”,即“情感表现的整饬”,包括“虚拟恋人”控制外在言辞和使用大量恋爱符号,以及把握表达过程中的语音、语调和语速,以传递给消费者与他们期望相一致的情感。如前文所分析的,“虚拟恋人”经常会使用温情脉脉的话语叙事或者“土味情话”来满足消费者的情感需求。在访谈中,苏晨(男,18 岁,大学在读,兼职一年)也反复强调:“大部分顾客都是无聊或者心情不好的,所以我们更需要一上来就对他们嘘寒问暖,让他们很容易感受到我们的关心与体贴。”另一方面,“深层表演”,即“情感体验的整饬”,包括“虚拟恋人”通过控制自己的心理来调整情感状态,努力唤起某些特定情感,使之能适应情境所要求的外在表情。在访谈中,夕墨(女,17 岁,高中在读,兼职一年)表示:在她来 SS 恋人馆的这段时间里,已经有过 50 多次的服务经验。有时候她需要连续工作到深夜,即使自己的身心十分疲倦,还是会积极主动地与顾客聊一些轻松愉快的话题,让他们享受舒适感和愉悦感。尤其是对那些话不多、相对比较害羞和内向的顾客,夕墨会选择自己多说一点,成为话题的引导者,尽量不使顾客感到尴尬。在她看来,这样做能够有效地拉近“劳—客”之间的距离,让消费者时时都能感受到被陪伴的温暖,人际吸引的效果自然也就增强了。

五、网络空间中亲密关系的双重“虚拟性”

那么,“虚拟恋人”在其服务中与消费者建构的亲密关系具有怎样的特征呢?一方面,它存在于网络的虚拟空间,而非现实生活中;另一方面,它受市场原则支配,是一种能够即时和短暂满足消费者情感需求的商品,而非建立在两者长久和稳定的情感基础之上,因此具有情感虚拟化的特征。质言之,“虚拟恋人”与消费者建构的亲密关系具有双重“虚拟性”。

一方面,“虚拟恋人”服务中的亲密关系存在于网络的虚拟空间。互联网技术的迅猛发展使人与人之间亲密关系的建构突破了现实社会交往场景的限制,而具有独特性:在虚拟的网络空间,“虚拟恋人”和消费者的身体都是“缺席”的,衣着、姿态、面部表情等非语言符号在传情达意方面无法发挥作用,“虚拟恋人”只能通过视觉或者听觉感知到的各种类型的数字化信息为消费者提供“亲密体验”,这些信息主要包括互联网平台或者软件聊天框内的文字、图像、表情包、音频、视频等。也就是说,网络虚拟空间中多样态的数字化信息构成了“虚拟恋人”和消费者之间亲密关系的载体和物化形式。这些数字化信息及其组合在网络空间中的浮现、流动和消失过程与情感驱动、扩散和转移的轨迹是同构的(自国天然,2020)。

为什么这些数字化信息有助于两者之间亲密关系的建构呢?究其原因,其一,数字化信息在网络空间中自由流动,削弱了时空对个体互动的具体限制,彻底颠覆了传统社会的行为和交往方式,创造出强烈的共时感和共地感(梅洛维茨,2012)。约书亚·梅洛维茨(Joshua Meyrowitz)将这一空间定义为"消失的地域"(no sense of place)。在这一地域中,即使"身体缺场"的个体也能进行"在场"般的互动,使他们在网络空间中的情感实践与其在真实交流与沟通场景中的情感实践具有高度相似性,进而有助于他们完成个人情感网络体系的搭建(周云水、赵金才,2015)。以表情包为例,"摸摸头""抱抱""亲亲"等动态表情包既生动活泼,又高度拟人化,极大地强化了"亲密体验"的真实性。这些表情包不但消解了"虚拟恋人"和消费者之间的地理距离和心理隔阂,而且为消费者提供了一种切实可感的交互体验。其二,网络空间中"虚拟恋人"的"身体缺场"带给消费者充足的想象空间,他们在编码和解码数字化信息的过程中往往会不自觉地将自己对恋爱关系的想象和对"理想恋人"的标准"投射"到"虚拟恋人"身上①,将"虚拟恋人"创造的"亲密体验"视为自己与"理想恋人"之间甜蜜的恋爱关系,进而产生强烈的"被陪伴"和"可依靠"的情感体验。换言之,消费者会基于一种童话般的浪漫想象来展开"数字化身"(digital avatar)的交往,在"虚拟恋人"甜言蜜语及其所带来的"脸红心跳"的连续"轰炸"下,获得前所未有的真实的感官愉悦和"颅内高潮"(谭雪芳,2019)。

另一方面,"虚拟恋人"和消费者之间的亲密关系受市场原则的支配,它在本质上是一种满足消费者情感需求的商品。因此,它是明码标价且可以进行交易的。这与现实生活中基于趣缘、业缘或者地缘而形成的亲密关系存在着明显的差别:"虚拟恋人"服务中的亲密关系给消费者带来的是一种碎片化的弱连接。它并不稳定,更注重消费者即时而短暂的满足,以缓解他们日常生活中的情感压力。而现实生活中的亲密关系是人与人之间建立在关怀、信任、理解等情感基础上的依赖关系,是一种非商品化的强连接。它具有长期性和相对稳定性的特点,更注重真实的自我表露。由此可见,"虚拟恋人"服务中的亲密关系呈现情感虚拟化的特征。

具体来说,市场原则已经渗入人类最为私密的和个体化的情感生活,在消费社会

---

① "投射"这个概念最早是由西格蒙德·弗洛伊德(Sigmund Freud)提出的。他认为,"投射"是一种从别人身上发现自己的情感、想法或者愿望的心理保护机制。例如,粉丝对偶像的喜爱往往来自偶像身上的某些特殊的品质,包括温柔、礼貌、努力等。这些品质既是粉丝的情感认同,也是他们的情感"投射"。拥有这些品质的个体就成了这些粉丝理想的伴侣或者自己想成为的形象。具体参见:朱丽丽,韩怡辰,2017. 拟态亲密关系:一项关于养成系偶像粉丝社群的新观察——以 TF boys 个案为例[J]. 当代传播,(11).

中,人类的情感成为一种具有交换价值的商品(王鹏,2013);对于劳动者而言,除了体力和脑力,他们的情感也被卷入生产过程,受资本的组织、控制和利用,进而创造出更多的剩余价值,情感因此也成了资本积累和增值的重要原材料(施芸卿,2016)。在"虚拟恋人"服务中,情感的商品化(或者亲密关系的商品化)与劳动力的商品化深深地交织在一起。如在包括SS恋人馆在内的绝大部分相关店铺中,"虚拟恋人"会根据工作经验、综合能力、好评度等指标被划分为普通、金牌、镇店、男神女神等不同等级,级别越高代表"虚拟恋人"能够提供的服务越优质,如能带来更强的模拟恋爱场景的真实感和更佳的恋爱体验的沉浸感,他们的价格自然也就越高,为店铺带来的收益也就更多。

需要强调的是,这种情感商品具有两个主要特征:其一,在传统情感劳动中,情感作为劳动力商品的"附加值"而存在。以足疗店的女性技师为例,商家通过规训她们的身体来为顾客提供满意的服务,如要求她们在为顾客进行足疗的同时,全程展现"标准化的职业微笑"(陈龙,2016)。与此不同的是,网络情感劳动借助互联网平台或者软件进行情感的生产与交流,情感(以及与之密切相连的"相互陪伴""恋爱感觉""亲密体验""亲密关系"等)成为这场交易中唯一具有交换价值的商品,并不需要依托其他实物或者服务。其二,当亲密关系成为情感商品时,构成现实社会交往中亲密关系的社会规范和身份束缚不再存在,如社会地位、收入条件等,因此它与粉丝和偶像(明星)之间的"拟态亲密关系"具有极大的相似性(杨馨,2020),并营造出一个"数字爱情乌托邦"世界:两者都将日常生活中导致亲密关系出现矛盾的来源排除在外,大胆而自由地建构一种纯粹而甜美的关系。但吊诡的是,这种关系本身是情感商品化和劳动力商品化两股合力共同作用下的产物,而披上了"纯粹而甜美"的外衣后,越来越多的个体为之所吸引,这也就意味着更多的人(尤其是当代青年人)被裹挟到情感和劳动力的双重商品化逻辑之中。

六、结语:现实社会交往中的亲密关系会被替代吗?

20世纪90年代中后期以来,不少学者开始将身体、情感和欲望等因素置于社会学和人类学分析的中心位置,"情感转向"(affective turn)发展为人文社科领域一条新的研究进路(自国天然,2020),情感劳动成了这一转向主要的理论落脚点(刘芳儒,2019)。对于中国学者而言,情感转向不仅是一种理论取向,更是一面透视现实的棱镜,有助于我们剖析当代中国社会中个人的情感困境及其背后复杂的结构性因素,而解决这一问题既必要又紧迫(成伯清,2017)。尤其是近年来,中国城市化与现代化的快速推进使旧有的社群单元不断被打破,加速了个体的流动,传统社会中牢固的人际纽带也随之变得愈发松散和短暂,“日抛型关系”逐渐成为人际关系的常态(王艳玲、刘可,2019);同时,城市化与现代化的迅猛发展也导致人际关系的原子化,当代大量青年人成了“空巢青年”,难以从家庭、学校、工作单位甚至社会中获得日常支持和情感交流。

哈尔特穆特·罗萨(Hartmut Rosa)对“加速社会”的系统性阐述同样为我们深入分析上述问题提供了有益的理论线索(罗萨,2015)。在他看来,日益强化的增长逻辑导致科技进步、社会变迁和生活节奏的持续加速,这标志着加速社会的形成。在加速社会中,一方面,人们在被要求最大程度地发展个人能力和丰富个体经验的同时,不得不面对残酷的社会压力和快节奏的现实生活,进而不知不觉地陷入时间危机和巨大的压力之中。其最重要的表现形式之一就是人们内心充满孤独、寂寞、迷茫和无助等消极情绪,生活的焦虑感和不确定感与日俱增,人生体验也随之越来越碎片化(伍麟,2013)。另一方面,当个体被嵌入社会加速的现代化巨轮中时,人际关系和整个世界变得更具流动性,在此背景下,人们发现“建立有共鸣的关系太花时间了,而且一旦分开又会太痛苦”(罗萨,2018:141)。这必然导致传统意义上亲密关系的式微:每个现代人的内心处于一种居无定所的漂泊状态——人们渴望与他人建立亲密关系,在互动中建构自我认同;但是不确定性使他们对长久和稳定的传统亲密关系愈发充满陌生感,甚至是恐惧感。

因此,随着城市化与现代化的快速发展,加速社会的兴起,人们的情感呈现“荒漠化”的特征,衍生出强烈的交往需求,尤其是对亲密关系的渴望,期待尽情倾诉与宣泄(孙信茹、甘庆超,2020)。如何帮助个体,尤其是当代青年人在日常生活中获得心理上的陪伴感和情感上的慰藉就成了一个重要且亟待解决的现实问题,这也是人类社会共同面对的难题。

本文认为,互联网技术的迅猛发展和广泛应用为此提供了一条可行的解决路径。荷兰哲学家约斯·德·穆尔(Jos de Mul)认为,网络技术为我们构筑了一个超凡的情感世界,各种人物、象征和叙事在此相互交织,而成为人们“精神寄托的自留地”(穆尔,2014:57)。当前,越来越多的青年人将网络空间中的“虚拟恋人”服务视为一种逃离现实生活和实现恋爱自由的有效方式。“虚拟恋人”服务有助于他们“精心缝合因现实生活中亲密关系匮乏所导致的情感生活单一和自我的孤寂”,即时和短暂地获得亲密关系所带来的陪伴和温暖,同时“创造出一种表达爱欲、释放自我等与情感体验紧密相关的生活方式”,赋予日常生活以不凡的意义(孙信茹、甘庆超,2020:34)。

“虚拟恋人”服务的方兴未艾不仅部分解决了当代青年人情感“荒漠化”的困境,

而且还满足了他们对消费体验的需求——他们将消费视为一种现代生活方式,普遍接受甚至是主动选择用市场化的方式来满足其情感需求。因此,“虚拟恋人”服务在当代青年人情感期待和现代生活方式的双重需求下应运而生。但也有不少学者坚持认为,应该严格区分情感性关系和被商品化的关系,两者的组织原则是相互对立的,彼此需要保持适当的边界,并对市场原则支配和加速恶化人类真正的情感关系表示深深的忧虑(马冬玲,2010)。更重要的问题在于:如果个体在现实生活中感到情感关系的疏远,他们选择市场化的方式来满足自己的情感需求,那么这是否会反过来进一步加剧他们情感关系的疏离化?在齐格蒙特·鲍曼(Zygmunt Bauman)看来,消费会使人们处在“永恒监督所导致的持续的焦虑和渴望的状态”之中(鲍曼,2018:140)。也就是说,一方面,当消费者将网络空间中批量化生产的恋爱符号作为情感慰藉的全部寄托时,他们在虚拟体验短暂欢愉之后会因再次感受到现实的压力而重陷孤独和焦虑的泥淖。另一方面,当他们深陷过度消费的网络世界时,与现实生活的日益隔绝最终将导致他们在现实生活中获得和维系亲密关系的需求与渴望不断被消解,其相应的能力也将随之逐渐丧失。因此,他们极易永远蜷缩在“虚拟恋人”所建构的亲密关系中,陷入“孤独和焦虑—下单‘虚拟恋人’服务得到慰藉—更孤独和焦虑—继续下单‘虚拟恋人’服务”的无限循环之中。从这个意义上来说,“虚拟恋人”服务建构的网络空间中的亲密关系在一定程度上弥补了个体在现实生活中的情感缺失,但终究无法替代人们在现实社会交往中形成的亲密关系。

参考文献

鲍曼,2018.流动的现代性[M].欧阳景根,译.北京:中国人民大学出版社.

蔡骐,2015.社会化网络时代的粉丝经济模式[J].中国青年研究,(11):5-11.

陈龙,2016.身体的劳动与劳动者——以足疗店青年女技师为例[J].青年研究,(2):77-85,96.

成伯清,2013.情感的社会学意义[J].山东社会科学,(3):42-48.

成伯清,2017.当代情感体制的社会学探析[J].中国社会科学,(5):83-101,207.

哈特,奈格里,2005.帝国:全球化的政治秩序[M].杨建国,范一亭,译.南京:江苏人民出版社.

何明洁,2009.劳动与姐妹分化——“和记”生产政体个案研究[J].社会学研究,(2):149-176,245.

霍克希尔,2020.心灵的整饰:人类情感的商业化[M].成伯清,淡卫军,王佳鹏,译.上海:上海三联书店.

胡鹏辉,余富强,2019.网络主播与情感劳动:一项探索性研究[J].新闻与传播研究,(2):38-61,126.

吉登斯,2001. 亲密关系的变革[M]. 陈永国,汪民安,译. 北京:社会科学文献出版社.

拉扎拉托,2005. 非物质劳动(上)[J]. 国外理论动态,(3):41 - 44.

李晓菁,刘爱玉,2017. 资本控制与个体自主——对国内空姐情感劳动的实证研究[J]. 妇女研究论丛,(5):24 - 36.

林颖,吴鼎铭,2017. 网民情感的吸纳与劳动化——论互联网产业中"情感劳动"的形成与剥削[J]. 现代传播(中国传媒大学学报),(6):21 - 25.

刘芳儒,2019. 情感劳动(Affective Labor)的理论来源及国外研究进展[J]. 新闻界,(12):72 - 84.

刘育婷,肖索未,2020. "干活时把雇主当家人,相处时把自己当外人"——住家家政工的雇主关系及情感劳动研究[J]. 妇女研究论丛,(4):73 - 87.

罗萨,2015. 加速:现代社会中时间结构的改变[M]. 董璐,译. 北京:北京大学出版社.

罗萨,2018. 新异化的诞生:社会加速批判理论大纲[M]. 郑作彧,译. 上海:上海人民出版社.

马冬玲,2010. 情感劳动——研究劳动性别分工的新视角[J]. 妇女研究论丛,(3):14 - 19.

梅洛维茨,2012. 消失的地域:电子媒介对社会行为的影响[M]. 肖志军,译. 北京:清华大学出版社.

穆尔,2014. 赛博空间的奥德赛:走向虚拟本体论与人类学[M]. 麦永雄,译. 桂林:广西师范大学出版社.

齐海静,蔡颖,2013. 亲密关系综述[J]. 社会心理科学,(9):26 - 30.

施芸卿,2016. 制造熟客:劳动过程中的情感经营——以女性美容师群体为例[J]. 学术研究,(7):60 - 68,177.

石佳玉,2019. 虚拟男友——中国女性的网络情感劳动消费[D/OL]. 济南:山东大学[2019 - 5 - 4]. http://www.doc88.com/p-07087760350013.html.

帅满,2018. 双重控制与多元反应:茶艺师劳动过程研究[J]. 中国青年研究,(11):69 - 76.

苏熠慧,倪安妮,2016. 育婴家政工情感劳动的性别化机制分析——以上海 CX 家政公司为例[J]. 妇女研究论丛,(5):17 - 24.

孙信茹,甘庆超,2020. "熟悉的陌生人"——网络直播中刷礼物与私密关系研究[J]. 新闻记者,(5):25 - 35.

谭雪芳,2019. 图形化身、数字孪生与具身性在场:身体 - 技术关系模式下的传播新视野[J]. 现代传播(中国传媒大学学报),(8):64 - 70,79.

特克尔,2014. 群体性孤独[M]. 周逵,刘菁荆,译. 杭州:浙江人民出版社.

佟新,2008. 30 年中国女性/性别社会学研究[J]. 妇女研究论丛,(3):66 - 74.

童祁,2020. 饭圈女孩的流量战争:数据劳动、情感消费与新自由主义[J]. 广州大学学报(社会科学版),(9):72 - 79.

涂永前,熊赟,2019. 情感制造:泛娱乐直播中女主播的劳动过程研究[J]. 青年研究,(4):1 -

12,94.

王斌,2020. 自我与职业的双重生产:基于网络主播的数字化表演劳动实践[J]. 中国青年研究,(5):61 – 68.

王宁,2017. 自目的性和部落主义:消费社会学研究的新范式[J]. 人文杂志,(2):103 – 111.

王鹏,2013. 消费社会的情感劳动及其异化[J]. 云南民族大学学报(哲学社会科学版),(4):60 – 64.

王艳玲,刘可,2019. 网络直播的共鸣效应:群体孤独 · 虚拟情感 · 消费认同[J]. 现代传播(中国传媒大学学报),(10):26 – 29.

伍麟,2013. 社会焦虑的时间视角[J]. 哲学动态,(5):80 – 85.

徐林枫,张恒宇,2019. "人气游戏":网络直播行业的薪资制度与劳动控制[J]. 社会,(4):61 – 83.

姚建华,陈曦,2019. 网络直播的政治经济学分析:资本和权力的视角[J]. 现代视听,(8):36 – 39.

姚建华,王洁,2020. 虚拟恋人:网络情感劳动与情感关系的建构[J]. 青年记者,(25):48 – 49.

姚建华,徐偲骕,2021. 传播政治经济学视域下的数字劳动研究[J]. 新闻与写作,(2):5 – 13.

杨玲,2009. 粉丝、情感经济与新媒介[J]. 社会科学战线,(7):173 – 177.

杨馨,2020. 情感劳动的传播政治经济学批判——以 L 后援会为个案[J]. 新闻记者,(9):14 – 24.

周云水,赵金才,2015. 亲密关系的变革:"基友"的现实表现及其理论蕴含[J]. 青年研究,(2):30 – 37,94 – 95.

朱丽丽,韩怡辰,2017. 拟态亲密关系:一项关于养成系偶像粉丝社群的新观察——以 TF boys 个案为例[J]. 当代传播,(11):72 – 76.

朱阳,黄再胜,2020. 劳动的情感参与:数字时代情感的价值和生产[J]. 中共宁波市委党校学报,(2):32 – 40,121.

自国天然,2020. 情之所向:数字媒介实践的情感维度[J]. 新闻记者,(5):41 – 49.

绩效合法性视野下的网络直播及其劳动过程研究*

林　颖　吴鼎铭　薛凯丽**

摘要:本研究将网络直播放置于中国特殊的社会语境下进行考察,提出在绩效合法性的背景下,网络直播平台和经纪公司得以合理且"合法"地大规模吸纳大众参与直播内容生产过程。通过为期近一年的网络民族志调研,本研究从劳工招募、劳动者驯化、劳动形式、消费景观生产及网民情感动员等面向进行分析,指出:以网络直播为代表的互联网产业,制造了一种以网民"参与"为核心的新型资本增值模式。在弹性雇佣制度与严苛的量化考核标准下,网络主播与围观消费的网民被嵌套于数字资本主导的机器体系之中,成为资本扩张的内在动力。从劳动的视角揭示互联网文化背后的社会经济进程,不仅能洞穿以"自由"为核心的商业意识形态所营造的幻象,而且可以为网络直播的规范发展与社会治理提供新的视角。

关键词:绩效合法性,网络直播,数字劳动

以互联网、手机为代表的新媒体技术不仅是一种信息传播的物质载体,同时也是商业资本渗透到人类日常生活的重要媒介。持续演变中的信息技术成了企业控制生产、吸纳劳工、消弭矛盾、遮蔽剥削,从而实现资本增值与利润最大化的重要工具。网络直播正是在这种现实背景下产生,并一度成为互联网平台上的"主导性"传播形态和流行的社交形式,2016 年更是被称为"中国网络直播元年"。据统计报告显示,2019 年,中国网络直播用户规模达 4.33 亿人,网民渗透率达 50.7%。"截至 2020 年 3 月,我国网络直播用户规模达 5.6 亿,较 2018 年底增长 1.63 亿,占网民整体的 62.0%。"

---

* 基金项目:2019 年度福建省社会科学规划项目"媒体融合时代提升福建主流媒体的传播力、引导力、公信力研究"(FJ2019C024);2019 年国家社科基金后期资助项目"互联网时代的'数字劳工'研究"(19FXWB009)。

** 林颖,福建师范大学传播学院副教授、传播学博士、艺术学理论博士后,硕士生导师。吴鼎铭,福建师范大学传播学院副教授、传播学博士,硕士生导师。薛凯丽,福建师范大学传播学院硕士生。

就网络直播的主题来看,网络直播可大致分为秀场直播、游戏直播、体育直播、电商直播等等,种类繁多、形态多样;从中国的网络直播的纵向发展来看,大致经历了“直播1.0 时代——秀场直播”“直播 2.0 时代——电商直播”以及“直播 3.0 时代——直播+行业融合”三个时期;而从技术角度来看,网络直播只需要一个话筒、一个接入互联网的电脑即可实现。因此,越来越多的普通网民开始加入这种“网红经济”,身体展示、休闲时间、表演创意、消费欲望都被转化成为经济生产力,造就了互联网时代极具特色的视觉景观。

从传播与劳动的视角来看,网络直播的特征表现为:依靠传播技术与网民的参与,网络直播平台在差异化与多样化的社会中吸纳大众的集体智力与剩余生产力,实现了平台内容的众包化生产,从而推动数字资本的迅速增值。基于此,本研究将网络直播产业的发展放置于中国特殊的绩效合法性的总体背景下进行分析,深入两家主营业务为网络直播与网红培养的互联网公司,并进行了为期近一年的网络民族志研究,深度体验直播者的劳动形式与心理活动。为了弥补单一观察视角的不足,研究团队还对网络主播与管理层进行深度访谈,从而更为全面地深描直播产业中的内容生产驱动机制与利益分配模式,并由此总结这种数字劳动形式给互联网传播带来的文化转向;与此同时,对这一现象的民族志分析可以在一定程度上帮助我们重新理解网络直播所带来的“乱象”,丰富学界对于这一现象的理解。

一、绩效合法性下的网络直播及其劳动合法性

美国政治学者李普赛特(Seymour Martin Lipset)认为,一个国家的政权合法性“包括一套制度有能力激发和保持民众的信任,使民众相信现行的政治制度是最适合当前社会的”。其后,美国政治学家胡安·林兹(Juan Linz)进一步补充道:“尽管现行的政治体制存在一些缺点,但它仍然优于可能建立的其他制度,因此应当得到民众的服从。”二者关于政权合法性的观点尽管角度不同,但都在不同程度上强调了民众认同在政权合法性中所扮演的重要角色。关于合法性的研究在德国政治经济学者马克斯·韦伯(Max Weber)那里得到系统阐述,他认为,政权合法性表现为一个动态的过程,在不同的时空与政治经济语境中,领导团体会策略地调整合法性来源,以应对社会发展所带来的挑战。具体而言,政权合法性可分为三种类型:以法律规章为基础的法理型合法性、以继承性为基础的传统型合法性和以领导的人格魅力(charisma)为基础的魅力型合法性。在现实运作过程中这几种合法性可能是并存的,或是在某个具体类型中可再细分出更丰富的运作模型。

进入20世纪90年代，中央不断强调"经济基础"的决定性作用，实行改革开放，推行市场经济，以满足人民对物质的追求。这种策略性转变既符合人类对经济利益的理性追求，同时也在确证执政党的领导能力。学者赵鼎新、周翼虎、季礼（Bruce Gilley）等将这种合法性建构的政治行为概括为绩效合法性（performance legitimacy），即"国家统治的正当性来源于国家对社会提供公共物品的能力"。与此同时，基于对中国市场经济建设过程中如何策略性实施政策的经验考察，学者王爱华（Aihwa Ong）提出中国政府通过选择性实施新自由主义政策以灵活地行使主权，达到政治与市场逻辑的双重控制。这种弹性的政策被王爱华称为"作为例外的新自由主义"与"新自由主义的例外"，前者遵循市场化、私有化与去管制化的新自由主义逻辑实现"去政治化的政治"；后者则将部分群体与区域排斥在市场逻辑之外，以维持现有控制和保护特定群体的利益。这两种动态与非线性的政策实施构成了现代中国社会治理与市场运作的基本逻辑。

互联网产业作为一种新兴行业，无疑对中国经济的发展具有重要推动作用，尤其是对阶层差异分化明显的社会而言，互联网的"赋权"功能在整体社会发展中具有特定的弥合地域性、社会层级、贫富差距的作用，它使不同命运的个体都有了与这个世界连接的机会。"网络直播"作为互联网经济中的火热现象，就具备这一功能，其在中国的兴盛及游走在制度边缘的雇佣制度都与中国特殊的绩效政治紧密相关，并因此呈现出十分矛盾的数字景观：

一方面，网络直播为民众提供了丰富且多元的就业岗位，开辟了流动劳工阶层的劳动市场，尤其在新冠肺炎疫情防控期间实体产业无法正常运转的情况下，网络主播们却仍然可以借助互联网获得收入，不仅如此，受到"网红"主播带货的启发，"县长直播带货"更是成为2020年脱贫攻坚和创新政务的新举措，作为特殊时期拉动地方经济增长的推手。2020年，由国家发展改革委等13部门联合发布的《关于支持新业态新模式健康发展 激活消费市场带动扩大就业的意见》中提出："为落实《政府工作报告》部署，支持新业态新模式健康发展，激活消费市场带动扩大就业，打造数字经济新优势，提出如下意见。""进一步降低个体经营者线上创业就业成本，提供多样化的就业机会。支持微商电商、网络直播等多样化的自主就业、分时就业。""引导'宅经济'合理发展，促进线上直播等服务新方式规范健康发展。"而在同年5月，福建省商务厅颁布了《关于进一步促进网红经济发展九条措施》，明确提出"直播赋能福建质造，推广福建网红产业带"，"积极培育直播网军，强化网红经济支撑"，并利用政策支持与经济奖励等方式鼓励各行业"加强直播业务培训和人才培养……培育与我省产品、产业相匹配的主播团队，力争培养一批福建头部网红。"各级政府关于网络直播政策的不断推出,不仅促进了网络直播产业发展的合法性,同时也映射了网络直播在巩固绩效合法性中的关键作用。

但另一方面,除了以政府为背书的政务带货直播之外,其他网络直播一直被媒体与社会大众当作一项休闲娱乐活动,在现实运作中一直处于法律的真空状态,传统的劳动法规对直播劳动没有规制效应,主播的工资无法兑现、随意解聘主播等劳资冲突频发。这种矛盾存在的本质正是绩效合法性下重经济轻规制的外在表现。以福建的A传媒有限公司为例,该公司成立于2016年,是网红培训孵化基地,目前已在福建、浙江、贵州等地设立33家分公司,旗下签约艺人有3万多名。主营业务包括网络直播、网红培养、淘达人、线下活动推广、自媒体经营、为企业导量。访谈中得悉:“最近几年,政府在三个方面给本公司提供支持,其实也是支持这一行业的发展。第一是为公司提供工作场地,免租金;第二是减税,为企业发展减负;第三个是帮助公司解除一些‘后顾之忧’,比如网络上有些公司的负面消息,包括员工投诉、网民投诉等小问题,政府会出面帮忙‘内部解决’。”可见,对于地方而言,促进大众灵活就业、推动地方经济发展,其重要性已超越虚拟平台上数字劳工的劳动权益。这就是上文所述的“作为例外的新自由主义”与“新自由主义的例外”在网络直播行业中的表征。

基于上述分析,本研究意在解决以下三个核心问题:网络直播产业是如何统合新自由主义的弹性政策,将网民转变成为平台的数字劳工?网络主播们的数字劳动形式是什么样的?直播平台和经纪公司又是如何驱动内容生产,进行劳动成果的利益分配的?

二、作为劳动的直播:网络直播的劳动形式与内容生产实证研究

(一)“自由”的询唤:弹性雇佣制度下的劳工招募

20世纪90年代,在以互联网为代表的信息技术的推动下,资本生产的工作性质与生产组织发生了重要的转变,导致劳动的区隔化与社会的片断化,或者用哈维的话来说出现了与福特主义的“刻板”模式进行直接对抗的“灵活积累”生产模式,并由此催生了一种新型弹性雇佣制度,这种生产与劳动形式构成了网络社会形态的结构基础,也催生了网络直播这一新型的劳动生产形式。

近几年,网络直播行业受到资本的争相追捧。“YY旗下海外直播平台BIGOLIVE获得6000万美金投资,快手获得腾讯3.5亿美元投资,虎牙直播获得7500万美元A轮融资,微吼获得2亿元C轮投资,熊猫直播获得10亿元B轮融资,花椒直播完成10

亿元 B 轮融资，斗鱼直播完成 10 亿元 D 轮融资，触手 TV 获谷歌领投 5 亿元 E 轮融资。"资本的注入为网络直播产业的发展提供了强大的推动力。

对数字资本而言，新型弹性雇佣制度最大的价值体现在差异化与多样化的社会中，最大程度吸纳网民的休闲时间、个体创意与剩余生产力，并随时更换不利于资本增值的劳动力，实现了对劳工的自由掌控。"新技术赋予资本和生产以空前的流动性，因而生产的定位似乎处于一个永恒不断的流动状态，这为资本对抗劳动力寻求最大利益的同时，也摆脱了社会和政治对资本活动的干涉。"在网络主播的招募通告里，一种去现实化、去历史化的商业意识形态被反复叙述，不仅迎合了网民对于互联网功能的想象，同时也契合了人们对于理想职业的期待，因此，吸引了大批青年网民加入产业运作，成为推动产业资本增值的数字劳工。比如网星文化传媒有限公司在招募广告里写道："我们不拘泥于学历不要求专业，不问出身不问背景，上班时间自由安排可兼职，公司提供设备，高强度扶持，大平台大作为，只要你综合能力气质形象 OK，只要你信仰互联网的力量，加入我们吧。""一天累计三小时，无任务底薪 1500，有任务一天三小时 110，礼物自己提现。"在这些叙述中，网民无需历史包袱、专业知识和资本积累，只要有形象与"信仰"，即可加入。这种以"自由"为核心的商业意识形态成功发挥了强大的"询唤"作用，相较而言，弹性雇佣制度自由表象背后的制度霸权与劳动剥削则被淡化甚至忽视。据致力于直播行业数据实时统计的"直播观察网"分析显示，仅在 2019 年 11 月 18 日至 12 月 18 日期间，各大平台开播的主播数量达 1098.3 万人次，日均活跃主播数 26.3 万人次，新增总主播数 56.0 万人次。而在这 30 天内，直播观看总人气则达到了 389.2 亿次。依靠这一庞大数量的网络主播的数字劳动，网络直播产业日益蓬勃，仅"快手"App 一家，2019 年"总收入为 500 亿元左右，其中直播收入接近 300 亿元"，"网络表演（直播）已经成为网络文化内容供应、技术创新、商业模式创新的代表，是网络文化市场重要组成部分"。总而言之，作为一种新兴的传播形态与数字产业，网络直播利用数字资本的驱动力量与商业意识形态的"询唤"，吸纳了大批网民加入产业运作，成为弹性雇佣制度下推动产业资本增值的数字劳工。从绩效合法性角度看，这种低门槛、无包袱的招募条件为社会底层就业困难的阶层提供了新选择，部分消解了高消费欲望社会中青年流动人口生存压力的"力比多"。

（二）生产"网红"：身体规训与直播者的劳工化

身体是直播中最重要的生产资料，因此，身体成了网络直播中不可绕开的关键概念。一部权力的历史，也是对人类身体进行规训与改造的历史。法国学者福柯使用

“身体政治”(body politic)一词,来形容各种微观权力借由身体作为媒介,来达到权力的扩散与实施,从而实现身体的规训。在《规训与惩罚》中福柯提出:“身体也直接卷入某种政治领域;权力关系直接控制它,干预它,给它打上标记,训练它,折磨它,强迫它完成某些任务、表现某些仪式和发出某些信号。这种对身体的政治干预,按照一种复杂的交互关系,与对身体的经济使用紧密相连;身体基本上是作为一种生产力而受到权力和支配关系的干预;但是,另一方面,只有在它被某种征服体系所控制时,它才可能形成一种劳动力。在这种体制中,需求也是一种被精心培养、计算和使用的政治工具;只有在身体既具有生产能力又被驯服时,它才能变成一种有用的力量。”

在“直播1.0时代”的秀场直播中,网民通过招募环节并与经纪公司签约之后,经纪公司会为他们提供直播场地、技术设备,并会对直播者进行短暂的培训,将其转化为具备盈利能力的劳动者。培训围绕三个方面展开:一是直播者的心理建设,即向直播者灌输“利益至上,多劳多得”,强调“放下尊严,讨好用户”的劳动理念。二是建立直播规则意识,比如“必须保证脑袋到肚脐的部分在视频窗口的正中间,眼睛不能四处瞟,更不可低头玩手机”,同时必须与用户实时互动,并接受公司后台的实时监控。三是传授“怂恿”网民送“礼物”的技巧。从经纪公司培训直播者的项目清单来看,直播的“技巧”一共分为12个档次,从最基础的聊天唱歌说段子到“吹爆气球”,从极具色情意味的“鸡蛋面膜”到游走在法律边缘的“性感脱衣服”,每档表演形式都意在生产观看者的围观与消费欲望。如一位受访者所说:“所谓‘培训’,就是教我们如何‘套路’别人,以各种不违规的方式展现色情动作,比如把衣架掐成圆形,从下往上穿,到了胸部的时候故意表演‘卡住’,穿不过去;再如玩‘整人游戏’,一看到‘土豪’入场,公司一定会配合开‘小号’,你就开始挑衅,你刷500,我就刷1000,大土豪会跟着再刷1000。或者说‘诶,我们单挑一下,单挑全场,怼一下’。”

而在“直播2.0时代”,尽管更具日常消费性质的“带货”购物被嵌入直播,但身体依旧是促成交易的最重要奇观。以“带货一哥”李佳琦为例。李佳琦因具备“肤白貌美”的身体条件和敬业的美妆顾问气质而斩获女性消费者的青睐。李佳琦的性别表演是其成名的重要原因,他将自身形塑为有别于分不清口红色号的“直男”职业销售者,一方面渲染自身的审美能力,另一方面又隐含了以男性目光对女性的凝视。在这个过程中,男性凝视女性,女性注意到自身被凝视,二者获得互相指认的审美喜悦,这就是触发消费带货的机制。网络直播的经济利益驱动促使人们完成从普通网民到数字劳工的转型,这一“网红”的生产过程即是数字资本生产与迎合网民观看欲望的过程,同时也是对网络主播进行身体规训的过程。

如此看来,身体从来都不是作为意识的对立面而孤立存在的,而是成为权力与资本意志运作的工具和载体，并映射出一个时代的权力与资本结构。进入消费社会，身体作为一种消费资源，被整体的消费文化卷入其中，成为数字资本内容生产的重要组成部分。“身体处在消费主义中的历史，是身体被纳入消费计划和消费目的的历史，是权力让身体成为消费对象的历史，是身体受到赞美、欣赏和把玩的历史。”在经济利益的驱动下，直播者的身体被工具化、功利化的编码规则塑造成为符合大众审美的、统一化的形象，成为一种符号化、景观化的表征，一种具有交换价值的商品。

（三）直播劳动实践：景观制造与网民情感的商品化

1. 直播劳动中的“计件”制度设计

在灵活而巧妙的弹性雇佣制度下，数字资本实现了对网络主播的精细量化考核，激发了网络主播的全情投入。从工作形式来看，直播时间越长，主播所收到的“礼物”越多，最后的分成则越高。在此分成制度的激励下，全职秀场直播者的工作时间每天达 12 至 15 小时不等，兼职的主播一般工作 3 至 5 小时，他们必须全程持续不断地与网友实时互动，逐一回应网友的“挑逗”与挑剔。有些主播甚至选择在深夜时段进行直播，以避开竞争对手。“深夜的时候最赚钱，白天有‘大主播’在，其他‘小主播’就会安排在深夜里。深夜里看直播的，要么是失恋的，要么是工作不得意的，他们比较容易冲动，也容易接受激将法，愿意多刷礼物。”而另一位访谈者说道：“刚开始做的时候，会全身心投入讨好观众，有时一天就能刷出 2000 多块钱，那时候就觉得赚钱可以如此快，到后面每天会直播十几个小时，甚至坚持到深夜还在直播。很难不迷失自我，几乎每个直播者都会迷失，陷入其中，想一直做下去。”

在利益分成方面，直播者所获得的“礼物”价值必须接受直播平台 50% 的提成，以及经纪公司 20% 的提成。一位专注于游戏直播的“金牌”男主播说道：“网民给你送的价值一元钱的礼物，最终到我手里只有 3 毛左右，如果你没有认真去算，你不知道这其中的分成规则。一般的主播不会去算，因为太复杂了，看了不满意也不能改变什么，所以只看最后收到多少钱。”更值得关注的是，经纪公司“潜在”规定，直播者月入 2000 以上，才支付招聘时承诺的底薪。可以看出，直播者在数字产业的法律“真空”中进行劳动，并接受网络平台与经纪公司的双重抽成。

同样，直播带货的主播也是依靠弹性工作来换取流量变现。以淘宝直播间为例，一场直播至少需要 3 小时以上，才有可能达到积累流量的最低门槛，通常需要持续 8 小时以上才可能实现成功引流。“很多时候我都不止做 8 个小时直播，有时候 10 个小时，碰上‘618’或者‘双 11’这种大促就更夸张，为了抢 0 点秒杀的流量没白天没黑夜地直播。""你直播时间越多,技巧越高,累积的人气就越多,平台就会给你更多权限,有了更多权限雪球就会越滚越大。"为了让直播产生更强大的经济价值,淘宝设计了"浮现权限",平台将这个权限奖励给符合规则的主播,这些规则包括对直播场数、真实粉丝数、场均观看、人均停留时间、场外引流情况等指标的考核,能够打开"浮现权限"的主播相当于获得了类似竞价排名的优先权,可以获得更多的观众流量。因此,主播们为了获得"浮现权限",需要练就十八般武艺,比如要拥有精致的容颜和美好的形象、口吐莲花的直播说辞、不凡的销售技巧以及对消费者心理的捕捉能力。当然,这种绩效激励机制容易冲昏主播的头脑,有时难以避免夸大其词导致消费者权益受损的情况。

秀场直播中的"礼物"及带货冲流量的制度设计,恰如富士康工厂中的"计件工资"制度,驱使直播者在简单重复,甚至是枯燥的身体展示过程中可以享受游戏般的快感以及"赶工竞赛"带来的乐趣,更重要的是掩盖与消弭了直播劳动者与经纪公司、直播平台之间在利益分配层面的剥削与矛盾。在数字资本所制定的游戏规则中,网络直播者从接受驯化慢慢转变成了自我规训。访谈中多个受访者提到相似感受:"加入直播后,一种空虚感被填充的感觉。刚开始很讨厌直播,也很讨厌玩游戏的人,就偏偏做了这个之后,每天都变成另外一个自己。"

2. 景观制造与消费欲望的创造

在法国学者居伊·德波看来,景观指一种视觉表象、表演或作秀,一种来源于现实世界的图景化,一种不断吞噬能指的所指。在《景观社会》的开头,德波即提出:"在现代生产条件占统治地位的各个社会中,整个社会生活显示为一种巨大的景观的积聚。曾经直接地存在着的一切,现代都变成了纯粹的表征。"现实社会的景观化导致"真实的物已变成简单的形象,简单的形象变成真实的存在"。

为了吸引更多网民观看与消费,"直播1.0时代"的秀场主播们在直播前会采用多种技术手段对自我影像进行加工润色,以制造能产生欲望与快感的数字景观,其中,最流行的手段之一是美颜软件。以笔者参与式观察的经纪公司为例,公司要求直播者必须使用一款名为"直播伴侣"的软件,其功能包含"瘦身""磨皮""美白""清晰""光影"和"添加字幕"等,可以轻松实现主播身体的自我改造与形象重塑。其效果如一位受访者所言:"美化到完全不认识自己。直播的时候很白,整个人和仙女一样。"经纪公司在培训中强调:"不要觉得经过软件调节后的你是在欺骗观众,其实绝大部分玩家没有那么在乎你的真实样子。"为了进一步迎合围观者的窥视欲望,直播空间的布置也十分考究,包括灯光布置、背景设计、家居摆放等等。一位受访者坦言:"一定要摆出在家的感觉,'土豪'们喜欢看别人的隐私。"主播们营造了一种私密的幻象,而围观的网民们则藏在屏幕后方,通过直播平台毫无隐晦地窥视"网红"们所搭建或营造的"私密"景观,暂时摒弃社会规则的束缚,尽情观看网络主播奇装异服、搔首弄姿、柔情碎语。"可视的后台暴露和在此基础上激起的想象性景观共同构成对用户的吸引磁力。"网络主播的身体在数字资本的驱动与规训下,被逐步改造成为契合市场需求的视觉景观,并越发走向了鲍德里亚笔下的仿真或拟象。它不断创造着网民的围观与消费欲望,从而获得资本增值。

又如"直播2.0时代"吸引流量并将人气转化为广告价值或带货资本的"吃播",则创造了更夸张的景观和更直接的消费欲望。主播们为了制造夸张的戏剧性效果,无所不用其极。例如将龙虾堆成一个小山丘,主播躺在山丘上吃龙虾;又如将一艘渔船的船舱装满煮好的面条,主播打扮成渔民模样坐在船上,脚泡在面里,一口一口吃着手脚并用捞起来的面条,试图达到"景观不惊人死不休"的境界;再如主播打扮成和尚模样,手里却同时抓着七八根炸鸡腿肆意啃咬,试图用伦理冲突引发观众的惊奇。有网友把吃播行当称为"丧命式赚钱",主播们一边演绎大胃王,一边为了吃得更多而催吐,在制造奇观吸引眼球面前,健康、浪费、伦理等一概让位于经济利益,在资本、技术与影像三者共谋下,景观开始经由媒介渗透到每个人的视野之中,成为人们认知周遭世界的中介,人们陷入这种不断流动的所指中不可自拔。"景观生活就变成了人们生活的一种存在状态,景观一方面主宰着生产过程之外几乎所有的消磨时光,另一方面也是快感、幻想和虚假意识汇聚的场所。"

2020年的新冠肺炎疫情成为中国"直播3.0"的触发点。在新冠肺炎疫情防控期间,媒介成为大众连接外部世界的最主要通道。在实体经济受到巨大冲击的情况下,直播实现了跨圈层的突破,除了带动日常生活用品等基础需求外,它还倒逼其他实体行业转向云端,"云蹦迪""云K歌""云逛街""云综艺""云音乐会"等应运而生,一时间出现了"人们不在云上,就在去云上的路上"的场景。比如"云蹦迪"戏剧性地成为年轻人追捧的娱乐方式,直播平台所营造的灯光与音乐效果产生了强烈的沉浸效果,人们的身体虽被隔离在家中,但精神却集体汇聚在"云端"之上,"云蹦迪"竟成了人们互相慰藉的重要方式。如果说经典拟态环境论道出了人们对媒介环境的认知错觉,那么可以说"直播+行业融合"所制造的景观已然就是大众确证的真实世界本身。学者颜纯钧指出:"影像画面提供的一种真实感知,只是在感知上认同于真实而已,真实感知并不是真实的确证,它对现实生活的指涉,不取决于客观的检验,而取决于感知和内心经验的暗合。"网络直播中符号景观与网民内心欲望的"暗合",导致符号所建构的形象被当作真实的存在,而真实却成为无意义的存在,这是数字消费时代的重要特征与文化转向。

3. 直播劳动与网民情感的动员

在市场逻辑中,网络直播的最直接诉求是产生经济效能,而在这一过程中如何建立情感,让素未谋面的网民对主播或产品产生信任和消费欲望是促成消费行为的关键。一般认为,情感是个体层面的一种内心体验,是“由身体系统激活所唤醒的,这种唤醒一般源自对自我与他人、社会结构和文化关系的评价”,但与此同时,情感又不单纯是对外界事物的某种感觉或体验,它还是一种“价值倾向,就是人们通过一定的外界对象满足自己需要的一种‘对待’方式、一种特殊的社会活动”。美国学者迈克尔·哈特(Michael Hardt)站在经典马克思主义的批判立场,使用了“情感劳动”(affective labor)的概念,以形容人与人在真实或虚拟的交流和沟通过程中所付诸的情感实践。哈特认为在个人层面,情感劳动生产的是一种无法触碰(intangible)的感觉,如轻松、幸福、满足、激动、激情,还包括连接感(a sense of connectedness)或社区感;而在群体层面,情感劳动持续不断地生产着集体的主体性(collective subjectivities)、社会性(sociality),并最终产生了社会本身。由此,哈特认为娱乐工业以及与此类似的各种文化工业都聚焦于情感的创造和操纵。

在秀场直播中,主播在经济利益的驱动下,依靠妩媚多姿的身体、娇美轻柔的语言以及各种激发荷尔蒙的肢体语言,创造了看客们的窥视欲望与互动需求,并利用虚假的阿谀奉承、引发竞争的“整人游戏”等多种手段,持续生产围观者的征服感、成就感或失落感,其最终目的都是引诱他们慷慨“送礼”。在 BBC 制作的纪录片 *China's Chat Girls* 中,网络女主播“乐乐”在直播过程中一句不漏地诵读着围观网民的留言,并逐一温柔回复。而在另一端的网民在此过程中感受到了被关注、受重视,一位围观的“粉丝”在接受 BBC 访谈时更是表示“乐乐”在他眼里就如“家人”一样。由此,一种虚假的存在感、亲近感、认同感与满足感油然而生。

在带货直播中,情感更是促成消费欲望的核心因素。如“带货一哥”李佳琦的直播文案就隐含了生产网民情感的技巧。李佳琦在卖香水时,经常会使用“这是我理想女友的味道啊”“有十七八岁少女的芬芳”“恋爱中的少女,开心地去找男朋友,那种很甜的感觉”等文案;在卖口红时则使用“看看我的嘴巴哟,是 18 岁少女才会有的吧”“颜色未免也太新鲜了吧,太樱桃本人了吧,所以是会被男人吃掉的颜色”“涂 307 号出门,你的气质秒杀全场”等说辞。这些营销话术,不论是营造画面感还是为网民设定人设,其最终目的都是将网民编织进对自我的想象性关系之网中,当网民被商业意识形态“询唤”并沉迷于设定情境和自我想象中不可自拔时,消费欲望便会最终转化为购买力。

而新冠肺炎疫情防控期间的带货直播还出现了更复杂的情感联结。央视著名主持人朱广权和网红带货一哥李佳琦联手组成“小猪佩奇”(小朱配琦)组合,首场直播就卖出了4000多万湖北商品,“没有为湖北拼命,可以为湖北拼单!”这个口号即是情感动员与经济生产话语结合的典型,家国情感被转化为经济动力。由此衍生的“县长带货”等政府服务介入的直播同样包含了更复杂的情感动员因素,刺激消费、爱心帮扶、公共参与、政治信任等话语被糅合在一起,网民的主体性和社会责任感被高度动员起来。尤其是在后疫情时期,“直播+行业融合”衍生出更加多元的行业形态,这些业态因其产生初期的新鲜、有趣及便捷不仅受到大众青睐,而且因其对经济发展的作用而受到政府的支持,在市场和绩效合法性的推动之下,网络直播迎来了新的红利期,趋之若鹜的浪潮有意无意遮蔽或忽视了数字经济所隐藏的不平等权力结构。

将网民情感及其表达转化成驱动互联网产业的数字资本,是网络直播劳动过程中最显在的维度,这在某种程度上折射出了数字资本的生产变革转向,即人类整体社会被互联网产业转变为数字劳动的生产车间,在这个庞大的加工厂里,社交关系、情感、友谊等等都可以被商品化、货币化与劳动化,成为资本增值的原材料与产业发展的推动力量,而这也正是商业律令的永恒追求。由此,“人的再生过程也直接成为生产过程,生命与劳动混沌不分,一切生命时间都要成为劳动时间,一切生命活动或社会活动都要成为劳动”。

三、结论

本研究以网络直播与劳动过程为切入点,实际上是要指明,网络直播实际如同其他依靠数字资本运作的产业一样,它的繁荣和爆发式生长是绩效合法性体制与新自由主义共生的结果。一方面,它让网民获得了跳脱原有社会结构自由就业的机遇,产生了平等劳动的幻象;另一方面,它又让散落于数字产业中的原子般的个体无力对抗由技术、算法构筑的稳固的资本运作之网。从传播与劳动的互动关系视角出发,我们发现以网络直播为代表的互联网产业,制造了一种以网民“参与”为核心的新型资本增值模式。在弹性雇佣制度与严苛的量化考核标准之下,网络主播与围观消费的网民被嵌套于数字资本主导的机器体系,持续不断地进行数字景观的生产与再生产。由此,网民日常生活中的休闲、娱乐、恶搞、创意、情感、欲望等都被转化为生产资本,成为资本扩张的内在动力。“‘文化’与‘经济’、‘上层’和‘建筑’、‘主体’和‘制度’之间的界限被机器穿透而一体化了。”而“后现代社会”所强调的“差异与混杂、颂扬拜物与仿像、迷恋新潮和时尚、崇拜出位和搞怪……不仅没有构成对资本主义的批判,反而成为与全球市场相匹配的意识形态”。可以说,信息技术的扩散过程,也是互联网产业在人类日常生活中的空间扩张与数字殖民持续推进的历史。

在当下社会生存,很难不看直播,更不可能拒绝互联网提供的服务,商业意识形态垄断运作的结果,绝不只是对数字劳动生产者的不公,在这一上下游链条之中,资本运作之手最终一定会伸向消费者,如果任由新自由主义的弹性政策自我发挥,任由作为主体的人不断变成市场运作的客体,那么人最终也会沦为一种生产资本。所以,洞察与分析数字劳动过程就显得尤为重要,“劳动过程是社会结构的核心。在逐渐浮现的网络企业内部与周边,劳动与生产关系在技术面和管理面的转化即是信息化范式与全球化过程影响整个社会的主要动力”。从劳动的视角揭示互联网文化背后的政治经济进程,不仅能洞穿以“自由”为核心为的商业意识形态所营造的幻象,而且有助于我们更好地理解与治理网络直播所带来的诸多乱象。因此,为本研究或可为倡导制定公正的产业规制,进行数字劳工的权益维护、数字劳动成果的合理分配,推进中立的行业组织进行协商与博弈等,以推动当下中国互联网产业的健康与持续发展提供反思的起点,这也是本研究意义之所在。

参考文献

德里克,1999. 后革命氛围[M]. 王宁,译. 北京:中国社会科学出版社:15.

斗鱼网,2018. 生存之道之如何维护粉丝[EB/OL]. (2018-5-8)[2019-8-13]. https://www.douyu.com/.

郭景萍,2008. 情感社会学:理论 · 历史 · 现实[M]. 上海:上海三联书店:55.

贾毅,2016. 网络秀场直播的“兴”与“衰”——人际交互 · 狂欢盛宴 · 文化陷阱[J]. 编辑之友,(11):42-48.

居伊 · 德波,2007. 景观社会[M]. 王昭风,译. 南京:南京大学出版社:1.

林颖,吴鼎铭,2017. 网民情感的吸纳与劳动化——论互联网产业中“情感劳动”的形成与剥削[J]. 现代传播(中国传媒大学学报),39(6):21-25.

刘涛,2011. 环境传播话语、修辞与政治[M]. 北京:北京大学出版社:203.

罗岗,2006. “机器论”、资本的限制与“列宁主义”的复归[M]//许纪霖,主编. 帝国都市与现代性. 南京:江苏人民出版社.

曼纽尔 · 卡斯特,2000. 网络社会的崛起[M]. 夏铸九,等译. 北京:社会科学文献出版社:246.

米歇尔 · 福柯,1999. 规训与惩罚:监狱的诞生[M]. 刘北成,杨远婴,译. 上海:上海三联书店:27.

乔纳森 · 特纳,简 · 斯戴兹,2007. 情感社会学[M]. 孙俊才,文军,译. 上海:上海人民出版社:8.

汪民安,陈永国,2010. 编者前言——身体转向[M]//汪民安,陈永国,主编. 后身体:文化、权力和生命政治学. 吉林:吉林人民出版社:21.

夏永红,王行坤,2012. 机器中的劳动与资本——马克思主义传统中的机器论[J]. 马克思主义与现实,(4):53-61.

颜纯钧,2013. 影像:仿真时代的美学[J]. 福建师范大学学报(哲学社会科学版),(3):104-111.

杨宏星,赵鼎新,2013. 绩效合法性与中国经济奇迹[J]. 学海,(3):16-32.

直播观察网,2019. 平台数据[EB/OL]. (2019-12-18)[2019-12-18]. http://www.iresearch.tv/research/platform/data? day=30.

中国报告网,2020. 直播行业核心平台群雄割据 未来技术变革将是发展新突破[EB/OL]. (2020-2-13)[2020-12-15]. http://news.chinabaogao.com/it/202002/0213403M2020.html.

中国互联网络信息中心,2019. 第44次中国互联网络发展状况统计报告[R/OL]. (2019-8-30)[2020-12-12]. http://www.cnnic.net.cn/hlwfzyj/hlwxzbg/hlwtjbg/201908/P020190830356787490958.pdf.

中国互联网络信息中心,2020. 第45次中国互联网络发展状况统计报告[R/OL]. (2020-4-28)[2020-12-12]. http://www.cnnic.net.cn/hlwfzyj/hlwxzbg/hlwtjbg/202004/P020210205505603631479.pdf.

周翼虎,2011. 中国超级传媒工厂的形成:中国新闻传媒业30年[M]. 台湾:秀威资讯科技股份有限公司.

36氪,2018. 2017中国网络直播行业发展报告:全年营收304.5亿,生态链逐渐成型[EB/OL]. (2018-01-18)[2020-12-14]. http://36kr.com/p/5114710.html.

36氪,2018. 2017中国网络直播行业发展报告[EB/OL]. (2018-1-18)[2020-12-15]. http://36kr.com/p/5114710.html.

Bruce Gilley,2004. China's Democratic Future: How It Will Happen and Where It Will Lead[M]. New York: Columbia University Press.

Linz, Juan, 1988. Legitimacy of Democracy and Socioeconomic Systems, in Dogan, Mattéi. (ed.). Comparing Pluralist Democracies: Strains on Legitimacy[M]. Boulder: Westview Press.

Michael Hardt, 1999. Affective Labor[J]. Boundary, 26(2):5-18.

Zhao Dingxin, 2009. The Mandate of Heaven and Performance Legitimation in Historical and Contemporary China[J]. American Behavioral Scientist, (53): 416-433.

等级化身份与关系嵌入:网络文学平台的造星运动与作者的受众劳动*

◈ 胡 慧**

摘要:本文试图通过考察网络文学平台和网络文学作者之间的互动关系,来揭示我国网络文学领域的平台资本的运作逻辑,以及网络文学作者这一积极的受众劳工的形成逻辑。传统文学的生产和传播要素在平台化的网络文学生产过程中发生了转变,这些转变与技术勾连起来,形塑了网络文学作者这一积极的受众劳工。研究发现,创意商品化过程中,技术声望资本成为网络文学作者可能掌握的生产资料,能够通过平台传播形成身份资本,加快自身文学作品的流通,网络文学作者成了"有产劳工",有着双重的身份属性,增强了与平台的谈判能力。网络文学平台吸纳网络文学作者的身份符号象征,加强对客户和数据资源的垄断,成为平台进一步发展的核心;网络文学作者通过关系嵌入的方式,积极构建与积累身份资本,一方面满足经济需求,另一方面满足情感需求,其劳动过程呈现了利益与认同的交织,展现了网络文学作者因为身份资本所具有的自主性。从这个角度出发,我们可以看到平台的发展逻辑也孕育了劳工的力量。

关键词:平台经济,网络文学作者,身份资本,技术声望资本,自主性

一、问题的提出

全球金融危机之后,资本追求积累和利润的逻辑随着数码机器的出现而发生了转变。全球发达资本主义从传统的制造业转向信息业和服务业,数字媒体在此过程中成

* 基金项目:重庆市社会科学规划项目"从养老到老养:农村产业发展与老年人口的非正式就业研究"(项目编号:2019BS042);重庆工商大学重点科研平台科研团队项目"社会发展与社会治理"(项目编号:ZDPTTD20902)。

** 胡慧,重庆工商大学法学与社会学学院讲师。

为核心驱动力（吕新雨，2018）。数字技术引发的生产方式和劳动方式的变革也随之席卷全球，比如非正规就业与劳动外包等现象的蔓延。世界银行在《2019 世界发展报告：工作性质的变革》①中指出非正规（non standard /informal）就业这一新的工作模式正在全球蔓延。有偿劳动的形式的非标准化、多样化与雇佣制度的灵活性相辅相成，并伴随着经济全球化向世界蔓延，成为资本发展的“新”趋势。互联网深刻地改变着全球的生产与劳动结构（姚建华，2020）。

平台经济（platform economy）是以新的储存与传播手段为基础的数字化技术，以平台为中心，复制和传播来自生产部门、受众、消费者的信息，完成数字时代的商品流通与交易，文化产业的平台化尤为典型。按照 Farrell 和 Grieg 的分类，平台经济可以分成以下两类：一类是以促进资产或信息的交换与配置为目标的平台，例如淘宝、京东等商业平台；另一类是旨在促进实际工业与生产的平台，例如运输业、快递业以及大量的零工经济（Farrell & Grieg，2016）。建立在互联网复制传播基础之上的网络文学产业是一种典型的以促进信息交换及文学产品生产和消费为目标的平台经济模式。

互联网技术的发展，让信息的生产和传播成为生产的重要内容，推动了工业劳动向非物质劳动转变，完成了资本对劳动的重构（布罗菲、波伊特，2014）。与此同时，媒介产业中的非物质劳动的劳动形式则更加多样化，催生了一批以生产信息内容为工作的传播劳动者。网络文学作者就是典型的传播劳动者，他们在网络文学平台上进行着文学创意产品的生产、传播和销售。

近年来，平台将个体创意引入经济循环建立起的以文学生产和传播为典型的新商业模式在全球范围内得到发展和传播（戴皖文，2014）。以中国大陆为例，网络文学产业正缔造源源不断的媒体奇观和商业神话，这背后是伴随着复制的科学技术发展而迅速扩张的文学的商品化与工业化②。数据显示，2019 年我国网络文学行业的市场规模达到 201.7 亿元，国内的网络文学作者数量达到 1936 万人，签约作者数量达到 77 万人。网络文学作品规模达到 2590.1 万部，影视改编作品数量达到 9656 部，海外输出作品数量达到 3452 部。③

---

① 世界银行，2019. 2019 年世界发展报告：工作性质的变革[R]. 华盛顿特区. DOI：10.1596/978-1-4648-1238-3.

② 文化工业（cultural industry）是法拉克福学派 Horkheimer and Adorno（1990）在 1947 年《启蒙的辩证》一书中正式提出的概念，用以形容一种文化操纵的结构，认为文化工业虽然展现为大众文化，本质是商品拜物教的结果，文化商品与现代工业品成批复制生产的过程一样，是为了促进大众消费而按照计划制造的。

③ 2019 年度中国网络文学发展报告[R/OL]. http://www.chinawriter.com.cn/n1/2020/0220/c404027-31595926.html.

中国音像与数字出版协会：2019 年中国网络文学作者达 1936 万人 平均月收入 5133 元[N/OL]. 北京日报. http://www.199it.com/archives/1112754.html.

从以上数据可以看出,网络文学平台的写作劳动也成为数字社会中青年就业的一个重要选择,且已经形成一个颇具规模的新兴职业群体。然而,在这欣欣向荣的大发展背后,是网络文学作者的默默劳动。已有数据表明,网络文学作者平均每日创作时长达4.5个小时,网络文学平台日均更新文字1042万,而网络文学作者的平均月收入为5133.7元。[①] 基于此,从超长的工作时间(肖映萱 等,2015)、超大的工作量(曾照智、欧阳友权,2014)等维度出发,人们经常把网络文学作者称为"网络写手"(曾繁亭,2010),以此来揭示其作为文化数字劳工的身份。网络文学平台发展对网络文学作者这一创意劳动者群体的劳动过程的改造和重塑已经成为现实。

在平台时代的数字社会中,平台用户的个人信息、社交行为,甚至娱乐休闲都成了平台售卖给广告商的商品,用户使用平台的过程就是其为平台资本劳动的过程(莫斯可,2000)。这种劳动形态不仅模糊了工作与生活、生产与消费的边界,也不容易被用户察觉,是一种低酬的,甚至免费的劳动(Terranova,2000;Fuchs,2014)。当然,受众劳动并不一定都呈现为消极的、无意识的,也可以呈现为积极的、富有生产性的。例如,在游戏产业中"产消合一"的玩工、社交媒体中的"你媒体"与"菲利亚"用户都积极地进行着受众劳动;他们从信息、社交、浏览等行动中获得了娱乐、营销与关注,这也是他们进行积极的低酬甚至免费劳动的秘密(蔡润芳,2018)。然而,这些关于受众劳动的研究虽然探讨生产性劳动的形成,但是都是从受众的消费性身份出发的。虽然冠以"积极"的受众劳动,其讨论的主体也还是"消费"性质的,忽略了作为生产性主体的受众。阿伯克龙与朗斯特曾经按照生产性技巧将受众划分为五种类型,其中就有以生产性为主的受众主体(文卫华,2017)。因此,对于网络平台来说,不仅读者是受众,网络文学作者也是受众。

平台时代,资本的控制更加无处不在,跨越生产过程,追踪到了生产、分配、交换和消费整个资本积累过程(胡翼青,2020)。就像互联网平台通过实时监控系统对网约车司机的控制(吴清军、李贞,2018)一样,网络文学平台也通过系统更加详细地掌握了网络文学作者的劳动过程,更加便利地通过去标准化或者层级化的薪资制度引导劳动者进行超时工作(胡慧、任焰,2018;徐林枫、张恒宇,2019)。与此同时,新技术降低了平台劳工的谈判能力,通过去技术化(姚建华、徐偲骕,2019)的方式,让网络文学作者的可替代性(王宁,2020)增强,他们只能与工厂计件工人一样,通过自我程控增加劳动量来获取与过去相等的收入。此外,平台的文化塑造形成了受众区别于劳工的身

---

① 中国音像与数字出版协会:2019年中国网络文学作者达1936万人 平均月收入5133元[N/OL].北京日报. http://www.199it.com/archives/1112754.html.

份认知。对于财富、兴趣、家园等梦想的追求,让劳动者形成了“命运自主”的劳动认知,从而成为“希望劳工”(Kathleen & Corrigan,2013;Zukin,2017),甚至成为无酬劳工(胡慧、任焰,2018;吴舫,2020)。

综上所述,在面对平台对受众的吸纳时,我们看到的更多是平台对劳动者的控制与规训,强调更多的是平台营造的文化认同与技术变革的作用。虽然平台时代的劳动者的身份、劳动形式、劳动权益都发生了转变,但同时也给予我们理解平台时代劳动者面对的新环境与应对方法以新锚点(贾文娟,2020)。但是,我们可否在结构之外,看到更多的劳动者的主体应对(胡慧,2020)呢?这也能够帮助我们进一步探讨平台与劳动者之间的关系。

因此,本文希望通过对平台的生产性受众——网络文学作者——劳动过程的分析,尝试探索网络文学作者如何卷入平台的复制传播的逻辑,是否认识到平台背后隐藏的规则本质。

本文所用的分析材料来自笔者从2016年到2020年间对网络文学作者展开的虚拟民族志调查。一方面笔者对网络文学产业的发展进行文献资料收集;另一方面,笔者通过线上线下的方式对26位网络文学作者进行了深度访谈,并关注其在网络上的文学生产现状与生活痕迹。在26位被访者中,有男性4人、签约作者17人、全职作者9人。被访者的平均年龄(截至2019年12月)为28岁,其中20~25岁的被访者有12人,26~30岁的被访者有8人,30岁以上的被访者有6人,具体被访者信息如表1所示。

表1 研究对象基本信息

个案编码	性别	是否签约	访谈时是否全职		个案编码	性别	是否签约	访谈时是否全职	
C01f-17-f	女	否	否	大学生	C14f-20-f	女	否	否	杂志员工
C02f-17-t	女	是	是		C15m-20-t	男	是	是	
C03f-17-t	女	是	是		C16f-19-f	女	否	否	研究生
C04f-17-t	女	是	是		C17m-20-t	男	是	否	媒体记者
C05f-18-f	女	否	否	公务员	C18f-20-t	女	是	否	大学生
C06f-17-t	女	是	否	国企员工	C19m-20-f	男	否	否	企业职工
C07f-17-t	女	是	是		C20f-20-f	女	否	否	大学生
C08f-18-f	女	否	否	大学生	C21f-20-t	女	是	否	大学生
C09f-18-t	女	是	否	大学生	C22f-20-t	女	是	是	
C10f-18-t	女	是	否	研究生	C23f-20-t	女	是	是	
C11f-18-t	女	是	否	大学生	C24f-20-t	女	是	是	
C12f-19-t	女	是	否	大专生	C25f-20-f	女	否	否	大专生
C13m-17-t	男	是	是		C26f-20-f	女	否	否	大学生

二、网络文学生产的平台化与要素变迁

埃斯卡皮(Robert Escarpit)在《文学社会学》一书中将文学定义为同属于个人智慧、抽象形式及集体结构的社会事实:

> 文学是作者、书籍和读者组成的社会事实,是一种由前面三种形成的交流圈,通过一架极其复杂的,兼有艺术、工艺及商业特点的传送器,把身份明确的一些人跟多少有点匿名的(且范围有限的)集体联结在一起。

从文学的定义中,我们可以看出,文学生产具有三个核心要素,即作者、读者与传播工具(埃斯卡皮,1987)。其中,传播工具则在文学生产的历史中扮演了重要角色,推动了文学生产的变迁。传播工具通过改变文学生产的复制与传播路径,影响了作者与读者的联结方式,从而也让文学生产发生了变化。历史上,文学传播经历了从口头到印刷再到网络的媒介变化,每次变化都改变了文学作品的复制方式,加快了文学传播的速度,扩大了文学传播的范围。互联网传播技术更是将文学作品的复制速度与传播范围扩张到了前所未有的水平。同时,也正是传播工具的改变,让文学生产也出现了新的萌芽——网络文学。

网络文学以媒介命名,突出展现了其与网络的关系。中国网络文学诞生于20世纪末,得益于公共网络与免费服务器等数据存储服务的网络基础设施建设在中国大陆的铺开。以信息交流为主要目的的中国第一代网民的主要聚集地BBS和个人网站成为文学生产与传播的新空间,比如百度贴吧等论坛。这个时期的网络文学以文学作品的传播为主,主要是网友自愿将实体书籍扫描上传到网络上,然后供其他网友免费阅读与交流。因为文学消费的需求,网络媒介进一步吸纳了文学生产要素当中的读者群体,一系列专门的文学作品阅读交流的网站建立起来了,比如榕树下等早期网络文学门户网站。此时,网络文学的核心要素已经具备传播工具(网络)与读者群体(网民)。

传播工具不仅是文学生产的核心要素,同时也是文学商品化的充要条件。本·雅明认为复制技术让文学三要素中的作者向生产者转变(2014),让文学商品化得以成为可能。比如,印刷技术的出现,让文学作品的复制从口头变成了书籍,不仅使得书籍本身成为最早的工业商品,更诞生了急剧扩张的读者市场对作者群体的需求。掌握印刷技术的资本一方面从作者手中获取文学作品作为印刷商品,一方面通过向读者群体售卖文学印刷商品获取利润。为了实现资本增值,著作权制度以及建立在这个基础上

的文学出版制度应运而生,这些制度为文学作品这种创造性的非物质产品成为商品进行出售奠定了合法性基础,奠定了印刷资本主义的产生,也奠定了作者的文学商品生产者身份。

中国网络文学从萌芽走向商品化的过程也十分依赖改革开放后中国不断改革的多元化的稿酬制度与市场化的出版制度。伴随着制度改革出现的一批体制外的大众作者,成为网络文学的作者主体,被互联网媒介整合到了网络文学生产体系当中。早期的门户网站在经历了版权争议之后,为了引导网站的用户成为作者进行原创内容的创作,开始形成了营利性的网络文学门户。1997 年中国台湾地区高校成功大学 BBS 论坛里的原创小说《第一次亲密接触》席卷了当时的文学市场,标志着网络文学从传播走向生产。同时,为了更好地引导作者在网络上进行文学生产,一些门户网站开始举办原创文学作品大赛以激励作者的创意劳动,这是文学商品化过程中的众包生产体制的雏形。

随着互联网技术的进一步发展,比如智能支付、智能手机与互联网在中国的普及,网络文学生产的商品化在平台资本的推动下迈上了新的台阶。从 2003 年开始,网络文学网站陆续从门户网站发展成为垂直网站,改变了盈利模式,不再仅仅以广告收入盈利,而是从免费阅读走向付费阅读,开启了网络文学网站对作者和读者的双向收费模式,辅以平台广告、原创文学作品开发的全产业链模式。① 如今,网络文学网站以其网络覆盖面、稳定的中介功能,以及读者市场占有份额的经济发展模式,成为文化产业生产和交易的重要平台,开启了文学生产的网络平台时代。

总的说来,网络文学在短短三十余年的时间里已完成了从萌芽时期的免费的公共交流网络社区到成熟时期的盈利的垄断平台的转变。其中,互联网技术扮演了重要的角色,重构了文学的生产机制。首先,改变了文学的传播工具,扩大了文学的读者群体。网络文学平台不仅前所未有地扩大了文学复制传播的范围(胡翼青,2020),也吸纳了更多的读者。数据显示,截至 2020 年 3 月,我国网络文学的用户规模达 4.55 亿,占网民总数的 50.4%。② 其次,改变了文学生产者——作者群体——的组成结构。网络文学平台通过众包这一生产组织方式,吸纳了大众成为平台的生产性受众(胡慧、任焰,2018)。最后,改变了网络文学生产的方式。因为网络的传播速度跨越了时间

① 2003 年起点中文网改变了原来小说阅读网的手机短信付费阅读模式,转而开启了会员制度与付费阅读制度。自 2004 年开始,盛大集团陆续收购起点、小说阅读网、晋江文学城等文学网站,开始了文学作品的深度开发,进一步扩展了网络文学的产业链。

② 中国互联网络信息中心(CNNIC). 第 45 次《中国互联网络发展状况统计报告》[R/OL]. http://www.cac.gov.cn/2020-04/27/c_1589535470378587.htm.

和空间障碍,网络文学生产不再是小商品式的“工匠自主”模式,而是流水线式的“类丰田”的社会化写作(金昭英,2013)。

三、造星运动:网络文学平台的运作

既然网络文学生产的要素因其走向平台化而发生了转变,那么网络文学平台又是如何运作,又对行业内的实际生产者——网络文学作者产生了怎样的影响? 本文将从平台的性质与文学生产的要素两个方面来回答这个问题。

由于文学商品在交换领域中价值实现的矛盾①,文化工业通常是高生产成本及低复制成本的,因此,为了实现利润获取,文化工业必须不断地在短期内追求受众的极大化(Garnham,1990)。与此同时,网络文学网站作为垄断性平台拥有排他性的文学生产和消费的资源交易与配置场域(Jonas,2017),这份排他性来源于平台对文学作品和读者群体的吸引和吸纳。因此,网络文学平台已经吸纳的用户数量、已经覆盖的作品数量是其保持竞争力的核心指标。我们可以看到各大网络文学平台对自己的介绍,一定要描述自己已经拥有的读者群规模、作品规模,例如阅文集团对自己的宣传:

> 阅文网络文学集团是中国网络文学市场的先锋,运营领先的网络文学平台。按作家、读者以及提供文学内容的规模和质量等维度,阅文都在中国网络文学市场中处于领先地位。截至 2017 年 12 月 31 日,阅文共有 690 万作家和 1010 万部文学作品。2017 年,阅文平台及合作伙伴分销平台上的自营渠道的平均月度活跃用户数达到 1.92 亿。②

正因为用户对平台的重要性,各个网络文学平台都努力吸纳用户,包括作为作者的用户和作为读者的用户。网络文学平台吸引大规模受众的可行路径就是创造更多的产品,不断推陈出新,以期望其中一个产品能够一炮而红(Garnham,1990)。同时,运用各种宣传技术和销售策略,达到创造明星、神作的品牌效果(Ryan,1991)。

一方面,平台纷纷向用户展现它是一个开放、透明且充满实现梦想机会的新社会,

---

① Ryan(1991)、Negus(1995)、Lampel(2000)等人认为作为创意的文化生产与工业的复制之间存在矛盾性关系,主要体现在艺术家与资本之间的矛盾,资本需要融合诸多生产组织方式,才能达到既让艺术家发挥创意又能控制其生产的目的。

② 阅文集团. 公司简介[EB/OL]. [2018 - 07 - 30]. http://ir. yuewen. com/cn/corporate - information/company - profile/.

热衷于包装自己,把打造“泛娱乐生态平台”作为口号,以“内容生产”IP 开发作为梦想来追求,倡导勤奋、机会、开放、公平的平台文化。另一方面,它通过造星运动,将凤毛麟角的高收入网络文学作家们作为旗帜来进行“千金买马骨”的广告游戏,以吸引更多的用户关注平台。

小笔是一位资深的文化行业的从业者,曾经是一家文化工作室的负责人,现在是一名全职的网络小说作者。她在说到各大网站文学网站的历史时,特别指出了网络文学平台对于挖掘“大神”作者的良苦用心:

(各大网站都需要引流)你听说过汤圆 App 吗?是最早一款可以在手机上写文连载的 App。当时为了创建一个新的平台,他们把 17K 的大神引流去汤圆(吸引读者)。17K 当时很多大神,当时大家都觉得(17K)是要超过起点的,因为它抢了很多起点的作者(过去)。(访谈案例 C23f-20-t)

网络文学平台的这种利用明星作者的高收入、高人气、高声望来吸引读者用户和作者用户的做法,其实是一种文化包装,被学者认为是新型的管理手段。这种文化包装利用符号和思想的导引使得平台的用户愿意花费时间、金钱、精力投入到对平台的使用中去(钱霖亮,2020;梁萌,2016)。

与此同时,一方面网络文学平台通过给予“人气”用户更多权重的积分、分成等方式,留住能够引流的明星作者。另一方面网络文学平台通过榜单等各种“推荐”方式,塑造平台的“人气”用户,创造流量明星。于是网络文学平台一直宣扬并着力打造“IP”概念,开发“人气”作者用户。例如,一位网络文学平台的管理者曾公开表示十分看重作者与读者的深度互动,以此来吸引读者用户:“比如有的作品被读者收藏或评论了,就会给作者作品加权重分;如果有负面评论,就会减权重分。”(舒晋瑜,2019)。平台通过变更作者用户积分的系数权重来影响作者得到平台引流的机会(高寒凝,2020)。

小非是 B 站的驻站作者,她在讲述作为网络文学作者的经验时十分强调签约作者与非签约作者之间的积分差异:

我没有签约。B 站最恶心的一点就是签约作者和非签约作者的积分是不一样的。签约作者的积分系数至少都是 1 以上,非签约的(作者)就是 0.8 一类的。积分对你(的作品)是不是上榜封推很重要。(访谈案例 C08f-18-f)

事实上,各个网络文学网站都建立了自己的作者等级体系,根据吸引的读者流量而对作者用户进行层级化的划分和管理。这个等级也成了网络文学作者在网络文学平台的身份,勾连了作者在平台的各种待遇,用以激励作者积极地进行写作。

小初所在的B站作者等级从小细胞到大神共有13个层级,小初的大真空区间只在第6等级,离大神等级还有7个级差。她说即使是这样的等级勾连的利益分成也足够她生活了。

> 按照作者收藏标准(作者专栏被读者收藏数量),我给你找个图,我在大真空区间,就这个区间,每月就能赚足够生活的钱,你可以想见那些更厉害的能赚多少。你说的那个作者估计也就是小神级别吧……网站提供写作平台,给你推荐,提供一系列网络作者服务,还有编辑指导和出版渠道,你在它那里写文,每年完成一定量的写作任务,获得收益。(收益分成)只有大神才有资格谈判。但是一旦你达到大神的程度,网站会给你更换另一种更优越的特殊作者的"驻站作者合约"。驻站作者合约就不是卖身契了,而是你受邀屈尊在网站写文,然后有专门特殊的榜单,专门的出版推荐渠道,利益分成听说也不一样。(访谈案例C12f-19-t)

如果将作者等级与娱乐圈的明星知名程度做类比,我们很容易理解,作者等级其实就是平台造星运动的可测量的计算体系。网站作者被这样一种体系塑造了一个平台的用户身份等级。而平台的等级划分是根据作者在网站对读者的吸引程度而涉及的一系列既定算法形成的,与平台无关,没有个人可以随意修改等级划分标准。故而,这种体系给予了作者一种公平感。

平台将造星所需的付出巧妙地转嫁到了作者身上。正因为平台将作者等级与利益分成勾连起来,更隐藏了平台的控制,让作者自觉地付出劳动。在一个被系统塑造的公平环境中,想要获得更高的作者等级,获得更高的身份,就必须吸引更多的读者。那么如何吸引读者就成了网络文学作者时刻思考的问题。

四、造星的主体:积极受众的生产劳动与关系嵌入

读者作为文学生产的三要素之一,通常是被文学作品独特的"灵光/韵味"(aura)所吸引(Benjamin,1969),这种灵光需要作者通过独特的个人化劳动进行仪式性的赋予。而仪式性赋予的过程依赖于作者拥有的熟练技巧形成的技术声望资本(吴育仁,

2011)。作者也往往凭借着劳动市场上流传的技术声望资本而获得相应的劳动报酬。同样的,不断积累技术声望资本也是网络文学作者吸引读者的最坚实的通道。

通常,积累技术声望资本的方式就是践行梦想的工作伦理,积极自我程控。这表现为网络文学作者侵占生活时间的超长的劳动时间、积极与读者互动、精心的创意设计等劳动状况(胡慧、任焰,2018;张铮、吴福仲,2019),即网络作者的"勤奋"。

知叔是A站的白金作家,他认为网络作者想要取得好的成绩的唯一路径就是勤奋。这也是很多已经靠网络写作获得收入的作者公认的路径。

> 进入这行刚开始是爱好,后来是养家糊口……写的故事,吸引人,有看点,读者喜欢。这样文好的话,签约编辑会主动找你签约作品。刚开始的时候是没资格签约作者的。必须有一定的成绩,才能拿到网站的长约,长约就是绑定作者了,然后是大神约,再往后才是白金约……想要谈条件,有了成绩之后再说……成绩想要好,还得看网站的读者……(技巧)多写,就会了,多看书,多写,其他没啥……签约之后,会得到网站的推荐位,曝光给更多的读者去看,这样你就有更多的读者,更多人去看你写的东西……(写作十二年)一身病,身体垮了……肯定不能免费,一旦免费就没人写了,整个行业都要完了。(访谈案例C15m-20-t)

勤奋是知叔的写作经验,因为他说自己能够封神,不仅仅是故事符合读者的口味,还有勤奋大爆发的原因,他曾经一天更新了100章小说,吸引了读者①。

除此之外,社会关系的运用也是处于平台经济当中的"零工"完成工作的法宝(Wood,2019)。虽然网络文学对传统的文学传播的知识霸权发起了挑战,降低了写作的限制条件。只要是平台的用户,都可以成为大众作家。然而,是否和平台签约是作者身份的一个分水岭。这是网络文学作者身份中最具有标志性的差异。为了能够抓住这个和平台收益分成的机会,成为一个有"身份"的作者,而不仅仅是平台的普通用户,一些网络文学作者将自己的社会关系带入写作过程,通过这种方式较为快捷地积累自己的技术声望资本,从而实现成功的身份营造。目前笔者接触到的共有三个方法。

第一,找基友。网络文学作者的劳动过程特点之一就是在家工作。作者往往是在私人领域进行着长时间的写作,不可避免会产生孤独和疲惫感。在访谈过程中笔者了

---

① 横扫天涯 差点扑街如何写出世界影响力的IP[N/OL].北京青年报.https://www.sohu.com/a/225084833_148781.

解到,“经常独自一人码字到深夜”的作者不在少数。

小初最近结束了六年的网络写作生涯,进入了一家玩具公司工作。她因为长期孤独写作,承受着写作压力而多次想到自杀。

> 就我知道,我认识的很多作者或多或少有心理问题,还有人自杀,我也产生过自杀的念头,控制不住,所以我害怕了。少赚点钱,快乐一点,其实也挺好的。人类是群居动物,我们需要社交。(访谈案例 C12f-19-t)

一方面,为了应对这种缺少“同事”和工作场所带来的孤独感,另一方面想要更好地督促自己勤奋练习,许多网络文学平台的作者用户,都会主动接触一些作者朋友,希望找到一个志同道合的二次元的朋友来互相督促、互相鼓励。

如果经常关注网络文学网站的论坛交流区、作者留言区、读者交流区这些可以公开交流和讨论的地方,就会发现“找基友”这一类型的交友帖或是“广告”:

> 楼主先来个自我介绍吧。写文一年半,言情频道,目前实习中,早起输入,晚上码字,属于越忙越自律那种,以前日三经常还断更,最近日五日六白天摸鱼学干货。今年目标上三星(也不知道我哪儿来的自信)。想找个基友,最好是兼职的,言情频道,也在输入看干货更好了,还喜欢交流讨论就再好不过了!当然楼主不会把你当工具人的,有空也可以闲聊,关于心态生活工作都可以,话痨咕在此!有意向的咕咕留下你的神秘数字,楼主来加,婉拒海王和一夜情。①

这是某网络文学平台论坛上的主题为“我也想要个基友”的帖子,非常明确地介绍了找志同道合的朋友的理由以及朋友之间的互动内容。网络文学作者会通过与其他作者(通常是同一写作类型的作者)建立朋友关系,一起进行文笔打磨,相互鼓励,相互修改内容,寄希望通过朋辈群体的压力来进行技术声望的打磨。

第二,拜师父。如果说朋友关系只是一种弱关系,对于个人行动的约束力有限,那么师徒关系则是一种强关系,对网络文学作者构建和晋升自己的身份等级有着重要作用。例如某网络文学平台论坛上的主题为“拜师”的帖子,非常明确地写明了拜师的目的以及代价:

---

① https://bbs.jjwxc.net/showmsg.php? board=17&id=1326542.

申签被杀不知道多少次了，看到别人拜师，春心萌动，求一个无敌可可爱爱的师父带过签。本人偏好现言幻言奇幻，目前娱乐圈申签多次被杀，依旧坚持中。虽然有点迷茫但从来没想过放弃。每次申签编辑回绝都是构思不好，文笔尚可此类话，诚心找师父请教。可以和师父聊天解闷畅谈人生，也可以在师父闭关时做一只安静的咸鱼，静待师父出关，你说不打扰就是不打扰，同时也会陪师父码字到深夜完成终极梦想，爆订夜宵奶茶全伺候。可甜可盐可酸可辣，你喜欢的样子我都有！愿师父能看看我，小徒就在这里，也无风雨也无晴。①

网络文学作者会寻找一个已经签约的作者指点，通过拜师的方式，请这位前辈修改自己的文案，提升写作技巧，甚至帮助引流。据小初所说，拜师分为短期和长期两种，以时间和工作内容为划分标准，也有免费和收费的区别。

短期就是带没签约的新人签约，签完约给一定钱，双方会事先约定好，你情我愿。长期就是徒弟被师父带起来，前一两本赚取的稿费会分师父一点吧。也有那种正常的师徒关系，徒弟成绩起来后，性格又挺好，就和师父成为好朋友了。免费就是像我这样，单纯好心指导，教不教得出来随缘，师父会尽心教，但是徒弟要是学不会也没办法，不会多管，而且要求徒弟要听话，至少布置的作业要完成，师父会帮忙看文案内容什么的，帮着你修改得更好，给你总结核心梗、吸引读者的点之类的，徒弟只要热情点，主动点来问问题就好。（访谈案例 C12f－19－t）

也会有一些作者在论坛发放“收徒贴”，通过有报酬的收徒来获得经济收入。这也成为一些作者的经济来源之一。小笔对由利益关系结成的师徒直言不讳：

这种师徒关系，上一个夹子推，大概两三百元，所以一些名气不大的新人通常就是靠这个赚点钱，否则就靠那每月几百的全勤是活不了的。（访谈案例 C23f－20－t）

① https://bbs.jjwxc.net/showmsg.php?board=17&id=1330457.

第三,拜码头。如果说寻找朋友和师父是为了更好地利用关系积累技术声望进行引流的话,那么拜码头则是利用关系营造一个较为健康的网络写作环境。网络文学区别于传统文学的一个重要特征就是与读者距离被无限缩小。读者的反馈对作者的声望和作者等级的晋升有着重大影响。

> 网站如果出现一些新人作者,会有一些人去恶意给出低评分和负面评价,影响作者的口碑、榜单之类的,据说要给他们一些好处,才能顺利过关。如果是和大神作家比较熟悉,得到推荐,就比较能够避免这些问题。和大佬表现出熟悉以后,小虾米想跳就要掂量一下自己了。普通新人容易受到恶评影响,主要是影响读者观感和作者心情,而且打低分对作者的实际收益也有影响。(访谈案例 C26f-20-f)

小兰因为无法忍受读者的恶评,也不想以这样的目的结交“大神”朋友,故而退出了原创写作,转而去写同人小说。

五、认同还是利益?网络文学作者的身份与伦理

网络文学作者何以如此积极地“自我程控”,甚至将自己的社会关系嵌入平台的写作劳动之中呢?马克思认为劳动是积极的,劳动本身并不被劳动者排斥,反而是资本对劳动的异化让劳动者产生了极大的精神伤害,摧毁了劳动者的劳动热情(蔡禾,2016)。相反,建构一个让劳动者认同的劳动身份,会激发劳动者的热情,积极参与赶工游戏。那么,什么样的劳动认同能够让劳动者燃烧自己的劳动热情呢?一些学者认为主人翁意识、自主的劳动过程、实在的物质激励和劳动获得感能够激发劳动者的劳动热情;相反,对劳动过程的严格控制会降低劳动者的热情(贾文娟,2012)。网络文学平台表面上的确给予了网络文学作者相当大的写作自由,这是任何灵活就业工作都能获得的“弹性”。

此外,网络文学作者群体的确形成了不同的写作身份认同。一部分网络文学作者将自己定义为“说书人”(储卉娟,2019)和“码字工”,一部分网络文学作者将自己的写作定义为“社交”,自己只是网络文学平台的“用户”。这与网络文学作者作为平台用户的双重身份有关。

将自己定义为“说书人”和“码字工”的网络文学作者认同的身份是生产性的受众,是劳动者的身份认同。他们认为自己是平台的“商业”用户,与平台的关系是相互

合作的商业伙伴关系或者事实上被雇佣的类似流水线的码字工人。写作对于他们来讲，只是同其他任何职业一样的用于糊口的生计方式。利益追求是他们愿意自我程控的主要动机和热情来源。而社会关系带入到个体的经济活动本身就是导向利益的嵌入性生产活动（Wood，2019）。知叔说网络和自己之间是合作双赢的关系，不可能要求网站做公益。但是，现在他可以和平台就写作待遇进行谈判，但是该勤奋还是得勤奋，读者只看你的东西好不好。

> 网站是资本，不是老爹，人家也要赚钱的，看开就好，只要不免费就行。（访谈案例 C15m－20－t）

小册今年26岁，自己办着教育托管机构，因为疫情的影响，想要通过网络小说写作赚点零花钱。她说：

> 我就是想赚点钱，所以我这段时间都在练习写作，连电视剧都看得少了。（访谈案例 C25f－20－f）

将自己定义为“为爱发电”的网络文学作者认同的身份是消费性的受众，是消费者的身份认同。他们认为自己是平台的“娱乐”用户，与平台的关系是商品交换的关系，平台提供娱乐消费场域，他们的写作只是一种对自己的文学梦想或者社交需求等娱乐休闲目标的实现。写作过程中的愉悦感和满足感是他们愿意自我程控的主要动机和热情来源。

小田在毕业进入国企工作之后，因为兴趣开始了自己的网络文学写作，写作过程中的获得感和满足感让她坚持下来完成了长达百万字的网络小说作品。

> 一开始那阵想法其实挺简单的，就是看多了，就想写着玩一下什么的。后来就逐渐当成一个愿望，一个想实现的什么梦想之类的……我倒没想着拿着它去挣钱，我也没把自己想得那么牛，能够拿它去挣钱。一开始就是想到去做，我也没想到自己会坚持这么长时间，现在想想挺不可思议的。就这样一直写下来了……稿费什么的，我倒无所谓，本来也没几个钱。（访谈案例 C06f－17－t）

小田的小说是魔幻文，是她对文字的想象，背后展现的是她的专业、知识、人脉、个人声望等元素,印上了作者的个体烙印(林富美,2006)。正如卡普尔所言,艺术家的工作是为了在水平状的网络的社群中满足他内心强烈的创作愿望。

当然,以利益为导向的劳动者身份认同与以娱乐为导向的消费者身份认同并不是割裂开来,而是交织在一起的。这也是文学生产者相对于其他劳动者的特殊性所在。文学生产者的劳动过程不仅仅是抽象的劳动,文学产品具有传播性,他的劳动也是具象化的劳动。这种利益与获得感的双重报酬降低了劳动者的异化感,进而让网络文学作者与平台建立长时间的不言自明的社会契约,进行更长时间、更高质量的受众劳动(费舍尔,2019)。

因此,网络文学作者在平台劳动过程中,通过关系嵌入的方式,积极构建与积累身份资本,一方面满足了其经济需求,另一方面也满足了其情感需求,其劳动过程呈现出利益与认同的交织。这也表明,网络文学作者并没有简单地形成"甘愿"的劳动意识,而是具有更为复杂和立体的劳动形象和鲜明的主体性。

六、结论与讨论:身份与社会关系向平台嵌入的意涵

通过以上对网络文学平台的运作机制与网络文学作者的写作劳动的呈现,可以看到,网络文学平台主要通过造星运动来解决文化工业生产过程中的商品交换与流通问题。平台通过造星运动所蕴含的等级化身份管理,转嫁了"造星"营销过程中的部分成本。正因为平台劳动者自身承担了部分"造星成本",网络文学作者需要积极地通过自身的身份构建与营造,才能获取相应的报酬和机会。本文发现,网络文学作者通过"找基友""拜师父""拜码头"等缔结人际关系的方式,将关系嵌入劳动过程的方式,来达成自己的身份构建与营造。学者贾文娟指出,在对受众劳动等数字劳动的研究当中,要十分注意关系的嵌入性对劳动过程的影响。她认为,数字劳动中的"关系"使用策略与建筑行业等传统工业是完全不同的(贾文娟,2020)。她通过观察娱乐节目当中的实习劳动发现,在工作场所中通过日常关心、礼物交换等方式与同事建立起的不同于血缘、地缘的"老师""朋友"等社会关系,实际上支配了娱乐节目实习生的劳动过程(贾文娟,2018)。不同于贾文娟的发现,本研究发现,网络文学作者利用网络社区建立的"朋友""师父""战友"等社会关系不仅没有支配其劳动过程,反而帮助其从平台获得一定的劳动者身份以及与其相勾连的劳动者待遇。

网络文学作者在平台的造星运动宣传和号召下,具备了双重受众身份,既是网络文学平台消费性受众,又是网络文学平台的生产性受众。因此,虽然在网络文学平台中所呈现的劳动者的自我程控现象与外卖、快递、网约车平台高度一致,但是其并非有

着相同的劳动逻辑。如果说外卖、快递、网约车等平台的自我程控是由系统性的平台控制所驱动的,那么网络文学作者的劳动则体现了更多的自主性。这固然是源于其掌握部分生产资料并拥有双重职业身份而形成交织利益与认同激发了其自主性(钱霖亮,2020),也展现了网络文学作者作为平台用户的另一种身份意涵。作为大众(哈特、奈格里,2003),网络文学作者的等级化身份是平台营造出来的网络社区中的"权力身份",即拥有一定生产资料的,可以与平台进行劳动者待遇和发展机会谈判的资本或者是网络资源获取的权力。当然,这种权力是有限的,甚至是缥缈的,从根本上受到平台的制约。网络文学作者的积极的身份营造同样被整合到平台的资本积累过程中。

然而,我们可以看到这种身份资本的建构在一定程度上也会带来规则范围内的变革。比如,成为"明星"的作者可以和平台进行劳动待遇的谈判,甚至带动行业劳动待遇水平的改变。一些网络文学平台的"明星"作者号召发起的"五五断更节"运动以逼迫平台进行合同内容的谈判事件就是典型案例。当然,"五五断更节"取得一定的成果,还有很多其他因素。但是,明星作者的加入显然不可缺少。

当然,这也提醒后续的研究,在网络文学作者的身份构建与营造过程中,会不会形成在传统制造业当中出现的劳动者的分化,阻碍平台劳动者的团结,难以获得与平台对等的谈判力量。

参考文献

埃斯卡皮,1987.文学社会学[M].浙江:浙江人民出版社.

布罗菲,波伊特,2014.非物质性劳动、不稳定的重构[M]//凯瑟琳·麦克切尔,文森特·莫斯可,编,曹晋,等译.信息社会的知识劳工.上海:上海译文出版社:220-237.

蔡禾,2014.劳动自评、自主性与劳动者的幸福感——基于2012年中国劳动力动态调查的分析[J].社会学评论,2(04):3-12+96.

蔡润芳,2018."积极受众"的价值生产——论传播政治经济学"受众观"与Web2.0"受众劳动论"之争[J].国际新闻界,40(03):114-131.

储卉娟,2019.说书人与梦工厂:技术、法律与网络文学生产[M].北京:社会科学文献出版社.

戴皖文,2014.创意的商品化:台湾电脑动画劳工的再技术化[M]//凯瑟琳·麦克切尔,文森特·莫斯可,编,曹晋,等译.信息社会的知识劳工.上海:上海译文出版社:119-134.

费舍尔,2019.更少的异化如何导致更多的剥削?社交网站中的受众劳动[M]//姚建华,主编.数字劳工:产消合一者和玩工.北京:商务印书馆:144-172.

高寒凝,2020.网络文学研究中的数字人文视野——以晋江文学城积分榜单及"清穿文"为例[J].中国现代文学研究丛刊,(08):201-212.

胡慧,任焰,2018.制造梦想:平台经济下众包生产体制与大众知识劳工的弹性化劳动实践——以网络作家为例[J].开放时代,(06):178-195+10.

胡慧,2020.生存之道:网络文学作者的劳动分化与主体实践[J].中国青年研究,(12):14-22.

胡翼青,2020.透视"种草带货":基于传播政治经济学的视角[J/OL].西北师大学报(社会科学版),(05):29-36.

贾文娟,钟恺鸥,2018.另一种娱乐至死?——体验、幻象与综艺娱乐节目制作过程中的劳动控制[J].社会学研究,33(06):159-185+245.

贾文娟,2012.从热情劳动到弄虚作假:"大跃进"前后日常生产中的国家控制与基层实践——以对广州市TY厂的考察为例(1956~1965)[J].开放时代,(10):5-21.

贾文娟,2020.从数字劳动探索全球资本主义体系的时代变迁[J].中国图书评论,(08):17-26.

金昭英,2013.网络文学的非物质劳动性[J].文艺理论与批评,(02):60-62.

卡普尔,2014.新经济/传统劳工:创造力、扁平性及其他新自由主义的迷思[M]//凯瑟琳·麦克切尔,文森特·莫斯可,编,曹晋,等译.信息社会的知识劳工.上海:上海译文出版社:204-219.

梁萌,2016.技术变迁视角下的劳动过程研究——以互联网虚拟团队为例[J].社会学研究,31(02):82-101+243.

林富美,2006.当新闻记者成为名嘴:名声、专业与劳动商品化的探讨[J].新闻学研究(台湾),88(07):43-81.

吕新雨,2019.导言[M]//姚建华,主编.数字劳工:产消合一者和玩工.北京:商务印书馆:1-6.

麦克尔·哈特,安东尼奥·奈格里,2003.帝国:全球化的政治秩序[M].杨建国,范一亭,译.南京:江苏人民出版社:372-391.

钱霖亮,2020."嘉年华"的阴影:中国电商行业的数字资本运作与创业劳工的形成[J].江苏社会科学,(03):88-99.

舒晋瑜,2019.晋江文学20年[N].中华读书报,2019-08-28(017).

瓦尔特·本雅明,2014.作为生产者的作者[M].郑州:河南大学出版社:1-34.

王宁,2020.互连性与可替代性:零工之别的内在逻辑[J].探索与争鸣,(07):18-21.

文森特·莫斯可,2000.传播政治经济学[M].胡正荣,等译,北京:华夏出版社.

文卫华,2017.美剧迷群——媒介消费与认同建构[M].北京:中国传媒大学出版社:232.

吴舫,2020."何以为家"?商业数字平台中的同人文写作实践研究[J].中国青年研究,(12):30-37.

吴清军,李贞.2018.分享经济下的劳动控制与工作自主性——关于网约车司机工作的混合研究[J].社会学研究,33(04):137-162+244-245.

吴育仁,2011.劳动过程与劳动主体性:地方记者职场劳动之政治经济分析.社会政策与社会工作学刊,(1).

肖映萱,叶栩乔,朱航,李天豪,2015. 中国网络作家生存状态报告[J]. 名作欣赏,(31):60 - 67.

徐林枫,张恒宇,2019."人气游戏":网络直播行业的薪资制度与劳动控制[J]. 社会,39(04):61 - 83.

姚建华,徐偲骕,2019. 全球数字劳工研究与中国语境:批判性的述评[J]. 湖南师范大学社会科学学报,48(05):141 - 149.

姚建华,2020. 在线众包平台的运作机制和劳动控制研究——以亚马逊土耳其机器人为例[J]. 新闻大学,(07):17 - 32 + 121 - 122.

曾繁亭,2010. 签约写手:暧昧的身形与尴尬的身份[J]. 中国图书评论,(03):70 - 73.

曾照智,欧阳友权,2014. 论网络写手的"文学打工仔"身份[J]. 东岳论丛,35(09):141 - 144.

张铮,吴福仲,2019. 数字文化生产者的劳动境遇考察——以网络文学签约写手为例[J]. 同济大学学报(社会科学版),30(03):35 - 44.

Benjamin W,1969. The Work of Art in the Age of Mechanical Reproduction[M]//Nice R. Illuminations. Cambridge:Polity Press:217 - 252.

Farrell D,Greig F,2016. Paychecks,paydays,and the online platform economy:Big data on income volatility[J]. JP Morgan Chase Institute.

Fuchs Christian,2014. Digital Labour and Karl Marx[M]. New York:Routledge.

Garnham N,1990. Capitalism and Communication:Global Culture and the Economics of Information [M]. London:Sage.

Kuehn Kathleen,Corrigan Thomas F,2013. Hope Labor:The Role of Employment Prospects in Online Social Production[J]. The Political Economy of Communication,1(1).

Lampel J,et al,2000. Balancing Act:Learning from Organizing Practices in Cultural Industries[J]. Organization Science,11(3):263 - 269.

Negus K,1995. Where the Mystical Meets the Market:Creativity and Commerce in the Production of Popular Music[J]. The Sociological Review,43(2):316 - 341.

Ryan B,1991. Making Capital from Culture:The corporate form of capitalist cultural production[M]. Berlin,NY:Walter de Gruyter.

Terranova,Tiziana,2000. Free Labor:Producing Culture for The Digital Economy[J]. Social Text,18(2):33 - 58.

Wood A J,et al,2019. Networked but Commodified:The(Dis)Embeddedness of Digital Labor in the Gig Econonmy[J/OL]. Sociology.

Zukin S,Papadantonakis M. 2017. Hackathons as co - optation ritual:Socializing Workers and Institutionalizing Innovation in the "New" Economy[J]. Research in the Sociology of Work,31:157 - 181.

论　文

传播政治经济学的情感转向

◎杨 馨 胡翼青*

摘要:传播政治经济学继承了卢卡奇的“物化”批判传统,质疑主流传播学派的工具性研究,但物化的逻辑使得媒介、技术、意识形态三者被接合在一起,“技术恐惧”使得传播政治经济学的批判也掉进了工具性的窠臼。本文梳理了马克思主义中的“内部性”批判传统,包括“情感劳动”的概念和雷蒙威廉斯提出的“情感结构”概念,以及情感社会学对劳动分工、劳动过程、劳资关系的研究,在此基础上探讨了传播政治经济学的情感转向,以及其中蕴含的传播政治经济学范式转型的可能性。

关键词:传播政治经济学,物化,情感转向,情感社会学

伴随着人类社会进入“媒介化”的时代,传播政治经济学的两大经典范式——批判社会学范式与阶级分析范式都陷入了阐释的困境,许多学者都试图拓展传播政治经济学的理论,使之能够适应当下的媒介形态、技术环境与社会生态。一部分学者在经典的“受众商品论”的基础上,引入了意大利自治学派的“非物质劳动”理论,来拓展“劳动”概念的范畴,使得传播领域的许多现象、行动、实践能够用劳动的理论框架来加以阐释,例如,福克斯就试图以“生产性劳动”的概念来统摄传播领域中发生的所有劳动行为。一部分学者引入了大卫·哈维关于“空间生产”的理论,促成了传播政治经济学的空间性转向,不同于莫斯可将“空间化”解读为跨国资本全球流动对空间的征服,空间的传播政治经济学批判关注的是基于空间定位的媒介(LBS)如何将地理空间锚定于虚拟的赛博场域里、整合进资本的逻辑中,如何生产出由媒介逻辑划定的空间,由媒介导致的“数字区隔”“数字圈地运动”又是如何反馈于社会经济结构的;甚至有学者将视线投向了时间,在加速主义的基础上,探讨互联网如何建构出新的“网络时间”,将网络用户不同的现实时间整合于其中,并加速了人们对时间的感知,迫使人

* 杨馨,南京大学新闻传播学院博士,陕西师范大学新闻与传播学院博士后、助理研究员。胡翼青,南京大学新闻传播学院教授、副院长。

们使用各种程序、应用去追赶网络时间；另外，还有一批学者聚焦于“人”本身，但不再专注于作为“理性主体”的人，而是将视线投向了理性之外，关注人的身体和情感——关于情感的政治经济学批判正逐渐进入人们的视野，情感经济、情感劳动等议题成为当下热议的焦点。

无论是时间与空间的转向，还是“情感转向”，都在一定程度上反映了传播政治经济学研究在当下面临的困境与局限。在《传播政治经济学》一书中，莫斯可试图以地缘结构来区分北美与欧洲（主要是英国）的政治经济学研究路径，尽管这样的分类方式十分粗疏，但仍有其可取之处，我们可以从中大致窥见传播政治经济学的两种经典范式：以莫斯可本人和达拉斯·斯迈兹的弟子、再传弟子为代表的北美批判社会学研究路径，以及以英国格拉斯哥媒体研究小组和莱斯特大学的默多克、戈尔丁等人为代表的英国阶级分析传统。前者尽管以“政治经济学者”自居，也确实采取了马克思主义的理论立场，但他们所受的学术训练、所处的知识谱系、采用的研究路径都更接近社会学，其研究的旨趣也倾向于批判媒介与政治经济权力的“勾结”、新闻专业主义的虚伪性，与政治经济学和更广义的“经济学”的关系并不密切；后者生发于英国悠久的工人运动、左翼批判传统中，关注媒体的阶级属性，批判的意图在于反思商品化、私有化对媒体公共性的破坏，相对于北美的学者来说，这一批英国学者对阶级分析的坚持更接近英国一以贯之的左翼研究传统，但默多克等人同样对政治经济学研究缺乏兴趣，他们从不以政治经济学者自居，也不认为需要一门专门的“传播政治经济学”，在他们眼中，现有的马克思主义理论足以对媒介现象进行阐释，他们只强调研究时应避免单纯的经济决定论或是完全倒向唯心主义的“新修正主义”。而在当下，两种经典范式都面临着相似的阐释困境，前者在对社会现实加以批判时掉进了结构功能主义的窠臼中，后者则在私有化浪潮席卷整个欧洲的背景下失去了媒介公共性的社会基础，简而言之，这两种范式都是“外部性”的批判路径，即关注外在于人的经济结构、阶级、社会框架、文化，乃至具体的职业、媒体、圈子对人的限制与制约。

一、物化传统的阐释困境与“内部性”传统溯源

外部性批判是传播政治经济学研究的重要特征，许多学者将这种外部性理解为“物质性”，即传播受到外部的经济结构、社会环境等物质条件的决定和干预，在传播政治经济学者的眼中，媒介作为一个经济单位存在于社会整体之中，并作为整个经济系统中的一个环节，与经济社会结构发生着关联。因此，媒体从业者不仅仅是文化工作者，也是为资本主义经济体系从事劳动的“劳工”，他们的劳动具有双重性，不仅包

括非物质的智力劳动,也包括物质性的、高强度的体力劳动;不仅生产了文化、观念、意义和价值,也为社会创造着经济财富与剩余价值。对于政治经济学者来说,物质性必须作为研究的核心而存在,一旦忽视了“物质”的决定作用,无论是强调文化、观念、意识形态对社会的反制作用的文化研究学派,还是美国主流传播研究中的行为主义、心理研究倾向,都会掩盖传播过程中隐含的权力结构,前者夸大了个体的能动性,隐含着“新修正主义”的风险,也蕴含着对新自由主义意识形态的退缩;后者假设“受众”对信息的接受只是一个发生在真空之中的“刺激—反应”的机械过程,这样一来,“人”就成了信息洪流之中的孤岛,媒介只是他们接收信息的工具。这样一来,政治经济的权力机制就被主流的传播研究“过滤”掉了,传播研究将自己排除于政治经济学批判与权力分析之外,将社会心理学的研究路径作为自己的核心范式,因此,传播政治经济学派对主流传播学的社会心理学范式的反思,实质上就是对传播学辉格史观的一种反思,当传播研究聚焦于个体的意愿与认知,其研究的路径便导向了追求必然性、可预测性,而抹除了偶然的、不可预测的因素,且在政治上看起来“安全无害”。因此,传播政治经济学者倡导传播研究的“外部性”,将“主流学派”与美国传播学科建制化的历史置于美国从二战前到冷战时期的国内、国际政治环境,包括军事与外交背景中加以考量,在传播政治经济学者眼中,施拉姆设想的传播研究,从一开始就被赋予了工具论的内核(吴畅畅,2019),服务于美国的意识形态管理工程。

但与此同时,我们必须意识到,我们不能简单粗暴地在“物质性”与“外部性”之间画上等号,马克思主义者口中的“物质”不仅仅是“身外之物”,而是代表了一种“物性”(Dinghafigkeit),它来自卢卡奇的物化观念,传播政治经济学派,甚至整个西方马克思主义的媒介研究路径,都深受物化传统的影响。卢卡奇认为,商品作为人的造物,却获得了幽灵般的对象性(卢卡奇,1992:144),人与人的关系被表征为物与物的关系(商品货币关系),随之而来的是人与他的主体性相疏离,与他的生产活动相异化,死劳动支配了活劳动,机械规律支配了人的能动性,最终,人的思想、意识也走向了物化,认同了物化的结构,而丢失了批判与超越的维度——简而言之,就是人的非人化、客体化。在这一意义上,“物性”的逻辑就是抽象化,抽象之物可以是商品货币关系,也可以是某种“科学的”的规律,甚至可以是一种符号体系——这种抽象体系的实质是插入经济基础和上层建筑之间的一个“结构”,尽管卢卡奇并没有为这种结构命名,但他已经意识到了,资本主义正是凭借这个隐蔽的结构在认识层面实现对自身的再生产。在他之后,葛兰西与阿尔都塞在“物化”的基础上发展出了一个完全客观、非人性的“结构”概念,并将大众传媒置于其中,赋予它同市民社会、宗教同等的地位。媒介正是在这样的前提下被赋予了生产性,它参与了生产关系的再生产,进而生产出阶级意识、意识形态，作为物化结构的一部分，它自身也不断地强化、巩固着物化结构，使得资本主义的抽象逻辑能够源源不断地生产着自身，资本主义的统治也能持续不断地延续下去。

将媒介视作“结构”的观念使得媒介分析能够进入马克思主义社会批判理论的范畴，但也带来了一个不小的麻烦——在物化的逻辑之下，媒介、技术都与意识形态挂钩，三者之间形成了一种稳固的共生关系。这就使得后继的西方马克思主义媒介批判几乎全是“意识形态批判”，如果说主流的结构功能主义媒介观只是将媒介视为“刺激－反应”之间的“信道”的话，那么西方马克思主义的媒介观只是将媒介视为被资产阶级控制的宣传工具，视为特定的既得利益群体的传声筒，两种媒介观本质都是工具性的。而尽管传播政治经济学者不赞成将媒介研究等同于意识形态批判，但他们的研究中同样隐含着某种“意识形态分析”的倾向，即对“技术崇拜”的警惕与批判已经逐渐演变成了一种“技术恐惧”，媒介、技术、意识形态之间的共生关系进一步被加固了，技术被置于社会与文化的对立面，科学技术的高度发展不仅提高了社会劳动生产率，也强化了工业化逻辑对文化领域的渗透，“文化工业”以工业化大生产为模板，不断地生产着缺乏个性与批判精神的人，最终，这种意识形态控制走向了极致，披着“科学”外衣的技术理性彻底抹除了人们思维中的否定性维度，并不断地生产着使资本主义统治合理化的意识形态。这样的观念使得人们提到媒介技术，立刻想到意识形态，科学－技术合理性彻底与“操纵”接合在一起，被视为一种新的社会控制形式。但将技术视为文化的“敌人”反而割裂了技术与社会，也割裂了技术与人的关系。这样的观点反映了理性主义的统治地位带来的视野褊狭，主体性的来源是人类理性，而技术作为人造物，作为一种工具、手段，天然地与人的理性是对立的，理性主义者对技术的抵触态度很容易带来一种过于简单的论断——人过分沉迷于技术，就容易迷失自我，最终沦为技术的奴隶。技术与文化的对立本质上是人的心智与“外物”的对立、“目的”与“手段”的分离，最终造成的是一种“新孤立主义”，即将技术从整个社会结构中剥离出来，与人的生存境况割裂开来，自然也将人的心智、情感等“内部性”的因素排除在了研究范畴之外。

对技术的孤立不仅将传播政治经济学的研究笼在了意识形态批判的羽翼之下，也带来了一个“言之无物”的麻烦：莫斯可将政治经济学定义为“研究人类社会中控制与存在的学科”，而问题恰恰在于，当今社会中是否存在与政治经济权力全然无关的实践？答案是“不存在”。若遵循莫斯可的定义方式，传播政治经济学便失去了批判的焦点，沦为一种泛泛而谈的产业批评，即很多学者提到过的“传播政治经济学中无传播”的问题：研究者只是把“媒介”当作传媒产业的另一个名字，而不去观照媒介的实质。在大众传媒的时代,媒介场域作为一种依附性极强的“他律性”场域,高度依赖于政治经济场域的运作规则,在某种意义上确实是政治经济权力的附庸;而在当下,媒介已经拥有了组织社会生活的能力,数字媒介的逻辑不仅整合了虚拟与现实的空间,也形成了网络时间这种“无时间的时间”(哈桑,2020:71)。也就是说,网络媒介动摇了既有的时间、空间结构,它作为一种新的时间技术,带来了新的时间标准,也作为一种无所不包的中介,构建了新的空间结构。“加速主义”为资本主义宣告了“一个逐渐自动化和计算化的未来”,许多人相信,资本主义机器的不断加速意味着生产力潜能的极大解放,最终将导向资本主义体系的瓦解。在 Judy Wejcman 眼中,时间已被压缩得扁平,生活安排、家庭结构、工作场所的管理、工作与非工作时间的模糊、自动化的失控都是这种时间压缩的后果(Wejcman,2015)。事实上,Wejcman 并不关心资本主义的“前途”,她研究的侧重点是当今世界中时间与生命如何被经验,这些经验如何重塑社会结构。在她看来,速度与流动已经成为当今社会的普遍状态,乌托邦与反乌托邦、技术与社会的悖论将始终萦绕着人类的社会生活。

也就是说,在当代互联网的技术与社会条件中,人们的经验、心智结构乃至情感等“内部性”的因素根本无法从资本逻辑的宰制中幸免,“媒介化”带来的不仅仅是线上-线下空间的整合,也不仅仅是虚拟-现实界限的模糊,甚至不仅仅是时间的压缩与加速,还包括个体“内部”与“外部”、“灵”与“肉”的边界的打破。数字时代带来的一方面是阿米蒂奇等人所谓的“灵肉分离”,即人的精神世界可以挣脱肉体与社会实体的束缚,自由地漫游于赛博世界中(阿米蒂奇、罗伯茨,2016:15),“虚体”代替了人类个体,成为互联网传播的节点(蓝江,2018);但另一方面,数字媒介的具身性使得我们的身体与情感都极大地依赖于媒介,我们的喜怒哀乐都围绕着媒介而动,我们的身体节奏、生活方式也被媒介安排。在数字媒介逻辑这种无所不包的中介性的推动下,资本的逻辑能够轻易地向人类的心智渗透,物质劳动与非物质劳动的界限进一步被打破,人们的思想、观念、态度、情感都有可能成为剩余价值的来源,它们不再是劳动的“剩余物”,而是构成了劳动的一部分。

事实上,在世纪之交时,已经有一批马克思主义者意识到了“技术孤立主义”及其背后的理性主义阐释危机,外部性批判传统走向了工具主义的死局,正是因为理性主义对“目的-手段”的僵化二元论的后果,所以,马克思主义者为内部性批判“寻根”之旅正是从批判理性主义、张扬“非理性”开始的。事实上,马克思本人强调过人是感性的存在,而非抽象的精神的存在(林磊,2020),现实世界也是一种感性的存在,人的感官与现实世界之间的联系是一种人对对象的占有关系,而不是被动直观的刺激反应。因此,人的感性是一种能动的活动,是人与世界发生联系的过程,人只有通过感性活动,将人的力量、才能、欲望投射到现实世界中,才能改造自然世界。马克思对感性的崇扬已经在一定程度上跳出了理性主义的既有框架,而法兰克福学派的成员则将对理性主义(尤其是工具理性)的批判推向了极致,他们将“物化”的传统延伸为反思外部的技术理性如何确定了对个体感性的异化与压制,从而使人陷入被管控、被支配的困境,马尔库塞为“新感性”(new sensibility)大声疾呼,认为这种由本能、激情、爱欲激发的情感实践正是“真正有效的反抗”。

不过,传播政治经济学中“情感”相关研究最直接的源泉来自意大利自治学派的哈特、奈格里等人提出的“情感劳动”概念,情感劳动是“非物质劳动”的分支概念,在哈特与奈格里的眼中,非物质劳动并非与物质材料无关,而是产品具有非物质性,非物质劳动不仅包括信息化或被整合到通信技术之中的工业生产、创造性和知识性的劳动,也包括“情感的生产与控制、虚拟的或实际的人际交往”(哈特、奈格里,2008:284),情感劳动正是非物质劳动中最重要的构成部分,劳动包括情感的生产、对生产过程的控制,而劳动得到的产品也是无形的情感,如愉悦、友好、满足、激情等情感,甚至包括人的联结感和归属感,以及社会网络、组织形式和生命权利,以及集体的主体性(collective subjectivities)、社会性(sociality),甚至社会本身(林颖、吴鼎铭,2017)。因此,许多研究者相信,情感劳动并不是马克思批判的“非自愿的、强制性的劳动”,而是一种拥有解放主体性潜能的劳动。劳动者受到热爱与激情的驱动,在参与情感劳动的过程中能够发挥自己的才智,能够与其他的劳动者一同构建出和谐的社群网络,并在其中获得自洽的认同。

“情感劳动”这一概念的源头正是意大利自治学派对“非物质性”的强调,自治主义者相信,“在后福特制之下,概念和逻辑扮演着十分重要的角色……思想和话语在当代劳动中就起着生产性‘机器’的作用,不需要采用机械化身体或电子精神等东西”(蓝江,2017)。也就是说,当下价值的来源已不仅仅是“一般劳动”(general labor),而是“一般智力”(general intellect),这一概念来自对马克思的概念的误用,马克思的原话是:“固定资本的发展表明,一般社会知识,已经在多么大的程度上变成了直接的生产力,从而社会生活过程的条件在多么大的程度上受到一般智力的控制并按照这种智力得到改造。”(《马克思恩格斯文集》第8卷:197－198)而根据自治主义者的理解,一般智力是一种“赘余的力量”(蓝江,2018),即一种从工人的非物质劳动中额外衍生出来的“额外的剩余物”,这种剩余物与“一般劳动”一样,渐渐成为一种凌驾于个体之上的抽象力量。同时,一般智力的价值也渐渐超越了物质产品,成为资本进行实质吸纳(real subsumption)的工具。

不过,这种非物质性的强调仍然与物化传统有着千丝万缕的联系,一方面,它意味着物化的结构已经深入人们的心智结构，将智慧、情感都当作了物化的对象；另一方面，它又在一定程度上挑战了“物化”的传统——如果说文化工业强调的是资本逻辑对人类生活的征服与殖民渐渐从经济、政治等“物质性”领域转向了文化领域，技术理性的宰制从“外部”走向了人类心智内部，那么，自治学派就是反其道而行之，强调来自内部的情感与主体性的觉醒有着反抗异化、谋求解放的潜力，因此，“抵抗”资本主义的主场也在不断地“内化”。正因如此，自治主义的理论已经排除了阶级斗争的必要性，而是相信随着后福特制的发展、“认知资本主义”时代的到来，非物质劳动能够在互联网中创造一种“礼物经济”，即以知识的赠予取代交易，以此打破商品交换的链条，从而在资本主义的经济循环中找到破绽，进而逐步瓦解资本主义的统治。情感劳动在其中无疑是最具有代表性的，哈特与奈格里相信，绝大多数的情感劳动都是非商品化的，也是非强制性的，非商品化意味着它在资本主义的经济链条上撕开了一个口子，非强制性意味着人们是出于爱、兴趣、激情而自愿地参与情感劳动的实践，因此，情感劳动中不存在资本的剥削，只有自愿的、能够收获乐趣的情感付出；也不存在技术理性的奴役和异化，而是人们实现自我价值、获得自我认同和社群认同的途径。在自治主义者的眼中，非物质劳动（包括情感劳动）生产的不仅仅是产品，还包括人际关系，以及社会生活本身。“在其中，经济的、政治的、文化的生活不断增长地相互重叠，相互投资”（哈特、奈格里，2005：2）。

二、他山之石——“情感结构”与情感社会学

除了自治学派之外，其他马克思主义学者也或多或少地关注过人类情感这一恒久的议题。例如，雷蒙威廉斯提出了“情感结构”（feeling structure）的概念，即以一种流动性的社会经验，一种复杂而矛盾的“共同的认识经验”来取代“世界观”或“意识形态”这种固定的结构（徐德林，2016）。情感结构是生成性的，其中不仅包含正式的观念、信仰、价值观，也包括人们主动感知的、不确定的、尚未成形的“感受中的思想”和“思想中的情感”，以及日常生活经验之中那些不易察觉、不易感知的深层元素。“情感结构”是威廉斯作为一种方法论提出来的，“结构”一词道明了它所具有的外部性、框架性与确定性，但这一“结构”不同于宽泛的意识形态概念，而是对“意义和观念生产的一般过程”的描述（徐德林，2016）。对于威廉斯来说，意识形态的概念在运用的过程中已经变成了抽象的、凝固不变的概念，它所指涉的是心理规律、符号系统这一类的形式系统，并用它取代了人与世界的社会关系，也就是说，“意识形态”的概念脱离了实践，变成了僵化的概念系统。而实际的情形是，意识形态要作用于个体，就必须与

个体经验事实结合,并在结合的过程中发生互动。而“情感结构”既非纯粹的意识形态也非纯粹的个体经验,而是对当下的现实关系的把握,它是一种现时的实践意识,包含当下实践中被感知的经验与价值和业已成形的抽象观念之间的张力。因此,情感结构可以构成一种桥梁和纽带,借由这一纽带,理性思想与感性世界实现了耦合(articulation),个人、群体、社会被联系在一起,每一代人“继承”上一代人的情感结构的同时,也塑造着自己新的情感结构,在这一意义上,“情感结构”也可以被视为一个时期的文化与“时代精神”。

威廉斯的“情感结构”是其“文化物质主义”的重要组成部分,他将意识形态的概念动态化、日常化了,将情感结构描述为一种“个体经验中的意识形态或意识形态下的经验事实”(徐德林,2016),而这正是威廉斯“文化”概念的延伸,他将文化的“社会定义”视作一种生活方式,使这一概念能够涵盖价值、意义、社会性的思想、“时代经验”,乃至制度、生产组织、家庭结构,以及社会成员赖以沟通的形式,这样一来,“文化”就成了一个复杂的综合体,文化的“理想的”“文献的”的定义也与之产生了联系,研究者能够把具体的文化研究与复杂的社会现实结合起来,理解文化与社会整体之间的关系,以及文化与其所处时代的结构性情感之间的关系。这样一来,文化的研究就被赋予了社会学与人类学的倾向,作为方法论的情感结构可以用来研究总体社会与总体型构(whole societies or formations)(徐德林,2016),也可以作为一种框架,调和外部的、总体性的结构与个体之间的关系。

也就是说,威廉斯在流动的个体心理与固化的、确定的结构之间再插入一个“情感”的环节,将从卢卡奇到阿尔都塞的“经济基础 - 结构 - 上层建筑”的框架拓展为“个体 -‘情感 - 结构’- 意识形态”。情感结构是一个富有张力的概念,它既包含稳固的、系统性的社会总体、制度、观念体系,但更多的是流动的、即时性、生成性的经验、情感、交流等“动态实践”,这一概念的引入使得文体研究者能够将具体的文化实践与物质性的社会整体相联系,也能够从一种动态的视角来研究一个社会的整体经验、普遍情感,而避免了使用“上层建筑”“意识形态”等过于抽象的概念。“情感结构”这一概念中包含许多暧昧不清的东西,很难作为一种操作性、工具性的定义来加以使用,这使得该概念在文化研究的传统中只是昙花一现,很快便淡出了研究的舞台。同自治主义的传统一样,文化研究对于情感的关切也极易被打上“盲目乐观主义”的标签,在威廉斯之后,霍尔也曾试图以“接合”的概念来调和外部的结构与个体的能动性之间的关系,他的编码 - 解码理论其实也是一种调和性的方法论框架,但后继者对该方法的运用逐渐陷于僵化,忽视了文化中的动态性,使其对个体抵抗的强调浮于表面,“个体”与“结构”也陷入了非此即彼的生硬对抗,情感结构的纽带断裂了,这一动态性、生成性的框架也被埋没了。

在当下情感劳动的相关研究中,不少学者开始运用情感社会学的理论与方法来拓展研究的边界,丰富研究的路径。例如,在关于"外卖骑手"情感劳动的研究中,许多研究者将视线投向了骑手的劳资关系、薪酬问题、职业适应、劳动心态、人际关系、社会融入等等,他们与平台之间的劳动关系处于劳动法"完全保护"与"完全不保护"之间的灰色地带(张瑞涵,2018),这种"弹性雇佣"严格来讲并不符合我国当前的劳动关系认定标准(谭书卿,2019);与此同时,外卖骑手劳动强度大,劳动报酬与劳动强度不成比例,劳动保障不完善(李升 等,2019),他们的劳动不仅包括高强度的体力劳动,也包括反复计算、权衡的智力劳动,自然也含有"讨好、求情"等情绪劳动(沈锦浩,2019)。他们对社会融入意愿不强却有着明显的融入行为(黄爱玲,2018),他们被新兴产业赋予了职业选择的自由,但这也为他们融入城市强加了更多的限制(邢海燕、黄爱玲,2017),正式劳动契约关系的弱化带来了"多元主体控制下的扁平化网络关系",他们的情感劳动实践也带上了非人性化的色彩(赵璐、刘能,2018)。

不过,必须强调的是,许多研究者谈到的"情感劳动",并非自治学派的 affective labor,而是来自社会学家霍克希尔德(Arlie Russell Hochschild)的 emotional labor,国内有学者建议将其译作"情绪劳动"(刘芳儒,2019)。霍克希尔德的著作《被管理的心:人类情感的商品化》(*The Managed Heart:The Commercialization of Human Feeling*),研究了美国航空公司的空乘人员对自身心理、情绪状态的控制,以及为了让服务对象感到满意而付出的微笑、殷勤、和善等"情绪管理"(Hochschild,1983)。实际上,霍克希尔德的研究属于情感社会学研究中的"互动路径",强调的是行动者会表现出与社会规则一致的情感(袁光锋,2020)。其实质是戈夫曼"印象整饰"(impress management)理论的延伸,"情绪管理"(emotional management)也可以被称作"情感整饰",它是围绕着外部强加的规则而产生的"表面扮演"(surface acting),当服务业的从业者在实践的过程中通过外部规则习得了通过认知、行为控制情境,进而调整自己的情感状态的能力时,表面扮演就转化为深度扮演(deep acting),即自发地唤起某种情感,以适应他所身处的情境所要求的表情与举止。在这一意义上,正如标题所述,情绪劳动的侧重点是"商品化"与"管理",以及由此延伸开来的"控制"与"规训"(杨馨,2020)。

除了互动路径之外,根据霍尔姆斯(Holmes)的观点,情感社会学的研究还包括结构路径(structural approaches)和述行路径(a performative approach)。前者认为社会关系生产并组织了情感,强调的是社会结构对于情感的塑造,而忽视了行动者及其情感在社会结构、秩序中的价值。述行路径认为情感在生产社会关系的同时也被社会关系生产着,不同于互动路径的是,述行路径更关注情感与社会关系的相互生产,而互动路径更强调情感规则、社会规则的作用。相对于情感劳动(affective labor)的路径,情感社会学对于情感的分类研究更加细致,它将研究涉及的人类情感细分为愉悦、愤怒、恐惧、悲伤、期待、好奇等若干种(特纳,2009:4 - 5),研究其是在怎样的社会结构、文化条件下被生产出来的,又与社会文化本身发生了怎样的互动。与此同时,情感社会学的研究跳出了"经济基础 - 上层建筑"的二元结构,将情感置于更加复杂的语境中加以考虑,提出以"综合的概念图式"来研究情感与社会文化之间的关系,其涉猎的对象横向包括国家或国家之间的系统、体制域、分层系统,纵向则包括社团单元与范畴单元、人际互动(特纳,2009:67 - 70)。同时,情感社会学也关注微观层面的情感唤起机制与抑制、防御,包括心理学层面的普遍人类需要和自我水平、期望值、身份角色,以及随之而来的奖惩机制与道德要求,甚至是情感归属、信任需要。而目前在"情感劳动"的相关领域中,普遍存在着忽略劳动过程、劳动同意①、劳资关系等研究领域,而只是一味地强调"礼物经济"的解放潜能的问题,而当需要谈论劳动过程与劳资关系时,我们可资利用的理论仍然是情感社会学领域的一系列概念、观点、学说;也恰恰是因为这样,在"情感劳动"的相关研究领域中,始终存在着"情感劳动"与"情绪劳动"相混淆、自治学派的劳动理论与情感社会学的范式混用的情况,使该领域的研究产生了大量的误区。

同时,情感社会学领域的研究中也存在着一系列问题。首先,该领域中存在着明显的结构功能主义倾向,无论是结构路径、述行路径还是互动路径都存在着类似的趋势——先为情感找到一个"定位",再分析它在人类社会生活中发挥着怎样的功能,但情感"劳动"恰恰是流动的、弹性的,很难被严格地划分为不同的形式,置于社会结构的固有框架之中。其次,如果只从"社会分工"的视角来讨论情感劳动,就很容易掩盖情感劳动中的阶级性、剥削性、对抗性,而将劳动关系中存在的各种不公正现象合理化为"自由择业""正常分工"。同样以外卖骑手的相关研究为例,不少研究者已经注意到外卖骑手劳动强度过大、劳动关系难以认定、劳动保障不完善、难以融入城市生活等问题,针对这些问题的批判却浅尝辄止,只是落脚于平台雇佣制度、外卖骑手的职业心态与群体认同等层面,而缺乏对整个资本循环系统的总体性批判,忽视了这种不平等雇佣关系中的剥削性,也忽略了外卖骑手难以融入社会的根源在于资本对劳动者的孤

① "劳动同意"为一个管理学概念,指的是劳动者与雇佣方之间就劳动形式、劳动过程、劳动产品、劳动环境、劳动报酬、劳动福利等问题达成的共识,它既包括正式的合同、契约,也包括口头约定、承诺,同时也包括一些无形的、价值观层面的认同和意愿。例如,在互联网平台经济中,许多互联网劳动者并未与平台、企业签订明确的就业协议,而是通过平台的用户协议、用户与平台对 UGC 产品价值的认同、平台的"社会责任"来进行维系。

立，使其与生产资料、劳动成果及其他劳动者相疏远，在资本循环中变得孤立无援，从而丧失反抗性。如果不考虑政治经济学的批判，只从“社会分工”的角度谈就业与雇佣，或是只从“身份认同”的角度来谈职业声望与社会适应，批判就永远无法抵达问题的实质。

三、情感转向：传播政治经济学批判的新路径

当下，已经有越来越多的学者意识到了互联网语境下“情感转向”的趋势，网络媒介俨然成了情感的放大器，各种本能情感在互联网场域中更加泛滥而激烈，狂热的爱、极大的愤怒、近乎恐慌的焦虑都成为网络生活的常态，人们似乎变得更加“情绪化”，也更愿意以激烈的方式表达自己的情感，与此同时，人们似乎也变得更加缺乏情感，更愿意在互联网社群中寻找感情的寄托，他们向素不相识的网络用户倾诉自己的烦恼，以送礼的方式感谢网络主播对自己的陪伴，购买虚拟恋人的服务，或是将感情寄托在偶像、虚拟角色的身上。情感成为当代网络生活的关键词，对于网络用户而言，互联网更接近一种“情联网”，凭借情感，互联网上零散的、个体化的“接入点”获得了互相连接的途径，人们借由情感的表达与再生产，实现了彼此互相接近、互相了解，并建立起情感的共同体，这样的共同体包括基于兴趣、爱好形成的亚文化社群，基于爱与“拟态亲密关系”形成的粉群，基于情感的互赠与交易形成的网络主播与粉丝社群，甚至是基于愤怒与相对剥夺感形成的“维权”或“抗议”团体——情感已经成了人们彼此联结的重要中介，将来自不同阶层、社会地位、文化背景的人联系在一起，形成了即时的、动态的、关系密切的情感共同体。与此同时，互联网的流量逻辑使得平台拥有了将用户生产内容迅速变现的能力，这使得资本自我增值高度依赖情感的增值，越强烈的情感就越能为网络平台和企业带来利益，也就是说，情感正逐渐成为商业资本剥削、异化的主要对象。

在媒介化的时代，无所不包且延伸性极强的媒介已经拥有了组织社会生产的能力，并将生产者、消费者、提供就业与服务的平台全部卷入了媒介的场域。也就是说，“情感劳动”正逐渐将各行各业的劳动者卷入其中，除了外卖骑手、快递员这些雇佣周期短、流动性强、劳动关系不稳定、劳动类别复杂的劳动者之外，情感劳动者还包括从事“娱乐活动”的网络主播、游戏玩家、代练工作室、短视频 UP 主，进行情感性展示的“网络自由职业者”，包括公众号作者、美妆博主、游戏攻略作者、亚文化社群、粉丝等等。对于普通的互联网用户来说，他们越来越难以分辨美妆博主真情实感地“种草”和“安利”是不是软性广告植入，意见领袖言辞激烈地针砭时弊是不是在累积流量、准

备变现;同时,用户也无法判断自己在互联网上留下的哪些痕迹会被平台和算法加以收集、整理,出售给电商平台和广告商,转化为剩余价值的来源。这种不可控性带来的是普遍剥削,互联网上任何的情感表达都变得危险,情感在建构社会关系的同时,也令自己被卷入了剥削性的经济结构,并在这种结构之中不断地完成着再生产。也就是说,情感已经不再是劳动的副产品,也不是劳动的"工具"或是途径,而是成为劳动本身。

因此,无论是社会学还是马克思主义批判,无论是文化研究还是传播政治经济学,都在向着"情感"的方向转向,一批社会学者抛弃了理性主义的成见,开始关注人类情感与社会的互构;文化研究学者也跳出了"流行文化"这个边界模糊、无所不包的"筐",尝试着探索结构性的经济条件、制度环境、产业结构、生产与消费和文化实践之间的关系,并将议题转向了空间、身体、情感等等"非结构"的领域。例如,格罗斯伯格就借用了德勒兹的"情动"(affect)概念,提出了"情动感性"(affect sensibility)的概念,即由激情、喜爱等身体之力驱动的、打破既定意识形态的束缚、拓展身体感性的能力。(林磊,2020)不同于德勒兹抽象的哲学思辨,格罗斯伯格想要将情动感性构造为一种中层理论,使之能够解释人们在遭遇事件时采取何种态度、行动的逻辑,不过,与"情感劳动"概念不同的是,情动感性解释的对象更多的是文本对象,尤其强调脱离了既定意识形态语境框架的差异性的感性。与此同时,传播政治经济学者也开始关注"情感"等内部性的要素,已经有一些学者意识到了,文化研究与传播政治经济学之间的分野便不再重要,真正重要的是如何解释人们的情感、行为、实践如何转化为劳动,如何创造了剩余价值,如何成为资本主义自我延续、自我复制的动力源泉。

正是在这样的实践前提下,传播政治经济学领域涌现了大量关于情感的批判研究,围绕着"情感"这一概念,许多原本被传播政治经济学者忽略的实践进入了人们的视野——粉群的"打榜""应援"、外卖骑手的"复合型"劳动、互联网上可以购买的"虚拟恋人"服务等等。本次专题研究正是围绕着数字劳动在当代的新进展展开的,姚建华副教授关注"虚拟恋人"的情感劳动,包括他们的劳动时间、收费模式、与"工作室"之间的劳资关系、与"客户"的互动情况等等。同时,他也留意到购买虚拟恋人服务的女性消费者永远难以满足的情感需求与虚拟恋人提供的"短暂满足"之间的矛盾。吴鼎铭副教授将视线投向了数字劳动者的劳动实践与外部经济制度之间的关系,从一种更加宏观的视角来分析数字劳动与当代经济、社会之间的联系。他提到,经常被研究者忽视的制度环境实际上对劳动者发挥着至关重要的作用,它作为一种框架性结构,制约着数字劳动的实践方式,也影响着劳动者与整个社会经济体系发生关系的方式。

在媒介化的时代,数字媒介不仅有着征服"外部"环境与时间空间的能力,也有着向个体“内部”蔓延、渗透的能力。媒介对个体经验、心智、情感的建构不能简单地放在心理学或社会心理学的范式下进行分析,我们也不能仅仅将它当作一种文化现象、个人趣味,而应注意到这种“个体—媒介—社会”的互动关系中隐含的剥削性,注意到政治经济关系如何以一种潜移默化的方式决定了人们的情感与实践,内部性的感性要素又是如何反馈于外部性的结构与框架,并在数字媒介的促成下制造了一个又一个“商业热点”与“风口”。与此同时,我们也不应对“情感劳动”研究的兴盛盲目乐观,它意味着资本的逻辑与媒介的逻辑实现了彻底的合谋,对身处资本循环中的人进行了无孔不入的控制,从需求到欲望,最终到情感,人们面对资本这个“魔鬼”卖掉了自己的一切。因此,面对情感的不断异化,我们提倡研究者跳出内部与外部、剥削与抵抗、异化与解放、资本与反资本的二元框架,以一种更加辩证的视野看待个体、媒介、技术、社会之间的关系;同时也倡导坚持马克思主义的理论立场与批判基调,对情感的异化保持警惕,而不是沾沾自喜于研究议题的拓展与所谓的“范式革新”。情感劳动将会走向何方、将为传播政治经济学的研究带来什么,仍有待进一步的探索。

参考文献

哈桑,2020. 注意力分散时代:高速网络经济中的阅读、书写与政治[M]. 张宁,译. 上海:复旦大学出版社.

哈特,奈格里,2008. 帝国:全球化的政治秩序[M]. 南京:江苏人民出版社.

黄爱玲,2018. 上海市外来人口的社会融入及其影响因素研究——以外卖骑手群体为例[D]. 上海:上海师范大学.

蓝江,2017. 数字异化与一般数据:数字资本主义批判序曲[J]. 山东社会科学,(8):5 - 13.

蓝江,2018. 一般数据、虚体、数字资本——数字资本主义的三重逻辑[J]. 哲学研究,(3):26 - 33,128.

李升,等,2019. 利益诉求的表达与消解:一项关于“外卖小哥”劳动过程的调查研究[J]. 中国劳动关系学院学报,(2):99 - 108.

林磊,2020. 从感性直观到情动感性:“情感劳动”的哲学谱系研究[J]. 现代传播,(10):71 - 75.

林颖,吴鼎铭,2017. 网民情感的吸纳与劳动化——论互联网产业中“情感劳动”的形成与剥削[J]. 现代传播,(6):21 - 25.

刘芳儒,2019. 情感劳动(Affective labor)的理论来源及国外研究进展[J]. 新闻界,(12):72 - 84.

卢卡奇,1992. 历史与阶级意识[M]. 杜章智,译. 北京:商务印书馆.

沈锦浩,2019. 车轮之上的青年农民工:外卖骑手的劳动过程研究[J]. 青年发展论坛,(5):69 - 76.

谭书卿,2019. 分享经济下用工关系法律界定与制度探索——以外卖配送行业为视角[J]. 中国劳动关系学院学报,(2):70-78.

特纳,2007. 人类情感:社会学的理论[M]. 孙俊才,文军,译. 北京:东方出版社.

吴畅畅,2019. 施拉姆的学术遗产与美国传播学四大奠基人的神话[J]. 国际新闻界,(08):52-80.

邢海燕,黄爱玲,2017. 上海外卖"骑手"个体化进程的民族志研究[J]. 中国青年研究,(12):73-79.

徐德林,2016. 乡村与城市关系史书写:以情感结构为方法[J]. 外国文学评论(4):60-77.

杨馨,2020. 情感劳动的传播政治经济学批判:以L后援会为例[J]. 新闻记者,(9):14-24.

袁光锋,2020. "众怒"的年代:新媒介、情感规则与"愤怒"的政治[J]. 国际新闻界,(9):6-22.

约翰·阿米蒂奇,乔安妮·罗伯茨,2016. 与赛博空间共存:21世纪技术与社会研究[M]. 曹顺娣,译. 南京:江苏教育出版社.

张瑞涵,2018. 互联网餐饮行业中送餐员权益的法律保障问题研究[J]. 社会科学动态,(12):36-42.

赵璐,刘能,2018. 超视距管理下的"男性责任"劳动——基于O2O技术影响的外卖行业用工模式研究[J]. 社会学评论,(4):26-37.

Hochschild,1983. The Managed Heart:Commercialization of Human Feeling[M]. Berkeley/London:University of California Press.

Wejcman,2015. Pressed for Time:The Acceleration of Life in Digital capitalism[M]. Chicago and London:The University of Chicago Press.

人际维系与群体构建:"艾滋人群"线上社区的情感交往

◈ 周海涵 *

摘要:在社会普遍对艾滋病持有污名化认知的背景下,本研究将通过网络民族志、深度访谈的方法,研究"艾滋人群"在线上社区的情感交往行为,重点在个体如何同他人建立情感维系以及情感如何作用于线上社区的构建这两个层面。研究发现,一方面,线上病缘群体基于共同经历的情感交往为群体间人际关系的维护提供了自我呈现与认同的途径;另一方面,在艾滋病吧中,情感在群体构建的多重维度起到了重要的支撑作用。但对于病缘群体来说,线上与线下的脱轨,使得线上平台所能提供的情感支持仍处于有限水平。

关键词:艾滋病吧,线上社区,情感,传染病防治

自美国媒体于1981年首次报道五例艾滋病病例,人类已同艾滋病病毒进行了近四十年的博弈。艾滋病,这一席卷全球的传染性疾病,在大众媒体的介入下,产生了病理层面之外的文化属性,其文化层面的多重寓意更使得这一疾病同其他传染病在文化含义上产生了区隔,并处在动态变化之中。2019年11月26日,在世界艾滋病日的前夕,联合国艾滋病规划署发布了名为《赋予大众力量》的年度报告,报告指出"赋予大众选择、知晓、蓬勃发展、表达需求和联合的力量,我们得以拯救生命、预防不公、重建尊严"。(澎湃新闻,2019年11月27日)加强对艾滋病病毒携带者在社会性维度上的关注,应是给予"大众"力量的重要组成部分,而在现实中,情感满足作为病毒携带者重要的生命需求,在防治过程中没有得到与其重要性相匹配的重视。因此,本研究将通过网络民族志的方法,对以艾滋病为代表的病缘群体的情感交往行为进行分析,为后续行政与社会力量的介入提供有益的事实与理论依据。

---

* 周海涵,暨南大学新闻与传播学院研究生。

一、理论探讨和文献综述

1981 年,艾滋病作为一种疾病首次被美国媒体报道。在近四十年的媒体报道与国家跟进进行公共健康的防治过程中,民众对艾滋病的认知,经历了改革开放后的盲目乐观阶段,即艾滋病是没落的资本主义的象征,在中国却是一片“净土”,再到妖魔化、猎奇化的阶段(李希光、周敏,2003:19)。回顾中国艾滋病防治策略的流变,人的权利被发现、重视与保护,成为艾滋病防治的艰苦斗争中不可忽视的一条演变路径(张剑源,2014)。但总体来说,我国当前对于艾滋病这一特定议题,民间话语与官方话语并没有达到较高程度的一致,民间话语的滞后较大程度上“受到早期官方话语的影响,仍充斥着对艾滋病的恐惧、道德判断和排斥”(景军,2006)。

(一)污名化之下对于艾滋群体的社会排斥

艾滋病作为当前仍难以治愈的疾病,常常与性、同性恋等在中国讳莫如深的标签相联系(翁乃群,2003),而作为一种慢性传染病,不同于病毒性肝炎、脊髓灰质炎等传染病,艾滋病具有更鲜明的道德属性(潘绥铭、黄盈盈、李楯,2006),同时“大多数感染者无法证明自己在道德上是无辜的”(潘绥铭、侯荣庭,2015)。由此,艾滋病病毒感染者在社会中并不处于较高可见度的位置,仅在特定节日以及媒体零星的报道中有所涉及,而中国语境下“面子文化”的特殊性,让感染者本身的羞耻感更加突出,感染者在现实世界中暴露自己的身份往往意味着“社会性死亡”(Yang & Kleinman,2008),这使得感染者群体难以获得来自社会大众的自发接纳。

其中,污名化作为一种具有标签作用的社会行为,在边缘群体的个人定位与社会定位方面起到了赋予意义和约束行为的作用。Goffman(2009:1 -70)认为污名化之下的群体共享相似的“道德生涯”,同时污名作为一种“丢脸”的身份特征,在与他人的人际互动中,会承担“受损身份”这一角色特征。随着对残障概念理解的深入,残障不仅包含身体的残损,社会参与的受限亦被划入“障”的范畴(鲍雨、黄盈盈,2015)。这种受损身份在实际生活中往往会携带着例如刻板印象、经济资源剥夺、文化资源丧失等负面影响,在对艾滋病的研究过程中,污名化所形成的社会排斥尤为明显。

学界对于艾滋病病毒感染者及其相关人群的污名化研究并不鲜见,在对艾滋孤儿污名化机制的研究中,其受损身份的形成来自外在构建和内在认同两个部分,并且这种污名化与其早期社会化的过程交织而行(杨生勇、杨洪芹,2013)。此外,从多种视角切入,对艾滋病污名化所形成的影响进行分析,形成了不同视野下的结论,如社会互构论下的价值性歧视(雷茜,2015)与社会排斥理论下患者在社会系统中遭受的多维困境(向德平、唐莉华,2006)。基于不同学科、不同理论,对污名化有着不同的介入视角,但相同的是污名化给患者带来了巨大的心理与现实生存的压力,社会支持的匮乏成为当前防控艾滋病的重要问题。

(二)社区行动与作为社会支持的情感

同2014年在中国风靡的"冰桶挑战"相比,诉诸事实与诉诸情感带来的认知度提高以及对于信息的积极评价上升(张伦、徐德金、张增一,2017),在艾滋病这一疾病上效果并不显著,社会的恐慌与不信任一直存在于未患病人群与感染者这一对范畴之中(Cao,Sullivan,Xu & Wu,2006)。

"就中国社会而言,特殊信任被限定在社会学家所提及并论述过的中国人的人际关系三大特点,即人际信任与熟悉程度、人际信任与亲密程度、人际信任与互惠程度的挂钩。"(景军,2006)基于这个特点,艾滋病病毒感染者的真实生存空间(在暴露感染者身份的空间)仅仅局限在强亲缘群体与患同一种疾病的社区之中。此外,不同于西方国家具有强大的社区意识,在中国与欧洲裔美国人的对比研究中发现,奉行个人主义的美国人相比中国人,也更适合去寻求社会的帮助(Mortenson,Burleson,Feng & Liu,2009)。

当下,社交媒体的勃发,使得在线社区井喷式发展,"社会化网络服务(Social Networking Services)将'物'与'人'的关联转化为'人'与'人'的关联,为进一步营造丰富多彩的亚文化'圈子'提供了条件"(蔡骐、黄瑶瑛,2011)。基于相同兴趣而形成的趣缘群体成为学者研究的热点,诸如网上社群如何以四驱车为对象实现"以物追忆"(孙信茹、王东林,2019),以及探讨粉丝社区内的交流类型(胡岑岑,2018)等。随着人们健康意识的普遍提高,在线健康社区在提供健康信息(Curran,Murphy,Abidi,Sinclair & McGrath,2009)与感知社会支持方面的功用(Nambisan,2011),日渐成为人们研究的重点对象,其中艾滋病吧便是典型代表。

从线上社区所能提供的社会支持来看,加入线上社区有助于提高感染者接受药物治疗的依从性(Horvath et al.,2013),降低在社会与心理层面的不确定性(Brashers,Neidig & Goldsmith,2004)。同时,社会支持的干预可以降低感染者早期的自杀欲望(Bi et al.,2020),以及通过情绪调节降低感染者的死亡焦虑(Chukwuorji,Uzuegbu,Chukwu,Ifeagwazi & Ugwu,2020)。

而在情感支持层面,一般来说,情感支持的内涵主要围绕给予爱和尊重以及提供情感抒发的渠道展开(McLaren & High,2019;Thoits,2011)。有研究发现,个体对不同类型的社会支持具有不同的反应,如情感支持的过度受益是有益的,信息支持则相反,同时情感支持的不足会带来关联性的个人自尊恶化(McLaren & High,2019),并且随着时间的推移,感染者对信息支持的需求下降,情感支持的重要性更为突显(Warren - Jeanpiere,Dillaway,Hamilton,Young & Goparaju,2017)。在中国 HIV/AIDS 患者的微博社群中,情感支持相较于信息支持是第二常见的社会支持(Shi & Chen,2014),其中"心理安慰和精神支持已成为艾滋病病毒感染者最重要的精神支柱"(余焱明、程玲,2006)。

当前学者们对于艾滋病的情感支持研究,更多地聚焦于艾滋病防治中情感支持的重要性以及情感支持在"艾滋人群"中发挥的作用,如积极的社区介入,帮助感染者以更积极的心态融入社会,利于治疗的同时,化解与一般人群的矛盾(向德平、陈琦,2004)。同时在疾病防控层面,情感支持下积极情绪的提升与减少风险行为的传播也呈现出正相关的关系(Batchelder,Carrico,Acree,Hecht & Moskowitz,2018),但情感在群体中发挥作用的机制、病友间的情感诉求与互助行为如何得以表现与满足,现有的研究尚未充分说明。因此,在社会对于艾滋病污名化的大背景下,本文基于以艾滋病为核心的线上社区进行实证研究,探讨其人际维系与群体构建的情感交往过程,具体来看包含以下几个研究问题:

RQ1:"艾滋人群"如何在情感层面上建立起彼此间的联系,情感支持如何在线上人际交往中发挥作用?

RQ2:对于线上交往的"艾滋人群",情感在群体构建的过程中发挥了怎样的作用,并如何维系着社区的正常运行?

二、研究对象与研究方法

(一)研究对象

近年来,个人兴趣主导的社群活跃在人们的线上生活空间,借鉴当前较为普遍的"趣缘群体"这一概念,因自身疾病不同于兴趣,并非个体的主动性选择的结果,两者在群体属性上具有较大的差异,所以本研究由共同兴趣转移到群体所共同(潜在)具有的疾病,提出病缘群体这一概念,即因患同一疾病而聚集在一起的人群,在本研究中则特指因艾滋病这一特定疾病而聚集在贴吧的人群。

基于上述的人群界定与前文的文献综述，本研究的研究对象聚焦于线上病缘群体的情感交往行为。寻求情感的支撑，是人的本能，对于以艾滋病为核心的病缘群体来说，其情感交往同未感染者相比，具有更为强烈的融入社会的意图。值得注意的是，许多感染者的身份具有特殊性，如性少数群体，这种交叉性在其情感交往的过程中，更凸显出个体复杂的情感诉求以及作为一个“疾病共同体”其内部情感构建的秩序与现状。

在研究的地点上，本研究聚焦于贴吧这一平台。相较于贴吧，微博的大众传播属性更显著，对外容易实现分子式的传播裂变，适合于发布不具有隐蔽性的话题；而社交属性更突出的微信则通过公众号与朋友圈实现信息的传递，在精准传播与人际传播过程中难以对外伸出信息触手，具有一定的封闭性（陈永东，2013）。而贴吧具有“主题导向、不设门槛、互动信息共享”的媒体属性，将对外的公共性与人际传播的精准性实现了整合，尤其是对病缘群体来说，艾滋病吧对于其人际传播有着重要的“现实替代品”的作用。同时，艾滋病吧中内容的针对性与交往的基本理性，利于我们去深入了解其信息生产的脉络与呈现出的文化样态。相对于微博、微信，个人隐私在贴吧也能被更好地保护。

（二）研究方法

迫于社会压力，艾滋病患者及病毒携带者在现实生活中处于“不可见”的身份状态，通过线下进行观察往往面临着极大的困难。而从人类学发展而来的民族志研究方法，强调的是对于群体“文化”内核的分析。对于受到社会排斥的艾滋人群来说，同主流人群的文化芥蒂在日常表现与群体交流中显得尤为突出。网络民族志是传统线下民族志的延展，卜玉梅（2013）指出，同传统实地田野调查的民族志相比，虚拟民族志提供了完全潜伏（lurking）的研究机会，研究者的身份在虚拟社区中往往难以被察觉。

在此基础上，本文主要通过两种途径获取信息。一是前期从 2019 年 10 月至 2020 年 10 月，通过线上观察艾滋病吧吧友间带有情感意味的信息互动行为，进行个案研究，记录艾滋病吧内的文字、图片等相关文本。二是针对与艾滋病密切相关的人群，单一从贴吧获得信息难以将病缘群体更为深层的情感驱动与情感诉求予以全面的描摹。因此，本研究试图通过在贴吧发帖的方式联系受访者，初期并没有得到多少反馈，并且在表明是科研目的后，帖子仍被屡次删除。后续研究人员希望进入贴吧官方 QQ 群征募受访者，在入群时同群主沟通，在出示身份证明后才最终获得进群资格，并被要求发完通知后立刻退群。此后，研究人员通过访谈等方式逐步与艾滋病吧吧主建立信任，吧主在后期受访者的招募中也起到了重要的作用。最终，围绕10名受访者[其中包含一位艾滋病吧吧主（非感染者）]，以及9名艾滋病病毒感染者，针对其在艾滋病吧的情感诉求与获取行为以及个体在现实世界中的情感困境这两个层面，进行半结构式访谈，基于艾滋病吧内的文本内容，通过个人故事的讲述，补充研究在情感维度的叙述。

三、基于共同经历的情感维系

成立于2007年的艾滋病吧，是中文社区内以艾滋病为主题的规模最大的公共交流平台，其标语为“你我共用心关艾，携手共奏人生美好乐章”，是患者间相互扶持、医生与志愿者介入帮扶，以及对于艾滋病有着较大关切人群的贴吧。当前，艾滋病吧的关注人数已经超过1万，累计发帖数超过22万，在贴吧内设有吧主与小吧主管理吧内的相关业务。为了解这一疾病在社会表层下的真实面貌，以及个体在精神层面的情感状况，必然要深入群体交往的实际场景，剖析群体在共时性与历时性上的发展脉络。

（一）以“病”为媒的故事讲述

艾滋病吧内的信息类型大致可以分为情感支持（以寻求朋友或伴侣为主要发帖内容）、患病焦虑（恐艾症与感染者对症状的焦虑）、科学普及以及生活分享这四种主要类型，这些信息大都以艾滋病为核心，关注与个人相关的生活议题，其中涉及群体生活的公共议题并不多见。

在线上空间的交流中，并非所有的发帖都能得到吧友的热切互动，突出个人经历与情感表达的帖子往往能引发吧友的情感共鸣和发言的意愿，获得更多的关注。在这个过程中，人们的共同在场将他人讲述的“故事”情节，纳入自身情感共鸣的范畴，具有高度的情感唤醒与象征意味。“wwwwww西瓜皮”在一个帖子中表述了发现父亲感染艾滋病病毒的过程：“我爸查出HIV的时候，我才15岁，还在读初中，当时确诊的时候我还在叛逆期，妈妈跟我说爸爸得了永远治不好的病的时候我心里其实一点概念也没有……后来过了两年左右，一次偶然的机会，我周末放学回家，看到爸爸把准备吃的药放在桌子上，我就偷偷看，有三颗，上面还有字母，我就百度了一下，感觉整个天都要塌了……直到去年暑假跟妈妈一起散步的时候我才跟妈妈说其实我知道爸爸患的是什么病。”

在上述故事中，处在叛逆期的青年加之亲情的主题，加强了所叙述故事的情感强度，并带有着强烈的消极情绪，当人们难以将生活中所携带的情绪在线下情境中实现消化时，脱离了现实社会关系的线上便成为他们倾诉的空间。

同时，讲述者在吧内并非"独角戏"的角色，一个故事往往会引发有类似经历者的共鸣。"假装假装多情"曾发布一条名为"求助！父亲得了艾滋病，我该怎么办"的帖子，同样是家里亲属感染了艾滋病病毒，下面一个吧友回复道："我父亲前段时间也检查出艾滋病，当医生跟我说确诊的时候，顿时整个人都要晕倒。感觉不可能发生的事情居然发生了，还发生在我身上。父母常年感情也是不好的。"在进行故事表述时，病缘群体的情感基调往往是现实的崩溃加之对于未来的无措，对于疾病的不光彩想象是话语中潜在的表述，即便是在分享积极性故事的帖子中，讲述者对社会污名的隐忍以及从感染初期的消极走向自我谅解的心态过程也是叙述的主基调。

从社会层面来看，故事讲述背后的一个核心动因，是作为被污名化与不可治愈的疾病的承载者，在现实中暴露感染者的身份将极大缩小自身的生存空间，与此同时，来自传统家庭的压力，使得病缘群体难以向内寻求到支持性的帮助。在许多非恐艾性质的求助帖子，如"无状态"发布的一条帖子中这样写道："说一下这一个月的煎熬，楼主今年 27 岁，男性，因为 4 月 28 号考上了一个国企，需要参照公务员的标准体检……当时去医院抽血，然后去外科检查眼耳口鼻，就突然接到电话，说我的血有问题，然后告知是阳性，要马上再抽血送去疾控中心。"这些明显带有个人生活经历的求助与讲述，在吧内其实难以寻求到明确的方向指引或信息帮助，在面对艾滋病带来的生活局限时，其内在的需求更倾向于得到"自己人"情感层面的理解与支持，所面临的相似困境成为彼此共情与交往的重要纽带，以及维系群体情感的"黏合剂"。

在此情况下，从线下转移到身份信息隐蔽的线上过程中，个人故事的讲述为病缘群体的发声及个人身份的展示提供了主体间情感交往的契机，同时故事讲述的基调也确定了贴吧内情感流动的总体方向。

（二）情感唤起与多维求助

在故事讲述过程中的情感唤起环节，同情是病缘群体间情感交往的重要情感类型，Clark（1997：1－32）认为同情的基本含义是为他人感到悲伤和怜悯，广义来说同情包含了共情的范畴。在艾滋病吧内，同情常常表现为对他人的抗病历程的关心，"炫枫情语"在帖子中这样描述："崩溃或许只在一瞬间，好几次崩溃大哭后还是得面对现实。心疼儿子女儿，妈妈真的不想拖累你们……可是事实摆在眼前，我只想问问谁能帮我联系到艾滋病协会，我只想把我死后的遗体捐给医学院解剖做研究。谁能帮帮我？”在随后的回复中，有一条回复这样说道：“那你得好好活着……反而是你死了，你的儿子女儿就没有妈妈了，他们没妈妈了……谁感染了不痛苦，我也想一走了之，但是我想着我死了这家会散的。你也一样，广东这地方太传统了，你自杀，你孩子会被身边的人指指点点一辈子的。”虽然都是感染者的身份，但是双方境遇的不同，并不会成为同情发生的阻碍，反而因为同样的身份，同情的程度相比于“外人”而显著提高。同时，因为彼此间的感同身受，吧友在进行交流时，话语的表达不仅仅是对于此刻感受的一种确认，更是试图通过事实与情感的引导，改变发帖人对于未来生活不确定性所持有的消极态度与认知，提升群体内的自我效能与价值。

此外，恐惧是另外一种群体在交往时发挥了重要作用的情感。当被（疑似）确诊的那一刻，许多（疑似）感染者都会有迷茫、灰暗、无助的感觉，这种极度崩溃的感觉很大一部分来自对于未来的恐惧。在艾滋病吧内，恐惧具有十分丰富的含义：在高危性行为后对于自身出现皮疹、腹泻、发烧等艾滋病感染症状的恐惧，已经确诊者对于体内CD4（人体免疫系统中的一种重要免疫细胞）的高低所代表的身体健康程度的恐惧，对社会歧视的恐惧。尤为需要注意的是，对于感染者而言，来自亲属的疏离所造成的恐惧感是其他很多疾病乃至传染病所不具有的，在访谈中，绝大部分受访者也谈到了跟家人坦白病情、被家人催婚这类帖子会给他们留下比较深刻的印象。

因此，找到群体的归属感与依靠，成为病缘群体在进行情感交往时重要的心理动机。在群体成员共享的情感氛围（emotional mood）下，在同情与恐惧这两个吧内主要情感的推动下，吧内成员实现了一定程度上的情感互助。

在研究中，线上虽然弥补了线下情感的部分空缺，但作为具有完整社会性的人，赛博空间的交流对病缘群体来说只是短暂的休憩，其情感交往的行为不能等同也不能替代来自社会的情感支持。吧友“123456（南瓜脸）”曾在吧内这样说道：“在这里潜伏半年了，这里的人不是同就是自我保护意识太强（虽然我自己现在也是），感觉这个群体不太好交朋友，迄今为止没交上一个同类朋友。”即便在线上，感染者之间的身份对于彼此来说依旧是保密的部分，在现实生活中，感染者则更加难以找到同群体的人。有受访者提道：“这都是隔得很远的，基本上宜昌这个地方生我这个病的，我一个都不认识，都隔得很远的，也没什么凝聚感。”

但与此同时，在艾滋病吧中，可以看到众多“征友”的帖子，帖子大都按照“地点+是否感染+性取向”的组成来表述，例如：“28岁直男云南曲靖真心找一个可以相依相伴的人”“有云南的艾友不，我女，22岁，要直男，23到28之间的，本人在云南临沧，外地距离远的就不考虑了！”“找个艾友一个人太孤独了男男在重庆23，179，60”。同大众所持有的刻板印象不同的是，诸如“真诚”“相互帮助”这类的词汇是“征友”帖中的高频词,感染者们对性的淡化,以及对于长久情感陪伴的渴望,在线上空间明显放大。从社会空间的视角来看,HIV患者与其相关群体在互联网下重塑社会关系是一种脱离线下与再嵌入线上社会的过程(周红莉、张卓,2020),找到同是感染者的伴侣,其心理与社会层面的需求已经超过了生理层面的需要,对于"人情"之下"过日子"的渴望(吴飞,2007),隐含在吧友日常的话语交流之中。

乔纳森和简(2007:226－228)认为"人们可以明了与某一社会范畴或结构中的成员互动时可获得多少的积极情感",并认为多样性与强度不同的情感联系,会持续促进积极情感的发生。在艾滋病吧中,虽然存在众多寻求情感关怀与征友的帖子,但没有一个受访者对线上提供的情感支持给予具有依赖性的答复,也并不认为可以真正通过线上平台连接线下的交流。有受访者表示,"即使在线上能找到聊得来的,线下见面可能也没有兴趣了";艾滋病吧吧主也曾提到之前组织的一次线下见面活动,由于感染者居住太过分散,活动举办的效果并不理想。对艾滋病吧本身来说,绝大部分受访者在度过感染初期迷茫无措的阶段后,也只是把线上交往当作日常消遣的一种途径。

群体联结的松散在一定程度上会导致"情感兴奋水平下降,或者转向消极,节奏同步和情感愉悦也同样出现困难"(乔纳森、简,2007:81),典型地体现在关于艾滋病的重大节日中。例如在每年12月1日的世界艾滋病日、3月1日的世界零歧视日,在艾滋病吧内,仅有一条信息涉及了世界艾滋病日的内容。对于病缘群体来说,贴吧等线上平台并非唯一或者必需的存在,去除疾病外,其社会性仍扎根于现实的土壤。

这也体现在病缘群体的情感交往中,来自父母的情感帮扶/排斥在患者面对疾病时发挥了无可比拟的作用。在同受访者沟通时,一位受访者对疾病表现出了相比其他人显然更乐观的情感:"肯定是有人接受不了的,就是正常的,我觉得无可厚非……我倒能接受,无所谓了……可能是因为我父母的原因,父母他们比较能接受我,其他人我也不在乎。"但从吧内众多征友贴和访谈内容来看,患者往往考虑到告知病情会给父母造成巨大的痛苦以及担心受到亲人的歧视,绝大多数父母并不知道儿女已感染的事实,"再加上家里在催要朋友,压力好大了",因此征友贴中很大一部分的最终指向是和同感染艾滋病病毒的异性步入婚姻,有些感染者直接表明期待拥有自己的小孩,对于这部分人群来说,线上的情感交往期望的不仅仅是虚拟空间的暂时满足,而是最终指向感染者不可逃离的线下社会。

立足多维的情感获取,对于病缘群体间弱关系所不能真正提供的深层情感支持来说,既是一种现实的需要,又是在心理层面克服疾病的重要策略。相较于个体数字化生存的线上社会,现实中身体的存在不仅是情感产生的本源,也影响着人们在线上进行角色选择、情感体验、形塑认同的过程,因而从社会支持的角度来看,线上的情感诉求与线下的情感需要,无论是已经得到满足的还是内隐的问题,都需要回到线下具身的社会关系中进行考量。

(三)疾病下的自我认同与约束

通过故事的讲述与日常的交往,贴吧在某种程度上成为反观自我的一种方式。在符号互动理论者看来,自我(self - conception)这一概念包含了对于个体较持久的意义及情感构成(乔纳森、简,2007:82)。通过线上社区的交往,个体因共同的经历而在情感层面有着更为强烈的共鸣,并为自我认同提供了可以参照的"镜像"。

在艾滋病吧中,时常可以看到"我感觉我的人生到尽头了""一步踏错终生错""只能活一天算一天""确诊了,安徽淮南的。不知道有多迷茫"这种极度消极的发帖与回复。在同吧友交流时,绝大多数艾滋感染者也表现出了这种消极态度,例如:"其实一开始也有过恐惧,但是后来感觉那种恐惧感也消失,而且本身就可能是自己无知吧!是那种爱的匮乏,我觉得死了也就死了,也觉得没有什么,还不如早死早投胎呢。"当感染初期对疾病的恐惧与悲伤逐渐淡退,随着疾病知识的增加以及日常治疗后生理层面的疾病发展得到控制,感染者得以用相对冷静理性的态度看待疾病本身,但情感层面上能否接纳自我,对未来的生活能否持有积极的态度,依旧是病缘群体尤其是已经感染的患者所需要在自我认同层面解决的问题。

一般来说,科学话语下性接触、血液接触、母婴传播是艾滋病传播的三大渠道。但是可以发现,当前关于艾滋病传播渠道的公共议题讨论,绝大多数集中在性传播这一渠道,并常常与同性性行为传播相关联。在对性行为和同性恋有着讳莫如深的刻板印象下,感染艾滋病并不符合当前社会主流可以接受的道德规范,当贴吧主题或内容涉及上述性(尤其是非常规性行为)与同性议题时,诸如"带套可以滚了""邪淫危害大,卖淫都是危害社会的,像艾滋病性病""死基佬"这样的话语常常被回复于帖子下面。疾病带来社会污名加之病缘群体对于外界反馈相对敏感,在这种情境下,羞愧成为这个病缘群体间一种普遍存在的情感态度。一位受访者表示:"多多少少会有一点的,因为毕竟像这个病的感染源,70%左右的感染形式都不太光彩。"

Thoits(1985)认为,人们所感受到的情感与情感期望之间的差异将导致压力感的产生,当人们处在某种亚文化之中时,不同角色间冲突将更为明显。"所谓的缘分(鬼脸)"在帖子中说了这样一段话:"我害怕被熟知。我害怕父母伤心,为我担心。我害怕亲友渐离。这一年多,我没敢为此做任何抉择!我没敢上医院做任何检测,没敢向任何人打听过这一类的问题！虽然现在身体方面感觉不到有任何不好问题的存在，但我也还是很害怕身体坚持不下去，但没办法，我还得继续装。我假装自己很正常、很健康，保持所有人心目中那个活泼开朗的样子。”感染者在线下往往倾向于保持一种更为自然的社会化状态，压制自身在疾病上所产生的无助、悲伤、崩溃等情感，试图扮演正常生活状态的社会人，而这些负面情感在线上社区中被不受限制地表达出来，虽然总体来看帖子的回复“加油”“早点上药，按时吃药”等鼓励性话语占据主导，但个人现实身份的表征同内在情感的背离，使得病缘群体对于自身身份的积极认知并没有随着情感交往的拓展与深入而显著增强。

四、情感介入下的群体构建

对于以艾滋病为核心而形成的病缘群体来说，类似的经历，使得彼此可以更大限度地放下警惕与防范，产生情感的共鸣。一位受访者曾表示：“其实得了这种病的人，都是那种需要被爱的，就是说没有攻击性，都是被攻击的人的那种，不会出现好多贴吧中那种，比如一句话说不对，然后就开始骂不断，不会那样子。”从情感共鸣到群体的形成，乃至塑造一种同外围区隔的文化氛围与样态，情感在其中发挥着不可替代的作用。为了解病缘群体情感交往的内在机制以及群体更深层的情感冲动，从情感的视角切入，探讨群体在情感层面的构建脉络，或许会提出一定的启发。

（一）情感载体：基于疾病的符号生产

符号作为意义的载体，“塑造了人们怎样定义情境、扮演角色、评价自我、反映情感和调节行为。同时，在人们解读彼此的姿态、知觉有关的自我和身份、彼此适应以及体验情感的过程中，创造和改变了文化与社会结构”（乔纳森、简，2007：83）。作为一种与商业以及政治相对疏离的亚文化样态，艾滋病吧内的话语符号有着独特的内涵表达与情感意味。

在上文的表述中，污名化的大背景下，现实生活中的艾滋病病毒感染者并不具有较高的可见性，病友间也并不具备线下日常化交往的条件，而在线上社区，围绕着艾滋病在吧内的核心位置，通过病缘群体的符号生产，一个群体共通的意义空间被生产出来，诸如“A友”“吃糖”“洗种子”“中招”这些特殊的文化符号被广泛地创造和运用。

这些符号带有典型的艾滋病特征，例如“A友”便是借用了AIDS（Acquired Immunodeficiency Syndrome，音译为艾滋病）的首字母，虽然吧内绝大部分感染者并没有发展到艾滋病的阶段,但并不妨碍以此作为病友间彼此称呼的“昵称”;“吃糖”则代指感染者每天需要服用的艾滋病病毒抑制药物,如克力芝。符号所蕴含的意义需要放在特定的情境中去理解,这些特殊的文化资源,言简意赅地成为病友间信息与情感交流的桥梁,与此同时,这些“隐晦”的符号的使用,也成为病缘群体同外人区分彼此身份的一种方式。

值得注意的是,情感会参与到病缘群体的文化编码与解码过程之中,这些符号的表征带有独特的群体印记与感情倾向,除却崩溃、担心、焦虑、歧视这些带有明显情感色彩的词语外,CD4、父母儿女、高危性行为等等这些原本不带有情感倾向的词语出现,总是会倾向引发吧内难过、气愤等消极情绪,这些文化符号被吧友们挪用为自我情感表达的工具,并被赋予特定的意义。

(二)“地位”赋予与期望获得

在艾滋病吧内,除却吧主与小吧主这类的管理人员具有板块设置、帖子管理等权力,贴吧内部并没有形成鲜明的权力划分与地位等级,吧友间的交流因共同的治疗经历与彼此情感上的“惺惺相惜”,让线下层级化的社会权力没有在线上得到映射。“很神奇,你在贴吧或者在这些交流群里面,无论年龄大或者年龄小双方都处于一个特别平等状态的交流,在这里你不会因为对方可能说五六十岁,然后你才 20 多岁,然后就会说以前辈的口吻交流。”现实权力失声,随之而来的是群内地位的另一套评价机制:基于患病治疗经验长短而拥有的话语权,衡量的维度也由权力转为美誉度、可信赖性这些侧重情感维度的指标。比如对于下列带有求助性质的帖子,具有较长患病经验的吧友在某些议题上便具有更大的话语权力。

[陈海宁]:“艾滋感染必须满足几个条件,第一……”——艾滋科普

[luweijie0822]:“手臂和大腿内侧突然长了好多不痛不痒的红斑,是艾滋病的症状吗?”——艾滋诊断问题

[四川 A 友]:“请问一下大家 HIV 携带者还能做鼻部整形吗? CD4 600 多。”——艾滋感染者医疗问题

[相亲的痛]:“生命会不会这一次就已经定大局了? 是不是报应来了?”——人生道路问题

在此基础上,作为“前辈”对“新中招”的病友或者恐艾者在疾病诊断与治疗层面

给予知识帮助以及生活建议,成为塑造艾滋病吧内“地位”高低的重要方式。一名艾滋病病毒感染者在被问及自身在吧内的位置时说:“会是一个指导者吧,如果我知道的话,我会告诉他们,比如说有的人买房,因为最近我家也在买房,然后告诉他一定要买房,所以说心态上,我会像一个指导者。”Lawler(2001)的情感交换理论认为,当双方在进行资源的交换时,情感也随之产生。在资源交换的过程中,病缘群体以病为媒,实现信息共享与情感共建。

而当我们试图去理解病缘群体间的互助行为所蕴藏的内在驱动力时,引入期望这个情感状态就显得十分富有趣味。在 Kemper(2006:87－113)提出的权力—地位模型中,权力和地位的给予与收回处在一个动态的机制中,其中主体的期望是重要的情感动力。在艾滋病吧内,需要获得信息或情感抚慰的个体,期望能够得到来自群体内部人员以及富有经验的 A 友提供的帮助,实现线下空缺资源的对接,而有着更多经验的吧内人员则被期待具有较高的问题解决能力,同时作为疾病的“过来人”,很多人认为帮助新人渡过最初的难关是自身的义务所在,给予力所能及的帮助也是自身的期望。“义务吧,我觉得,就是这样想的,就觉得他什么都不知道,你就应该去教他做这些。”在双向情感期望的满足中,吧内的情感秩序被稳健地构筑。

对于新人提出的问题,问题产生的背景是否道德、是否符合社会习俗并不是解决者所考虑的问题。吧内许多帖子都涉及非常规性行为后的感染担忧,而给予信息和情感帮助的吧友在回复帖子时,并不会对其道德属性予以评判,而是对于感染的实际问题给出建议。例如:“不建议自测,男男行为几率大点,去三甲做个初筛吧。”双方情感层面上对于彼此以及自身的期望,局限在以病为核心的议题,现实生活中对于完整个体的综合期望,在线上平台被自觉简化。

(三)区分的边界:自我界定与“越轨”行为的警惕

在后期进入艾滋病吧的官方 QQ 群后,管理员“终成妖仙”曾在 2019 年 8 月 2 日发布这样一条公告:“拒绝网络投资,庞氏,以防诈骗,最近 g 圈中拉网投(游戏投资、资金盘投资、股票投资)的比较猖獗,请各位群友遇到情况及时停止,鉴于 g 圈,艾圈相对密闭,吃了亏不便于采取正当手段,请各位以防上当受骗。”

经由情感层面来看待线上社区中的交往行为,不同社会场景之间的脚本有着规范、风气、道德等方面的差异,同泛在的社会交往相比,线上病缘群体的交往更像是小圈子的“熟人社会”,彼此知悉着对方最需要隐藏的秘密,而未感染病毒的人则很大程度上被视为“局外人”,并与之形成区隔,两者之间的边界并非单单生理与物理层面的区分,情感上难以实现对接是感染者对外人形成排斥的重要原因。

在艾滋病吧吧规中,这样写道:

> 看过来! 看过来哦
> 1. 本吧分享正能量的生活
> 2. 有用药注意事项的分享
> 3. 运动健身方面的分享
> 4. 旅游或生活的分享
> 大家都是最棒的,请爱护小吧。恐艾或恶意中伤造谣生事者删帖

从这些吧规来看,艾滋病吧是病友间生活交流与疾病互助的平台,在病友普遍持有消极情感的情况下,塑造面对生活的积极氛围。在贴吧中,会见到偶有几个未感染的人员闯入艾滋病吧这个交流平台,并同吧友进行互动,通过分析贴吧用户的个人主页上留有的信息可知,绝大部分带有歧视、辱骂、诅咒色彩的话语来自非感染者人群,这些话语破坏了线上空间既有的情感定向,而呈现出一种"侵略"的状态,对吧内真正的感染者来说,这些话语往往会令他们感到不适,但真正去争辩的吧友并不多见。例如在一条涉及同性恋感染艾滋病病毒的帖子下面"ymxddr"回复道:"死基佬,终于要把自己玩死了,喜闻乐见~!"在此回帖的后续回复中依次为"你有病嘛""你也是基佬吗? 快去火葬场排号啦,别再 BBB 啦~~""说得正确""支持你",在仅有的四条回复中只有两条表达了对这条带有歧视诅咒色彩的信息的反抗。

与此类似,在一条患者分享乐观心态的帖子中,一条回复这样说道:"你这样说会害死年轻人的,得病哪有那么轻松,千万别这么教年轻人。"针对这条回复,下面讨论道:"说得对""无非就是自己得了,想害人罢了""只不过是心理安慰,自作孽不可活"。值得注意的是,在艾滋病吧这样一个平台,尤其是感染者占据多数的情况下,面对他人对于自身的刻板偏见,病缘群体并没有在情感层面出现很大的波动,也没有拿出"主场"优势同带有歧视色彩的参与者进行抗争。一位受访者这样说道:"你不同意我的想法,或者说你不认同这件事情,其实你也改变不了他,你浪费口舌也是浪费。"此外,对于感染者来说,在感染之前同样对 HIV/AIDS 有着污名化的认知,因此身份之间的跨越,让贴吧整体的话语情景具有更鲜明的包容性。总体而言,吧内抗争的情感并没有研究初始设想的那么强烈,反而是一个选择性解码与忽视的过程。

与这些带有歧视话语的外来人相比,另外一些带有不寻常与"越轨"色彩的人员则以更贴近、隐藏的姿态参与平台的人际互动。这些信息的发布,往往与病缘群体密

切关注的议题相关。例如,基督教、佛教等宗教相关的帖子讲述如何通过信仰来获得救赎以及治疗疾病:"我真心希望大家认识耶稣,接受耶稣,让耶稣拯救你的灵魂……我本人后来得过一个很严重的病,耶稣基督为我医治了。认罪悔改,接受耶稣,明天会有希望的。"这类带有宗教宣传性质的帖子并不会在吧内引起大的互动与情感波动。

针对艾滋病病毒感染者身份的特殊性,一些挑战社会道德的信息出现在病缘群体交流的平台,这些信息往往能够在吧内引发反响程度较大的情感冲突。如"两项全球独有高技术宝贝!战胜艾滋病易如反掌!寻资金,也可转让""有患友做讨薪的工作吗,有的信息我""骗了不少人啪……"当我们跳脱社会对于艾滋病病毒感染者的刻板印象,在艾滋病贴吧中,这些诈骗以及违反社会伦理道德的行为,被排斥于互助的范围之外。一位曾因恶意传播而感染艾滋病病毒的受访者表示:"敌意没有的,我只想让那些恶人,故意传播的那些人,都受到法律的惩罚。不要让社会上越来越多的人来受我们这样的罪,让他得到应有的惩罚。"也是在这样一个过程中,吧内人员对于越轨行为的情感排斥,一定程度上为一个良性存续的群体提供了合法性的基石。

五、总结与展望

个人故事的讲述、共通情感的产生、群体成员的符号生产与期望满足——本研究通过网络民族志的研究方式,聚焦于这个因病而聚集在一起的特殊群体,探讨其被人们忽视的情感层面的诉求与互助行为。在科学的预估下,近年内尚无可完全铺展开的根治疗法。在此前提下,"传统的囿于医学—生物学模式的应对策略亟须在人文社会科学的指导下发展为全局性的战略设计"(潘绥铭 等,2006),给予以艾滋病为核心的病缘群体在人文层面的关怀应是艾滋病防治中的重要环节。

"讲人的故事,是为人的主体回归所作出的一种努力。"(杨国斌,2017)网络媒体的发展为边缘群体提供了联结与发声的平台,现实中的隐蔽性与歧视同患者内心焦虑、崩溃等消极情感之间的张力在新平台上得到了一定程度的释放。"现代社会的个体化生存结构,使得那些如同原子化存在的个人也渴望通过分享日常乐趣,分担现实烦扰,与群体中人共进。"(孙信茹、王东林,2019)我们深入挖掘病缘群体中个人的遭遇,一方面希望能够了解这个群体当前交往的现状,尤其是在情感层面上对于线下缺失的情感的弥补过程。同时,社会支持力量的匮乏依旧是我们需要关注的层面,对接社会渠道给予更多的支持,增强不同群体间的共情交流,不仅对病缘群体的自我心理建设,以及实现病缘群体的再社会化有所助益,而且整体上对推动艾滋病防控也会提供新的方法思路。

另一方面，基于线上资源拓展线下病缘群体交流的渠道。在访谈中，通过故事的讲述、病友间的相互扶持等，几乎每一位受访者都提到虽然线上平台能提供一定的归属感，但所能得到的情感支持十分有限，无法形成真正的凝聚感。在前文的论述中，有不少吧友已试图通过发帖的形式寻找到线下的陪伴，但发帖这种形式无法有效联结当地同样感染的病友，同时使得感染者在现实生活中暴露身份的可能性大大增加。在观察、访谈中得知，感染者需要定期去当地疾控中心进行复诊和拿药，当地疾控中心掌握着感染者的个人信息，借助线下机构管控，通过官方背书，促成线下病友的自组织，在某种程度上可以弥补病缘群体在情感支持上的薄弱。

此外，对于艾滋病的线上防控，当前政府的介入行为仍处于“真空”状态。以艾滋病为代表的病缘群体，在线下生活中，因疾病的特殊性难以获得较为可靠充分的信息，通过社交媒体进行询问成为其获得相关信息的重要渠道。政府在线上的失语，使得信息的空白领域产生大量的流言与谣言甚至违法行为，具体体现在如何界定高危性行为、高危性行为后如何阻断、感染艾滋病病毒后的可预期存活时间、患者就业就医是否会出现障碍等等方面，这些关键信息的欠缺为这一群体的消极情感留下了滋长的空间，同时在某些特殊时间点，例如此次新冠肺炎疫情防控时期，当病友面临断药危机时，焦虑气氛便在患者间蔓延。诸种情感的积压需要官方的积极介入来搭建缓释的阀门，原本应该由官方部门给予明确答复的问题，如今仍处在“自媒体”自发生产的阶段。

这一方面导致病缘群体间不确定性与恐慌的加剧。健康传播的不到位，使得艾滋病病毒易感人群没有掌握相关知识。一位访谈者表示其在未采取安全措施的情况下与同性发生性行为后发现对方是艾滋病病毒感染者。他作为疾病易感者，在国家多年大力宣传下，竟然并不知道吃阻断药可以有效预防疾病发生，最后“中招”。另一方面，大众对于疾病的隐晦理解不利于客观看待感染者，进而造成误读与曲解，使得污名化的标签难以去除。线上病友间集中的情感交往，让信息在人际传播层面可以发挥更强的作用，相比线下白字红底的条幅，数字媒体提供了更精准与更灵活多样的宣传方式，巧妙对线上社区中的情感进行转化与利用，对于社会整体的艾滋病防控无疑会起到十分巨大的功用。

本文试图从情感交往的角度对以艾滋病为核心的病缘群体予以梳理，希望能给予后续研究者以及相关部门在之后的工作规划方面提供些许参考。在情感层面提供支持，乃至艾滋病的防控，都是一个需要跨领域、多部门参与的复杂过程。单从本文所涉及的情感支持来看，研究的许多方面尚未详细展开，诸如我国病缘群体的情感交往方式同国外相比存在哪些异同，感染者亲友对艾滋病接纳程度的高低如何影响感染者寻求情感支持的方式，等等。同时，对于某些边缘群体，如老年感染者的情感需求与情感支持，都值得有兴趣的学者进一步探究。

参考文献

鲍曼，2003. 立法者与阐释者——论现代性、后现代性与知识分子[M]. 洪涛，译. 上海：上海人民出版社.

鲍雨，黄盈盈，2015. 从偏差到“体现”：对“残障”意义的社会学理解[J]. 北京社会科学，(05)：58.

卜玉梅，2012. 虚拟民族志：田野、方法与伦理[J]. 社会学研究，27(06)：226.

蔡骐，黄瑶瑛，2011. SNS网络社区中的亚文化传播——以豆瓣网为例进行分析[J]. 当代传播，(01)：14－16.

陈永东，2013. 微信之于微博：是互补而非替代[J]. 新闻与写作，(04)：31.

戈夫曼，2009. 污名——受损身份管理札记[M]. 宋立宏，译. 北京：商务印书馆.

胡岑岑，2018. 建构社区与制造快感：网络社区中粉丝的交流实践类型及意义[J]. 国际新闻界，40(03)：152－173.

景军，2006. 艾滋病谣言的社会渊源：道德恐慌与信任危机[J]. 社会科学，(08)：5－17.

雷茜，2015. 社会互构论视野下艾滋病患者的价值性歧视研究——以湖北农村的调查为例[J]. 学术论坛，38(03)：104－109.

李希光，周敏，2003. 艾滋病媒体读本[M]. 北京：清华大学出版社.

潘绥铭，侯荣庭，2015. 行动逻辑的双向冲突：艾滋病感染者应对取向的三方共构[J]. 云南师范大学学报(哲学社会科学版)，47(02)：65.

潘绥铭，黄盈盈，李楯，2006. 中国艾滋病“问题”解析[J]. 中国社会科学，(01)：88－93.

澎湃新闻，2019. 城事丨联合国艾滋病规划署发布2019年全球艾滋病报告[EB/OL]. (2019－11－27)[2020－1－11]. https://www.thepaper.cn/newsDetail_forward_5072855.

孙信茹，王东林，2019. 玩四驱：网络趣缘群体如何以“物”追忆——对一个迷你四驱车QQ群的民族志考察[J]. 新闻与传播研究，26(01)：24－45＋126.

特纳，斯戴兹，2007. 情感社会学[M]. 孙俊才，文军，译. 上海：上海人民出版社.

翁乃群，2003. 艾滋病传播的社会文化动力[J]. 社会学研究，(05)：86.

吴飞，2007. 论“过日子”[J]. 社会学研究，(06)：77－79.

向德平，陈琦，2004. 艾滋病患者的社区支持[J]. 学术论坛，(03)：142－143.

向德平，唐莉华，2006. 农村艾滋病患者的社会排斥——以湖北农村的调查为例[J]. 华东师范大学学报(哲学社会科学版)，(06)：36－42.

杨国斌，2017. 中国互联网的深度研究[J]. 新闻与传播评论，(01)：32.

杨生勇，杨洪芹，2013. “污名”和“去污”：农村艾滋孤儿受损身份的生成和消解——基于J镇艾滋孤儿社会化过程的历史性考察[J]. 中国青年研究,(07):66 - 71 + 85.

余焱明,程玲,2006. 艾滋病患者的困境需求与社会支持[J]. 公共卫生与预防医学,(05):21.

张剑源,2014. 迈向人权范式:当代中国艾滋病防治范式的转型及路径选择[J]. 广州大学学报(社会科学版),13 (05):25 - 32.

张伦,徐德金,张增一,2017. 在线健康传播运动传播效果及其影响因素研究——以优酷网“渐冻症冰桶挑战”为例[J]. 新闻大学,(04):56 - 63 + 89 + 148.

周红莉,张卓,2020. HIV 感染者的脱域与再嵌入社会生活研究[J]. 北京社会科学,(07):97 - 109.

朱小蔓,2001. 情感是人类精神生命中的主体力量[J]. 南京林业大学学报(人文社会科学版),(01):58.

Batchelder A W, Carrico A W, Acree M, et al, 2018. Positive and Negative Self - Conscious Emotion and Transmission Risk Following HIV Diagnosis[J]. Aids and Behavior, 22(5):1496 - 1502.

Bi F, Luo D, Huang Y, et al, 2020. The relationship between social support and suicidal ideation among newly diagnosed people living with HIV: the mediating role of HIV - related stress[J]. Psychology Health & Medicine, 50(3):395 - 410.

Brashers D E, Neidig J L, Goldsmith D J, 2004. Social support and the management of uncertainty for people living with HIV or AIDS[J]. Health Communication, 16(3):305 - 331.

Candace C, 1997. Misery and company: Symathy in everyday life[M]. Chicago: University of Chicago Press: 1 - 32.

Cao X, Sullivan S G, Xu J, et al, 2006. Understanding HIV - related stigma and discrimination in a "blameless" population[J]. Aids Education and Prevention, 18(6):518 - 528.

Chukwuorji J C, Uzuegbu C N, Chukwu C V, et al, 2020. Social support serves emotion regulation function in death anxiety among people living with HIV/AIDS[J]. South African Journal of Psychology, 50(3):395 - 410.

Curran J A, Murphy A L, Abidi S S R, et al, 2009. Bridging the Gap: Knowledge Seeking and Sharing in a Virtual Community of Emergency Practice[J]. Evaluation & the Health Professions, 32(3):314 - 327.

Horvath K J, Oakes J M, Rosser B R S, et al, 2013. Feasibility, Acceptability and Preliminary Efficacy of an Online Peer - to - Peer Social Support ART Adherence Intervention[J]. Aids and Behavior, 17(6):2031 - 2044.

Kemper T D, 2006. Handbook of the Sociology of Emotions [C]. Boston, MA: Springer US: 87 - 113.

Lawler E J, 2001. An affect theory of social exchange[J]. American Journal of Sociology, 107(2):321 - 352.

Mclaren R M, High A C, 2019. The Effect of Under - and Over - Benefited Support Gaps on Hurt

Feelings, Esteem, and Relationships[J]. Communication Research, 46(6): 785 – 810.

Nambisan P, 2011. Information seeking and social support in online health communities: impact on patients′ perceived empathy [J]. Journal of the American Medical Informatics Association, 18 (3): 298 – 304.

Shi J, Chen L, 2014. Social support on Weibo for people living with HIV/AIDS in China: a quantitative content analysis[J]. Chinese Journal of Communication, 7(3): 285 – 298.

Steven T, 2009. Mortenson, Brant R. Burleson, Bo Feng & Meina Liu. Cultural Similarities and Differences in Seeking Social Support as a Means of Coping: A Comparison of European Americans and Chinese and an Evaluation of the Mediating Effects of Self – Construal [J]. Journal of International and Intercultural Communication, 2(3): 208 – 239.

Thoits P A, 2011. Mechanisms Linking Social Ties and Support to Physical and Mental Health[J]. Journal of Health and Social Behavior, 52(2): 145 – 161.

Thoits P A, 1985. Self – labeling processes in mental illness: The role of emotional deviance[J]. American Journal of Sociology, 91(2): 221 – 249.

Warren – Jeanpiere L, Dillaway H, Hamilton P, et al, 2017. Life begins at 60: Identifying the social support needs of African American women aging with HIV[J]. Journal of Health Care for the Poor and Underserved, 28(1): 389 – 405.

Yang L H, Kleinman A, 2008. 'Face' and the embodiment of stigma in China: The cases of schizophrenia and AIDS[J]. Social Science & Medicine, 67(3): 398 – 408.

图书在版编目(CIP)数据

中国网络传播研究. 数字新闻学与平台劳动 / 夏倩芳主编. -- 北京：中国传媒大学出版社，2021.9

ISBN 978-7-5657-3033-7

Ⅰ. ①中… Ⅱ. ①夏… Ⅲ. ①网络传播—中国—文集 Ⅳ. ①G206.2-53

中国版本图书馆 CIP 数据核字(2021)第 190040 号

中国网络传播研究：数字新闻学与平台劳动

ZHONGGUO WANGLUO CHUANBO YANJIU：SHUZI XINWENXUE YU PINGTAI LAODONG

主　　编 夏倩芳
责任编辑 于水莲
特约编辑 张继媛
封面设计 宇宙尺度
责任印制 李志鹏

出版发行 中国传媒大学出版社
社　　址 北京市朝阳区定福庄东街 1 号　　**邮　　编** 100024
电　　话 86-10-65450528　65450532　　**传　　真** 65779405
网　　址 http://cucp.cuc.edu.cn
经　　销 全国新华书店

印　　刷 艺堂印刷(天津)有限公司
开　　本 787mm×1092mm　1/16
印　　张 11.5
字　　数 225 千字
版　　次 2021 年 9 月第 1 版
印　　次 2021 年 9 月第 1 次印刷

书　　号 ISBN 978-7-5657-3033-7/G · 3033　　**定　　价** 56.00 元

本社法律顾问：北京李伟斌律师事务所　郭建平